U0934131

【第一卷】

Ascetainment of
"Belt and Road"
countries law

米良 主编

厦门大学出版社
XIAMEN UNIVERSITY PRESS
国家一级出版社
全国百佳图书出版单位

目　录

越南社会主义共和国宪法*

序 言

在数千年的历史长河中，越南人民为建立和捍卫自己的国家而辛勤、创造性地劳动、英勇斗争，铸就了爱国、团结、仁义、坚强、不屈不挠的传统和建立了越南文献基础。

自 1930 年以来，越南人民在胡志明主席创建并锻造的越南共产党的领导下，我国人民为了民族的独立、自由，为了人民的幸福进行了长期的、充满艰苦卓绝的、流血牺牲的斗争。"八月革命"成功，1945 年 9 月 2 日，胡志明主席宣读了《独立宣言》，标志着越南民主共和国即今天的越南社会主义共和国的诞生。凭借全民族的意志和力量，在世界各国朋友的帮助下，我国人民在民族解放、国家统一、保卫祖国的斗争事业中和在履行国际义务的事业中赢得了伟大的胜利，在革新、国家迈向社会主义的事业中取得了巨大的、具有历史意义的成就。

为了社会主义过渡时期国家建设的纲领体制化，在继承 1946 年颁布的《宪法》、1959 年颁布的《宪法》、1980 年和 1992 年颁布的《宪法》的基础上，为了实现民富、国强、民主、公平、文明的目标，越南人民制定、施行和捍卫本《宪法》。

第一章　政治制度

第 1 条　越南社会主义共和国是一个独立、拥有主权、统一和领土完整的国家，完整的领土包括陆地、海岛、领海和领空。

第 2 条　1. 越南社会主义共和国是属于人民的、由人民所组成、一切为了人民的社会主义法制国家。

2. 越南社会主义共和国由人民当家做主；国家的一切权力属于以工人阶级与农民阶级和知识分子队伍联盟为基础的人民。

3. 国家机关在行使各种立法权、执法权、司法权中，国家权力既有统一，又有分工、配

* 本文译者：米良，系北京外国语大学法学院教授，博士生导师。

合、监督。

第3条 国家保障和发挥人民当家做主的权利；承认、尊重、保护和保障人权、公民权；实现民富、国强、民主、公平、文明，人人享有温饱、自由、幸福的生活，拥有全面发展条件的目标。

第4条 1. 越南共产党是越南工人阶级的先锋队，同时也是越南劳动人民和越南民族的先锋队，是工人阶级、劳动人民和全民族利益的忠诚代表，以马克思列宁主义和胡志明思想作为思想基础，是国家和社会的领导力量。

2. 越南共产党与人民紧密相连、为人民服务、接受人民的监督，在自身的决定上对人民负责。

3. 越南共产党所有党的组织和越南共产党党员应当在宪法和法律范围内从事活动。

第5条 1. 越南社会主义共和国是共同生活在越南土地上的各个不同民族的统一国家。

2. 各民族平等、团结、相互尊重和互相帮助共同发展；禁止一切民族歧视、民族分裂行为。

3. 国家语言文字是越南语。各民族都享有使用自己的语言、文字，保持自己的民族本色，发扬自己美好的风俗、习惯、传统和文化的权利。

4. 国家实行全面发展的政策并且为各少数民族发挥内存潜力，与国家共同发展创造条件。

第6条 人民通过直接民主的途径，通过国会代表民主、人民议会代表民主的途径和通过国家其他的各个机关行使国家权力。

第7条 1. 国会代表和人民议会代表的选举按照普遍、平等、直接选举和无记名投票的原则进行。

2. 国会代表和人民议会代表一旦丧失了人民的信任则由选民或者国会、人民议会罢免。

第8条 1. 国家必须依照宪法和法律组织并开展活动，依照宪法和法律管理社会、实行民主集中制原则。

2. 国家机关、干部、公务员、职员必须尊重人民、全心全意地为人民服务、与人民保持密切的联系、倾听人民的呼声并接受人民的监督；坚决与贪污、浪费现象和一切官僚作风、作威作福、玩弄权势的现象做斗争。

第9条 越南祖国阵线是政治联盟组织，是政治组织、各种经济—社会组织、社会组织和象征社会、民族、宗教、定居国外的越南人的各个阶级、各个阶层中所有个人的自愿联合体。

越南祖国阵线是人民政权的政治基础；代表、保护人民的合法、正当的权益；聚集、发挥全民族大团结的力量，实行民主、加强社会同顺；实行社会监督、论证；参与党和国家的建设、人民对外活动，为建设和保卫祖国贡献力量。

越南总工会、越南农民协会、胡志明共产主义青年团、越南妇女联合会、越南退伍军人协会是在自愿的基础上成立的政治—社会的各种组织，它代表和保护自己的组织的成员、会员合法的、正当的权益；在越南祖国阵线中与阵线的其他各个成员组织一道配合和统一行动。

越南祖国阵线、阵线的各个成员组织和其他各个社会组织在宪法和法律的范围内开展活动。国家创造条件以便越南祖国阵线、阵线的各个成员组织和其他各个社会组织开展活动。

第 10 条 越南总工会是在自愿的基础上成立的工人阶级和劳动者的政治—社会组织，它代表劳动者关心和保护劳动者合法的、正当的权益；参与国家管理、经济—社会管理；在与劳动者权利、义务相关的问题上参与检查、清查、监督国家机关、组织、单位、企业的活动；宣传、动员劳动者学习、提高职业技能水平，遵守法律、建设和保卫祖国。

第 11 条 1. 越南的祖国是神圣的、不可侵犯的。

2. 一切反对独立、主权、统一和领土完整的行为，一切反对建设和保卫祖国事业的行为必须予以严惩。

第 12 条 越南社会主义共和国一贯实行独立、自主、和平、友谊、合作和发展的对外政策；关系多方化、多样化，在尊重独立、主权和领土完整、互不干涉内政、平等、互利的基础上主动和积极融入国际合作；遵守《联合国宪章》和越南社会主义共和国作为其成员国缔结或者参与的国际条约；在为了国家、民族利益的国际共同体中是值得信任的朋友、合作伙伴和负责任的成员，为世界和平、民族独立、民主和社会进步事业贡献力量。

第 13 条 1. 越南社会主义共和国国旗呈日字形，宽度等于长度的 2/3，红底，中间是五角金星。

2. 越南社会主义共和国国徽呈圆形、红底，中间有五角金星，周围有谷穗，下面是半个齿轮和“越南社会主义共和国”的字样。

3. 越南社会主义共和国的国歌是《进军歌》。

4. 越南社会主义共和国的国庆日是 1945 年 9 月 2 日（独立宣言日）。

5. 越南社会主义共和国的首都是河内。

第二章　人权、公民的基本权利和义务

第 14 条 1. 在越南社会主义共和国，国家承认公民的各种人权、政治、民事、经济、

文化、社会方面的公民权，依照宪法和法律的规定予以尊重、保护、保障。

2. 人权、公民权只有在由于国防、国家安全、社会秩序、安全、社会道德、公共健康需要的情形下才能依法予以限制。

第 15 条 1. 公民权与公民的义务不可分割。

2. 人人都有尊重他人权利的义务。

3. 公民具有对国家和社会履行义务的职责。

4. 行使人权、公民权不得侵犯国家、民族的利益、他人的合法权益。

第 16 条 1. 公民在法律面前一律平等。

2. 公民在政治、民事、经济、文化、社会生活中不被歧视。

第 17 条 1. 凡具有越南国籍的人都是越南社会主义共和国的公民。

2. 越南公民不能被驱逐、转交给其他国家。

3. 旅居海外的越南公民受越南社会主义共和国的保护

第 18 条 1. 定居国外的越南人是越南民族大家庭中不可分割的一部分。

2. 越南社会主义共和国鼓励并创造条件以便定居国外的越南人保持和发扬越南民族文化的本色、与家庭和家乡保持密切联系，为家乡、国家的建设贡献力量。

第 19 条 公民享有受到法律保护的生存权、生命权，任何人均不得非法剥夺他人的生命。

第 20 条 1. 公民的身体均享有不可侵犯的权利，健康、名誉和人格受法律保护；不得受到拷问、暴力、逼迫、体罚或者不得以无论任何不同的形式侵犯他人的身体、健康，侵犯他人的名誉、人格。

2. 如果没有人民法院下达的决定书、人民检察院下达的决定书或者批准书则不得逮捕任何公民，现场抓捕犯罪嫌疑人的情形除外。逮捕、拘留、监禁事宜由法律规定。

3. 公民均有依法捐献角膜、人体部分器官和捐献尸体的权利。医学、药学、科学实验或者无论以任何不同的形式在人体器官上进行实验必须征得被试验人的同意。

第 21 条 1. 公民在私生活、个人隐私和家庭隐私方面均享有不可侵犯的权利；享有保护自身名誉、威信的权利。

个人私生活、个人隐私和家庭隐私方面的信息受法律保护。

2. 公民享有保守书信、电话、电信秘密和通过各种形式交换其他私人信息秘密的权利。

任何人均不得非法开启、检查、截取他人的书信、电话、电信和采用各种形式交换他人的个人信息。

第 22 条 1. 公民享有合法住宅的权利。

2. 公民享有住宅不可侵犯的权利，如果未征得本人的同意，任何人均不得擅自进入他人的住宅。

3. 搜查住宅由法律规定。

第 23 条 公民有权在国内自由来往和居住、有权出国和从国外返回国内。行使这些权利由法律规定。

第 24 条 1. 公民享有宗教信仰自由、信奉或者不信奉任何一派宗教的权利。各宗教在法律面前一律平等。

2. 国家尊重和保护宗教信仰自由的权利。

3. 任何人均不得侵犯宗教信仰自由或者利用宗教信仰从事违法活动。

第 25 条 公民享有言论、出版、接触信息、集会、结社、示威游行自由的权利。行使这些权利由法律规定。

第 26 条 1. 男女公民一律平等。国家制定保障男女平等权利和机会的政策。

2. 国家、社会和家庭创造条件以便妇女全面发展，在社会中发挥自身的作用。

3. 禁止性别歧视。

第 27 条 年满 18 周岁以上的公民享有选举权和年满 21 周岁以上的公民享有被选举进入国会、人民议会的权利。行使这些权利由法律规定。

第 28 条 1. 公民有权参与国家和社会管理，有权参与讨论并且就有关基层单位、地方乃至全国的各种事项向国家机关提出建议。

2. 国家创造条件旨在公民参与国家和社会管理；在受理、反馈公民意见、建议的工作中做到公开、透明。

第 29 条 年满 18 周岁以上的公民一旦在国家组织民意测验时具有表决权。

第 30 条 1. 公民对于任何机关、组织、个人所从事的违法活动均有权向具有权限的机关、组织、个人进行申诉、控告。

2. 具有权限的机关、组织、个人必须受理、解决申诉、控告。受害人有权依法获得物质、精神方面的赔偿并且依法恢复名誉。

3. 禁止对申诉、控告人进行打击报复或者利用申诉权、控告权进行诽谤、诬告，给他人造成伤害。

第 31 条 1. 对于被定为视为无罪的人必须经过依照法定程序和法院已经发生法律效力的定罪判决书予以确认。

2. 法院对于被定罪的人必须在法定期限内及时、公平、公开地予以审理。在依法秘密审判的情形下则判决书必须予以公开。

3. 任何人均不得因一种罪行而被判处两次。

4. 被逮捕、拘留、监禁、起诉、调查、追诉、审判的人有权进行自我辩护、委托律师或者他人为自己进行辩护。

5. 被非法逮捕、拘留、监禁、起诉、调查、追诉、审判、执行的人有权获得物质、精神方面的损害赔偿和恢复名誉。对在逮捕、拘留、监禁、起诉、调查、追诉、审判、执行过程中给他人造成损失的违法人员必须依法予以追究。

第32条 1. 公民享有从财产、储蓄、住房、生活资料、生产资料、企业股权或者其他各种经济组织中所获得的合法收入的所有权。

2. 个人所有权和继承权受法律保护。

3. 国家在由于国防、安全原因或者由于国家利益、紧急状态、防御自然灾害原因确实需要的情形下,必须按照市场价对组织、个人的财产实行有偿征购或者征用。

第33条 公民有权在法律未禁止的行业内从事自由经营。

第34条 公民有权享有社会民生的保障。

第35条 1. 公民享有工作,选择职业、选择工作和工作地点的权利。

2. 必须为打工者提供各种公平、安全的工作条件;打工者享有获得报酬、休息制度的权利。

3. 禁止歧视、强迫劳动、招用最低劳动年龄以下的童工。

第36条 1. 男女享有结婚、离婚的权利。按照自愿、进步、一夫一妻、夫妻平等、互相尊重的原则确立婚姻关系。

2. 国家保护婚姻和家庭、保护母亲和儿童的权益。

第37条 1. 儿童受到国家、家庭和社会的保护、关心和教育;参与儿童方面的各种活动。禁止侵害、虐待、遗弃儿童,滥用、剥削童工和其他各种侵害儿童权益的行为。

2. 国家、家庭和社会为青年人创造学习、劳动、娱乐,发展体育、智育、德育、民族传统、公民意识的条件;在创造性的劳动和保卫祖国的事业中走在前列。

3. 老年人受到国家、家庭和社会的尊重、关怀并在建设和保卫祖国的事业中发挥作用。

第38条 1. 所有公民在接受医疗服务中均享有保护、关心健康、平等的权利和具有履行有关防病、治病各项规定的义务。

2. 禁止给他人和公共生活、健康造成威胁的各种行为。

第39条 公民享有受教育的权利和义务。

第40条 公民有权从事科学研究、文学艺术创作并享有从这些活动中所获得的利益。

第 41 条 公民有权享受和接触各种文化价值，参与文化生活、使用各种文化设施的权利。

第 42 条 公民享有明确自身民族、使用母语、选择交流语言的权利。

第 43 条 公民享有在清洁环境中生活的权利和具有保护环境的义务。

第 44 条 公民具有忠诚于祖国的义务。

背叛祖国是最大的犯罪。

第 45 条 1. 保卫祖国是公民神圣的义务和公民崇高的权利。

2. 公民必须履行服兵役和参与全民国防建设的义务。

第 46 条 公民具有遵守宪法和法律的义务；参与保卫国家安全、社会秩序、安全和遵守公共生活规则的义务。

第 47 条 公民具有依照法律规定纳税的义务。

第 48 条 居住在越南的外国人必须遵守越南的宪法和法律；其生命、财产和各种正当的权益受越南法律保护。

第 49 条 对于为了自由和独立，为了社会主义、民主和和平或者为了科研事业而进行斗争的外国人因此而遭受迫害，则越南社会主义共和国经审查后可以给予政治避难。

第三章　经济、社会、文化、教育、科技、工艺与环境

第 50 条 越南社会主义共和国把建设独立、自主的经济基础，发挥内在潜力，融入国际合作与发展文化，实现社会进步和公平，保护环境，实现国家的工业化、现代化紧密联系在一起。

第 51 条 1. 越南的经济基础是多种所有制形式、多种经济成分并存的社会主义定向市场经济；国有经济占据主导地位。

2. 各种经济成分都是国民经济基础的重要组成部分。属于各种经济成分的各个主体平等、合作和依法竞争。

3. 国家鼓励、创造条件以便经营人员、企业和其他个人、组织从事投资、生产、经营；稳步发展各种经济领域，为国家建设做出贡献。个人、组织投资、生产、经营的合法财产受法律保护并且不被国有化。

第 52 条 国家在尊重各种市场规律的基础上建设和完善经济体制、调节经济；在国家管理中实行分工、分级、分权；促进区域经济联合，保障国民经济基础的统一性。

第 53 条 土地、水资源、矿产资源、海洋资源、空间资源、其他自然资源和由国家投

资、管理的各类财产是属于全民所有的由国家代表所有人和行使统一管理的公共财产。

第 54 条 1. 土地是国家的、具有国家发展重要潜力的、受依法管理的特别资源。

2. 组织、个人从国家手中承包的土地、租赁的土地，国家承认其土地使用权。土地使用人可以依法转让土地使用权、行使各种权利和履行各种义务。土地使用权受法律保护。

3. 为了国防、安全，为了国家、公共利益、发展经济—社会的目的，在确实需要的情形之下，国家收回由组织、个人正在使用的土地事宜由法律规定。收回土地事宜必须公开、透明并且依法给予补偿。

4. 在确实需要的情形之下，由国家征用土地以使用于执行国防、安全任务或者处于战争状态、紧急状态、防御自然灾害之中，由国家征用土地事宜由法律规定。

第 55 条 1. 国家财政预算、国家储备资金、国家财政基金和其他各种公共财政资金由国家统一管理并且必须有效、公平、公开、透明、合法地使用。

2. 国家财政预算包括中央财政预算和地方财政预算，其中，中央财政预算占据主导地位，保障国家的开支任务。国家财政预算的各类收入款项、支出款项必须实行预算并且由法律规定。

3. 国家货币单位是越南盾。国家保障国家货币价值的稳定。

第 56 条 机关、组织、个人必须厉行节约、反对浪费、预防和惩治经济—社会活动中和国家管理活动中的贪污行为。

第 57 条 1. 国家鼓励、创造条件以便组织、个人为劳动者创造就业的机会。

2. 国家保护劳动者、劳动用人单位的合法权益并且为建立进步、和谐和稳定的劳动关系创造条件。

第 58 条 1. 国家、社会投资发展爱护、关心人民的健康事业，实行全民医疗保险，制定关心少数民族同胞、山区、海岛和经济—社会条件特别困难地区同胞健康的优先政策。

2. 国家、社会和家庭具有爱护、关心母亲、儿童健康，实行计划生育的职责。

第 59 条 1. 国家崇尚、奖励为国家做出贡献的人员，对其实行优待政策。

2. 国家创造平等的机会以便公民享受社会福利，发展社会民生体系，制定帮助老年人、残疾人、穷人和其他遭遇困难处境的人的政策。

3. 国家制定发展住房的政策，为人人居者有其屋创造条件。

第 60 条 1. 国家、社会关心建设和发展先进的、具有浓郁民族特色的越南文化，吸收人类文化的精华。

2. 国家、社会发展文学艺术旨在满足人民多样化和健康的精神需求；发展各种大众信息传播媒体旨在满足人民的信息需求，为建设和保卫祖国事业服务。

3. 国家、社会创造建设小康、进步、幸福的越南家庭环境；造就身体健康、有文化、富有爱国心、具有团结精神、具有当家做主意识、具有公民责任的越南人。

第 61 条 1. 发展教育是旨在提高民众素质、发展人力资源、培养人才的首要国策。

2. 国家优先投资和吸引各种投资资金投资于教育；关心学前教育；确保小学教育是强制教育，国家免收学费；逐步普及中学教育；发展大学教育、职业教育；实行助学金、学费合理的政策。

3. 国家优先发展山区、海岛、少数民族地区和经济—社会条件特别困难地区的教育；优先使用、发展人才；为残疾人和穷人学习文化和学习技能创造条件。

第 62 条 1. 发展科技与工艺是首要国策，它在国家经济—社会的发展事业中起着关键的作用。

2. 国家优先投资和鼓励组织、个人投资于研究、发展、转让、有效地应用科技与工艺成果；保障科研与工艺专利权；保护知识产权。

3. 国家创造条件以便人人参与并且能够从各种科技与工艺活动中享受到收益。

第 63 条 1. 国家制定保护环境的政策；有效、稳步地管理、使用各种自然资源；保护自然、生物多样化；主动防御自然灾害，应对气候变化。

2. 国家鼓励一切保护环境、发展、使用新能源、再生能源的活动。

3. 组织、个人造成环境污染、导致自然资源衰竭和生物多样化衰竭的，必须进行严肃处理并且有责任消除隐患、赔偿损失。

第四章　保卫祖国

第 64 条 保卫越南社会主义共和国是全民的事业。

国家巩固和加强以人民武装力量为骨干的全民国防和人民安全的建设；发挥国家的综合实力以便牢牢地保卫祖国，为捍卫地区和世界和平贡献力量。

机关、组织、公民必须充分履行国防和安全义务的职责。

第 65 条 人民武装力量绝对忠诚于祖国、人民，忠诚于党和国家，具有捍卫祖国独立、主权统一、领土完整、国家安全和社会秩序、安全的职责；捍卫人民、捍卫党、捍卫国家和社会主义制度；同全民一道建设国家和履行国际义务。

第 66 条 国家建设革命化、正规化、精锐化、逐步现代化的人民军队力量，保持合理的值班力量、雄厚的预备役动员力量、强大和遍布各地的民兵自卫队力量，使之成为执行国防任务中的骨干力量。

第 67 条 国家建设革命化、正规化、精锐化、逐步现代化的人民公安力量，使之成为执行保卫国家安全和保障社会秩序、安全、与预防和打击犯罪做斗争任务中的骨干力量。

第68条 国家发扬人民的爱国主义精神和革命英雄主义精神，在全民中进行国防和安全教育；建设国防、安全工业；保障人民武装力量的装备，国防、安全与经济相结合，经济与国防、安全相结合；实行军队后方政策；保障与人民军队、人民公安活动性质相符合的干部、战士、职工的物质、精神生活；建立强大的人民武装力量，不断增强保卫祖国的能力。

第五章 国会

第69条 国会是越南社会主义共和国人民的最高代表机关，是越南社会主义共和国的最高国家权力机关。

国会行使立宪权、立法权，决定国家的各种重大事项和对国家的活动进行最高的监督。

第70条 国会具有下列职权：

1. 制定宪法和修改宪法；制定法律和修改法律。

2. 对遵守宪法、法律和国会决议的工作行使最高监督权；审查国家主席、国会常务委员会、政府、最高人民法院院长、最高人民检察院检察长、国家选举委员会、国家审计署和由国会成立的其他各个机关的工作报告。

3. 决定国家经济—社会发展的基本目标、指标、政策、任务。

4. 决定关于国家金融、货币的基本政策；决定、修改或者废除各种税目；决定分配中央财政预算和地方财政预算之间的各种收入和支出任务；决定国债、公债、政府债的安全界限额度；决定国家财政预算和分配中央财政预算，批准国家财政预算决算。

5. 决定国家的民族政策、宗教政策。

6. 规定国会、国家主席、政府、人民法院、人民检察院、国家选举委员会、国家审计署、地方政权和由国会成立的其他机关的组织及其活动。

7. 选举、任命、罢免国家主席、国家副主席、国会主席、国会副主席、国会常务委员会委员、民族委员会主席、国会专门委员会主任、政府总理、最高人民法院院长、最高人民检察院检察长、国家选举委员会主席、国家审计署审计长、由国会成立的其他机关的领导人；批准任免政府副总理、部长和政府其他组成人员、最高人民法院审判员的建议；批准国防与安全委员会、国家选举委员会组成人员名单。

选举后，国家主席、国会主席、政府总理、最高人民法院院长必须宣誓忠诚于祖国、忠诚于人民、忠诚于宪法。

8. 对由国会选举或者批准的任职人员投信任票。

9. 决定成立、撤销政府的部、部级机关；决定成立、解散、合并、划分、调整省、中央直辖市、特别行政—经济单位的行政地界；依照宪法和法律的规定决定成立、撤销其他单位。

10. 撤销与宪法、法律、国会决议相抵触的国家主席、国会常务委员会、政府、政府总理、最高人民法院院长、最高人民检察院检察长的法规、决定和命令。

11. 决定大赦。

12. 规定人民武装力量中的衔级、外交衔级和国家其他的衔级；规定国家的勋章、奖章和荣誉称号。

13. 决定战争和和平的问题；规定关于紧急状态、保障国防和国家安全的其他各种特别措施。

14. 决定关于对外的基本政策；批准、决定加入或者终止与战争、和平、国家主权相关的国际条约，越南社会主义共和国在各个国际组织和重要地区的成员资格，关于人权、公民基本权利和义务的国际条约和与法律、国会的决议相抵触的国际条约的效力。

15. 决定民意测验。

第 71 条 1. 国会的每届任期为 5 年。

2. 在国会任期届满的两个月（60 日）以前，国会必须完成下一届国会的选举。

3. 在特殊情形下，如果经过国会全体代表至少 2/3 的代表表决通过，则国会依照国会常务委员会的提议决定缩短或者延长本届国会的任期。延长一届国会的任期不得超过一年，爆发战争的情形除外。

第 72 条 国会主席主持国会的每一次会议；签署宪法、法律、国会决议；领导国会常务委员会的工作；组织协调国会的对外关系；保持与国会各位代表的联系。

国会副主席按照国会主席的分工协助国会主席工作。

第 73 条 1. 国会常务委员会是国会的常设机关。

2. 国会常务委员会包括国会主席、国会副主席若干人和委员若干人。

3. 国会常务委员会的组成人员由国会决定。国会常务委员会的组成人员不得同时担任政府机关的职务。

4. 每一届国会的国会常务委员会履行自身职责、权限直至下一届国会选举产生出新一届国会常务委员会为止。

第 74 条 国会常务委员会具有下列职权：

1. 组织筹备、召开和主持国会会议事宜。

2. 颁布国会赋予的有关事项的法令；解释宪法、法律、法令。

3. 监督宪法、法律、国会决议、国会常务委员会的法令、决议的实施；监督政府、最高人民法院、最高人民检察院、国家审计署和由国会成立的其他各个机关的活动。

4. 停止实施与宪法、法律、国会决议相抵触的政府、政府总理、最高人民法院院长、最高人民检察院检察长的法规、决定和命令，并呈报国会在最近的会议上决定撤销这些法规、决定和命令，撤销与国会常务委员会的法令、决议相抵触的政府、政府总理、最高人民法院院长、最高人民检察院检察长的法规、决定和命令。

5. 指导、协调、配合民族委员会和国会各个专门委员会的活动；引导并且保障国会代表的活动条件。

6. 建议国会选举、任命、罢免国家主席、国会主席、国会副主席、国会常务委员会组成人员、民族委员会主席、国会专门委员会主任、国家选举委员会主席、国家审计署审计长。

7. 监督和引导人民议会的活动；撤销与宪法、法律和上级国家机关的法规、决定和命令相抵触的省、中央直辖市人民议会的决议；在省、中央直辖市人民议会给人民的利益造成严重损害的情形下，解散省、中央直辖市人民议会。

8. 决定成立、解散、合并、划分、调整省、中央直辖市以下的行政单位的地界。

9. 在国会闭会的情形下决定宣布战争状态并且在最近的会议上向国会报告决定。

10. 决定总动员或者局部动员；颁布、撤销全国或者各个地方的紧急状态。

11. 协调国会的对外关系。

12. 批准越南社会主义共和国全权大使的任免建议。

13. 按照国会的规定组织民意测验。

第75条 1. 民族委员会包括主席、副主席若干人和委员若干人。民族委员会的主席由国会选举；民族委员会的副主席及其委员由国会常务委员会批准。

2. 民族委员会研究并且就民族工作向国会提出建议；对实施民族政策、实施山区和少数民族同胞地区经济—社会发展规划、计划情况行使监督权。

3. 民族委员会主席可以应邀出席政府召开的有关实行民族政策的会议。在颁布实行民族政策的规定时，政府必须听取民族委员会的意见。

4. 民族委员会具有同本法第76条第2款规定的国会专门委员会一样的其他职责、权限。

第76条 1. 国会专门委员会包括主任、副主任若干人和委员若干人。委员会的主任由国会选举；委员会的副主任和委员由国会常务委员会批准。

2. 国会专门委员会审查法律草案、就有关法律、其他草案提出建议并且向赋予该任务的国会或者国会常务委员会报告；行使法律规定的职责、权限范围内的监督权；对属于委员会活动范围内的事项提出建议。

3. 成立、解散国会专门委员会的事宜由国会决定。

第 77 条 1. 民族委员会、国会各个专门委员会有权要求政府组成人员、最高人民法院院长、最高人民检察院检察长、国家审计署审计长和相关个人报告、阐述或者提供有关必要事项的材料。被要求的人有责任满足此项要求。

2. 国家各个机关有责任研究并且答复国会民族委员会和国会各个专门委员会的建议。

第 78 条 一旦需要，国会成立临时委员会以便研究、审查一项草案或者对一定范围内的某一事项进行调查。

第 79 条 1. 国会代表是原选举单位人民群众乃至全国人民意志、愿望的代表者。

2. 国会代表要与选民保持密切联系，接受选民的监督；忠实地收集选民的意见、愿望并且向国会、各个机关、相关组织如实地反映情况；实行与选民接触并且向选民报告有关代表和国会活动情况的制度；答复选民的诉求和建议；跟踪、督促解决申诉、控告和引导、帮助行使申诉权、控告权。

3. 国会代表要普及和动员人民群众遵守宪法和法律。

第 80 条 1. 国会代表有权对国家主席、国会主席、政府总理、部长及政府的其他组成人员、最高人民法院院长、最高人民检察院检察长、国家审计署审计长提出质询。

2. 被质询的人员必须在国会召开的会议上或者在国会两次会议期间召开的国会常务委员会会议上予以答复；在必要的情形下，国会、国会常务委员会可以通过书面形式予以答复。

3. 国会代表有权要求机关、组织、个人提供与该机关、组织、个人职责相关的信息、材料。机关、组织的负责人或者个人有责任在法定的期限内对国会代表提出的问题予以答复。

第 81 条 如果未征得国会的同意或者在国会闭会期间、未征得国会常务委员会的同意，不得逮捕、拘留、监禁、起诉国会代表；在国会代表在犯罪现场被拘留的情形下，拘留机关必须立即报告以便国会或者国会常务委员会审查、决定。

第 82 条 1. 国会代表有责任充分履行代表的职责，有权参与成为民族委员会或者国会专门委员会的组成人员。

2. 国会常务委员会、政府总理、政府副总理、部长、部级机关首长和国家其他各个机关的首长有责任为国会代表履行代表职责创造条件。

3. 国家保障国会代表的活动经费。

第 83 条 1. 国会必须公开召开会议。在需要的情形下，根据国家主席、国会常务委员会、政府总理的提议或者至少国会全体代表 1/3 代表的提议，国会决定召开秘密会议。

2. 国会会议每年举行两次。在国家主席、国会常务委员会、政府总理或者至少国会全体代表 1/3 代表提议的情形下，国会举行特别会议。由国会常务委员会召集国会会议。

3. 新一届国会的第一次会议自选举国会代表之日起最迟必须在两个月的时限内举行，由上一届国会主席主持开幕式直至新一届国会选举产生国会主席为止。

第 84 条 1. 国家主席、国会常务委员会、民族委员会、国会专门委员会、政府、最高人民法院院长、最高人民检察院检察长、国家审计署审计长、越南祖国阵线中央委员会及其阵线成员组织的中央机关在国会会议期间有权提交法律草案，在国会常务委员会会议期间有权提交法令草案。

2. 国会代表在国会会议期间、国会常务委员会会议期间有权提交有关法律、法令的建议和法律草案、法令草案。

第 85 条 法律、国会的决议必须经超过国会全体代表半数以上的代表表决通过；在制定宪法、修改宪法、决定缩短或者延长国会任期、罢免国会代表的情形下，必须经过国会全体代表至少 2/3 的代表表决通过。

国会常务委员会的法令、决议必须经超过半数的国会常务委员会全体组成人员表决通过。

法律、法令自通过之日起最迟必须在 15 日时限内予以公布，国家主席建议对法令进行重新审查的情形除外。

第六章 国家主席

第 86 条 国家主席是国家的元首，在对内和对外方面代表越南社会主义共和国。

第 87 条 国家主席由国会在全体国会代表中选举。

国家主席对国会负责并且向国会报告工作。

国家主席的任期与国会的任期相同。一旦国会任期届满，国家主席继续履行职责直至新一届国会选举产生国家主席为止。

第 88 条 国家主席具有下列职权：

1. 公布宪法、法律、法令；建议国会常务委员会自法令通过之日起、在 10 日的时限以内重新审查法令，如果该法令经过国会常务委员会表决通过而国家主席仍然不同意，则国家主席呈交国会在最近召开的会议上予以决定。

2. 建议国会选举、任免、罢免国家副主席、政府总理；根据国会的决议，任免政府副总理、部长及其政府的其他组成人员。

建议国会选举、任免、罢免最高人民法院院长、最高人民检察院检察长；根据国会的决议，任免最高人民法院审判员；任免最高人民法院副院长、其他各个法庭的审判员、最高人民检察院副检察长；决定特赦；根据国会的决议，公布大赦决定。

4. 决定授予国家的勋章、奖章、各种奖励、国家荣誉称号；决定取得国籍、丧失国籍、恢复国籍或者剥夺越南国籍。

5. 统率人民武装力量，担任国防与安全委员会主席的职务；决定授予、晋升、降、剥夺将官、海军准将、海军中将、海军上将的衔级；任免越南人民军队的总参谋长、总政治局主任；根据国会的决议或者国会常务委员会的决议，公布、撤销宣布战争状态的决定；根据国会常务委员会的决议，下达总动员或者局部动员命令，公布、撤销紧急状态；在国会常务委员会闭会的情形下，公布、撤销全国范围内或者各个地方的紧急状态。

6. 接见外国的全权大使；根据国会常务委员会的决议任免；决定选派、召回越南社会主义共和国的全权大使；授予大使衔级；决定谈判、以国家的名义缔结国际条约；呈报国会批准、决定加入或者终止本法第 70 条第 14 款规定的国际条约的效力；以国家的名义决定批准、加入或者终止其他国际条约的效力。

第 89 条　国防与安全委员会包括主席、副主席及其委员。国防与安全委员会的组成人员名单由国家主席呈报国会批准。

国防与安全委员会按照集体制工作和实行多数决定制。

国防与安全委员会呈报国会决定战争状态，在国会闭会的情形下则呈报国会常务委员会决定；动员国家的一切力量和能力旨在保卫祖国；在爆发战争的情形下，履行国会赋予的职责、行使国会赋予的特别权限；决定人民武装力量参与为捍卫地区和世界和平贡献力量的行动。

第 90 条　国家主席有权出席国会常务委员会的会议、政府的会议。

国家主席有权要求政府召开国家主席认为需要解决的有关事项的会议旨在履行国家主席的职责、行使国家主席的权力。

第 91 条　国家主席颁布旨在履行自身职责、行使自身权力的命令、决定。

第 92 条　国家副主席由国会在全体国会代表中选举。

国家副主席协助国家主席工作和受国家主席的委托可以代行国家主席的部分职权。

第 93 条　在国家主席长期不能工作的时候则由国家副主席行使国家主席的职权。

在国家主席缺位的情形下则由国家副主席代理国家主席职位直至国会选出的主席就

职为止。

第七章　政府

第 94 条　政府是越南社会主义共和国的最高国家行政机关，行使执法权，是国会的执行机关。

政府对国会负责并且向国会、国会常务委员会、国家主席报告工作。

第 95 条　1. 政府包括政府总理、政府副总理若干人、部长和部级机关首长若干人。

政府机构、组成人员数量由国会决定。

政府按照集体制工作和实行多数决定制。

2. 政府总理是政府首脑，在政府的活动中和赋予的任务方面对国会负责；政府总理向国会、国会常务委员会、国家主席报告政府的工作。

3. 政府副总理按照政府总理的分工协助政府总理工作并且在分工的任务方面对政府总理负责。在政府总理缺位的时候，由受政府总理委托的一名政府副总理代表政府总理领导政府的工作。

4. 部长、部级机关首长在分工负责的行业、领域方面向政府总理、政府和国会负责、承担个人责任，与政府的其他组成人员一道在政府的活动方面承担集体责任。

第 96 条　政府具有下列职权：

1. 组织实施宪法、法律、国会的决议、国会常务委员会的法令、决议、国家主席的命令、决定。

2. 提出、制定政策呈报国会、国会常务委员会决定或者按照权限决定旨在履行本条款所规定的职责、行使本条款所规定的权限；向国会呈报法律草案、国家财政预算草案和其他草案；向国会常务委员会呈报法令草案。

3. 统一管理经济、文化、社会、教育、医疗卫生、科技、工艺、环境、信息、传媒、对外、国防、国家安全、社会秩序、安全；实施总动员令或者局部动员、颁布紧急状态命令和其他各种必要的措施旨在保卫祖国，保障人民生命、财产安全。

4. 呈报国会决定成立、撤销部、部级机关；解散、合并、划分、调整省、中央直辖市行政地界、特别行政—经济单位；呈报国会常务委员会决定成立、解散、合并、划分、调整省、中央直辖市以下的行政单位地界。

5. 统一管理国家行政；对干部、公务员、职员和国家各个机关内的公务实施管理；组织清查、检查工作，解决申诉、控告、预防和惩治国家机器中的官僚、贪污现象；领导各部、部级机关、政府机关、各级人民委员会的工作；在执行上级国家机关的法规、决定和命令中对人民议会进行引导、督促检查；为人民议会履行法律规定的职责、行使法律规定的权限创造条件。

6. 保护国家和社会的权益、人权、公民权；保障社会秩序、安全。

7. 谈判、按照国家主席的授权以国家的名义缔结国际条约；以政府的名义决定缔结、加入、批准或者终止国际条约的效力，本法第 70 条第 14 款规定的呈报国会批准的国际条约除外；捍卫国家的利益、保护在国外的越南组织和公民的正当利益。

8. 在履行自身职责、行使自身权限工作中与越南祖国阵线中央委员会和政治—社会组织的中央机关配合。

第 97 条 政府的每届任期同国会的每届任期相同。在国会任期届满时，政府继续履行职责直至新一届国会成立政府为止。

第 98 条 政府总理由国会在全体国会代表中选举。

政府总理具有下列职权：

1. 领导政府的工作；领导制定政策和组织实施法律的工作。

2. 领导从中央到地方的国家行政系统的活动工作并且对其负责，保障国家行政系统的统一性和政令畅通。

3. 呈报国会批准任免政府副总理、部长和政府其他组成人员；任免类似于部、部级机关职务的副部长；批准选举、任命和决定调动、免去省、中央直辖市人民委员会主席、副主席的职务。

4. 停止实施或者撤销与宪法、法律和上级国家机关的法规、决定和命令相抵触的部长、部级机关首长、人民委员会、省、中央直辖市人民委员会主席的法规、决定和命令；停止实施与宪法、法律和上级国家机关的法规、决定和命令相抵触的省、中央直辖市人民议会的决议，同时建议国会常务委员会予以撤销。

5. 决定和指导谈判、指导缔结、加入属于政府职权范围内的国际条约；组织履行越南社会主义共和国作为其成员国缔结或者参与的国际条约。

6. 落实通过各种大众媒体向人民报告属于政府和政府总理解决权限的有关重大事项的报告制度。

第 99 条 1. 部长、部级机关首长是政府组成人员，同时也是部、部级机关的首长，领导部、部级机关的工作；对分工负责的行业、领域方面的国家管理负责；组织施行和跟踪掌握全国范围内与行业、领域相关的法律施行的情况。

2. 部长、部级机关首长向政府、政府总理报告工作；落实向人民报告属于管理职责范围内的有关重大事项的报告制度。

第 100 条 政府、政府总理、部长、部级机关首长颁布法规旨在履行自身的职责、行使自身的权限，检查施行该法规的情况并且依法撤销与法律相抵触的法规。

第 101 条 越南祖国阵线中央委员会主席和政治—社会组织的中央机关首脑可以应邀出席政府召开的相关事项的会议。

第八章 人民法院、人民检察院

第 102 条 1. 人民法院是越南社会主义共和国的审判机关，行使司法权。

2. 人民法院包括最高人民法院和法律规定的其他各级法院。

3. 人民法院具有捍卫公理，保护人权、公民权，捍卫社会主义制度，捍卫国家利益，保护组织、个人合法权益的职责。

第 103 条 1. 人民法院的初审必须要有陪审员参与，依照简化程序审理的情形除外。

2. 审判员、陪审员依法独立行使审判权；禁止机关、组织、个人干涉审判员、陪审员的审判工作。

3. 人民法院对案件一律公开审理，特殊情形在需要保守国家机密、保护民族的淳风美俗、保护未成年人或者根据当事人的申请保护个人隐私的情况下，人民法院可以秘密审理。

4. 人民法院实行集体审理和实行多数决定制，依照简化程序审理的情形除外。

5. 审理中的争诉原则必须予以保障。

6. 初审、复审制度必须予以保障。

7. 嫌疑人、被告的辩护权、保护当事人合法利益的权利必须予以保障。

第 104 条 1. 最高人民法院是越南社会主义共和国的最高审判机关。

2. 最高人民法院监督其他各级法院的审判工作，法定情形除外。

3. 最高人民法院对审判实践经验进行总结，保障在审判中统一适用法律。

第 105 条 1. 最高人民法院院长的每届任期同国会的每届任期相同。其他人民法院院长的任免和任期由法律规定。

2. 最高人民法院院长对国会负责并且向国会报告工作；在国会闭会期间，对国会常务委员会、国家主席负责并且向国会常务委员会、国家主席报告工作。其他各级法院院长的工作报告制度由法律规定。

3. 审判员的任用、批准、任免、任期事宜和陪审员的选举、任期事宜由法律规定。

第 106 条 机关、组织、个人对于已经产生法律效力的人民法院的判决书、决定书必须予以尊重；相关机关、组织、个人必须严格履行。

第 107 条 1. 人民检察院行使公诉权，对司法活动行使检察权。

2. 人民检察院包括最高人民检察院和法律规定的其他各级人民检察院。

3. 人民检察院具有捍卫法律，保护人权、公民权，捍卫社会主义制度和国家利益，保护组织、个人合法权益，为保障法律得以严格和统一执行贡献力量的职责。

第 108 条 1. 最高人民检察院检察长的每届任期同国会的每届任期相同。其他各级检察院检察长的任用、任免、任期和检察员的任用、任免、任期由法律规定。

2. 最高人民检察院检察长对国会负责并且向国会报告工作；在国会闭会期间，对国会常务委员会、国家主席负责并且向国会常务委员会、国家主席报告工作。其他各级检察长、各级检察员的工作报告制度由法律规定。

第 109 条 1. 人民检察院实行检察长负责制。上级人民检察院检察长领导下级人民检察院检察长的工作。最高人民检察院检察长统一领导各级人民检察院检察长的工作。

2. 检察员在人民检察院检察长的指导下依法行使公诉权和对司法活动行使检察权。

第九章　地方各级政府

第 110 条 1. 越南社会主义共和国的各个行政单位予以划分如下：

国家划分成省、中央直辖市。

省划分成县、市和省辖市；中央直辖市划分成区（郡）、县、市和类似的行政单位。

县划分成乡、镇、市；省辖市划分成坊和乡；区（郡）划分成坊。

由国会批准成立的特别行政—经济单位。

2. 成立、解散、合并、划分、调整行政单位地界工作，必须听取地方人民群众的意见，并且依照法定的程序、手续实施。

第 111 条 1. 地方政府在越南社会主义共和国的各个行政单位予以组成。

2. 地方政府包括人民议会和人民委员会，在与农村、都市、海岛、法定的特别行政—经济单位相符合的基础上予以组成。

第 112 条 1. 地方政府在地方组织和施行宪法和法律；依照法律规定的权限决定地方的各种事项；接受上级国家机关的检查、监督。

2. 地方政府的职权在中央和地方以及各级地方政府的国家各个机关之间权限划分的基础上予以确定。

3. 在必要的情形下，如果具备履行这些职责的各种条件，可以赋予地方政府履行上级国家机关的部分职责。

第 113 条 1. 地方的各级人民议会是地方国家权力机关，代表人民的意志、愿望和行使人民当家做主的权利，由地方人民群众选举产生，对地方人民群众和上级国家机关负责。

2. 人民议会依照法律规定的权限决定地方的各种事项；监督地方遵守宪法和法律以及执行人民议会决议。

第114条 1. 由同级人民议会选举的地方政府人民委员会是人民议会的执行机关，是地方国家行政机关，对人民议会和上级国家行政机关负责。

2. 人民委员会在地方组织施行宪法和法律；组织执行人民议会的决议和履行上级国家机关赋予的各项职责。

第115条 1. 人民议会代表是地方人民群众意志、愿望的代表者；与选民保持密切联系、接受选民的监督、落实接触制度、向选民报告有关自身和人民议会的活动情况、答复选民的诉求、建议；审查、督促解决申诉、控告。人民议会代表具有动员人民群众执行宪法和法律、国家的政策、人民议会的决议、动员人民群众参与国家管理的职责。

2. 人民议会代表有权质询人民委员会主席、人民委员会的其他组成人员、人民法院院长、人民检察院检察长和隶属于人民委员会的机关首长。被质询的人员必须在人民议会开会期间予以答复。人民议会代表对于地方国家各个机关、组织、单位具有建议权。这些机关、组织、单位的领导具有会见代表、审查、办理代表提案的职责。

第116条 1. 人民议会、人民委员会实行向越南祖国阵线和各人民团体通报地方情况、听取这些组织对于地方政府建设和地方经济—社会发展的意见、建议的制度；与越南祖国阵线和其他各人民团体配合动员人民群众同国家一道共同实现地方经济—社会发展、国防、安全的各种目标。

2. 越南祖国阵线委员会主席和地方政治—经济组织的负责人可以应邀出席人民议会的每一次会议，以及在商讨相关问题时可以应邀出席同级人民委员会的会议。

第十章 国家选举委员会、国家审计署

第117条 1. 国家选举委员会是由国会成立的机关，其任务是组织国会代表选举；指导和引导各级人民议会代表的选举工作。

2. 国家选举委员会包括主席、副主席若干人及其委员若干人。

3. 国家选举委员会的具体组织、职责、权限和国家选举委员会的组成人员数量由法律规定。

第118条 1. 国家审计署是由国会成立的机关，依法独立开展活动，对公共资金、财产的管理、使用工作进行审计。

2. 国家审计署审计长是国家审计署的首脑，由国会选举。国家审计署审计长的任期

由法律规定。

国家审计署审计长对国会负责并且向国会报告审计结果、报告工作；在国会闭会期间，对国会常务委员会负责并且向国会常务委员会报告工作。

国家审计署的具体组织、职责、权限由法律规定。

第十一章　宪法的效力和宪法修改工作

第 119 条　宪法是越南社会主义共和国的根本法，具有最高的法律效力。

其他一切法规都不得同宪法相抵触。

对于一切违反宪法的行为必须予以追究。

国会、国会各个机关、国家主席、政府、人民法院、人民检察院、国家的其他各个机关和人民团体具有捍卫宪法的职责。

捍卫宪法的机制由法律规定。

第 120 条　1. 国家主席、国会常务委员会、政府或者至少国会全体代表 1/3 以上的代表有权提议制定宪法、修改宪法。一旦国会至少以全体代表的 2/3 以上的多数表决通过，国会可以决定制定宪法、修改宪法。

2. 国会成立宪法起草委员会。宪法起草委员会的组成人员、成员数量、职责和权限由国会根据国会常务委员会的提议决定。

3. 宪法起草委员会起草、组织征求人民群众的意见并呈报国会起草宪法。

4. 宪法一旦经过至少以国会全体代表的 2/3 以上的多数表决通过，有关宪法的民意测验工作由国会决定。

5. 宪法的公布时限、生效时间由国会决定。2013 年 11 月 28 日，越南社会主义共和国第十三届国会第六次会议通过了本宪法。

国会主席　阮生雄

越南社会主义共和国海商法*

（越南社会主义共和国国会法律号：第十一届国会2005年第40号，2005年6月14日越南社会主义共和国第十一届国会第七次会议通过）根据2001年12月25日越南社会主义共和国第十届国会第十次会议通过的第51号决议（即对1992年颁布施行的《越南社会主义共和国宪法》进行修改、补充的决议）经过修改、补充后重新颁布施行的《越南社会主义共和国宪法》，制定本法。

本法是关于从事海上运输活动的规定。

第一章　总　则

第1条　调整范围

本法是关于从事海上运输活动的规定，包括关于轮船、船舶、海港、航道、海上运输、保障海运交通安全、维护海运交通秩序、防止污染环境以及与使用船舶用于从事经济、文化、社会、体育、政府公务活动和科学研究目的相关的其他各项活动的各种规定。

对于用于军事的、政府公务的船舶，捕捞的渔船，内陆水上移动漂浮式装置，军港，渔港和港口，内河水上码头，只适用本法作出具体规定的情形。

在《越南海商法》的规定与从事海上运输有关的同一内容的其他法律的规定存在不同的情形下，则适用本法的规定。

第2条　适用对象

1. 本法适用于从事有关海上运输活动的越南的组织、个人和在越南从事有关海上运输活动的外国组织、个人。

2. 在越南社会主义共和国作为其成员国缔结或者参与的国际条约的规定与本法的规定不同的情形下，则适用该国际条约的规定。

第3条　发生法律冲突时适用法律的原则

1. 在涉及船上财产所有权、船舶租赁合同、配备船员合同、海上旅客和行李运输合

* 本文译者：米良，系北京外国语大学法学院教授，博士生导师。

同、救助船舶船主与救助、打捞位于海上沉没财产船舶的船舶之间分摊救助款项有关法律关系的情形下，在船舶正航行在公海时船舶发生各种事故涉及有关法律的情形下，则适用船旗国的法律。

2. 在发生共同海损、涉及共同海损相关法律关系的情形下，则适用船舶驶入地（理算地）的法律。

3. 在涉及位于任何一个国家的内河或者领海发生海上船舶碰撞事故、海上救助、打捞海上沉没财产的报酬的相关法律关系的情形下，则适用侵权行为发生地所在国家的法律。

在涉及发生在海上的碰撞事故或者海上救助相关法律的情形下，则适用首次受理调解纠纷的仲裁机构或者法院所在国国家的法律。

在同一国籍之间的各艘船舶在位于不同国家的海上或者内河、领海内发生碰撞事故的情形下，则适用悬挂船旗国所在地国家的法律。

在海上货物运输合同涉及相关法律关系的情形下，则适用依照货物运输合同交付货物所在地国家的法律。

第 4 条　合同中约定的权利

1. 在涉及有关从事海上运输活动的合同中，如果本法没有限制，参与订立合同的各方有权单独约定。

2. 在涉及从事有关海上运输活动的合同中，如果在参与订立合同的各方其中至少有一方是外国组织或者个人的情形下，在各种合同关系中有权约定适用外国法律或者国际惯例和在两个国家之一或者第三个国家选择仲裁机构、法院调解海事纠纷。

3. 在本法另有规定或者各方在合同中另有约定的情形下，对于与从事有关海上运输活动的各种合同关系，如果外国法律不违背越南法律的各项基本原则，那么，可以在越南适用外国法律。

第 5 条　从事海上运输活动的原则

1. 从事海上运输活动应当遵守本法的规定、越南法律的其他规定和越南社会主义共和国作为其成员国缔结或者参与的国际条约的规定。

2. 从事海上运输活动应当保障越南社会主义共和国的航海，国防安全、安宁；捍卫越南社会主义共和国的权益、主权和仲裁权。

3. 从事海上运输活动应当符合国家经济—社会的发展战略和国家交通运输发展战略、规划、计划。

4. 从事海上运输活动应当确保保护环境和自然景观协调发展与经济效益相结合。

第 6 条　发展海上运输活动的政策

1. 国家优先投资发展港口基础设施建设，为全国乃至次区域经济—社会的发展服务；提高越南商船队的运输能力和传授、应用先进的海事科技、工艺。

2. 国家出台政策鼓励越南的一切组织、个人和外国的组织、个人投资发展越南商船队、港口基础设施建设和在越南从事其他各种海上运输活动。

第 7 条　国内运输权

1. 对于从事国内货物、旅客和行李的运输，越南籍船舶享有优先运输权。

2. 在越南籍船舶不具备运输能力时，在下列各种情形下，外国籍船舶可以参与从事国内运输：

1）运输超长、超重的货物或者使用专用船舶运输其他各类货物；

2）参与防治、克服自然灾害、疫病或者开展紧急人道救助；

3）从游轮上将旅客和行李运送到陆地上以及从陆地上将旅客和行李运送到游轮上。

有关本条第 2 款第 1 项和第 2 项规定的各种情形的实施细则，由交通运输部部长予以制定。

制定有关本条第 2 款第 3 项所规定的各种情形的实施细则，由海事港务局局长予以制定。

第 8 条　有关海上运输活动的国家管理职责

1. 海上运输活动由政府代表国家行使统一管理。

2. 海上运输活动由交通运输部行使国家管理并对政府负责。

3. 部、部级机关在自身职责、权限范围内具有与交通运输部配合对海上运输活动行使国家管理的职责。

4. 各级人民委员会在自身职责、权限范围内具有对地方海上运输活动行使国家管理的职责。

第 9 条　海上运输活动的监察

1. 海上运输活动的监察隶属于交通运输部对海上运输活动履行专业部门监察职能的监察。

2. 海上运输活动监察的组织编制、职能、任务、权限依照本法和《监察法》的规定执行。

第 10 条　在从事海上运输活动中被严格禁止的各种行为

1. 对越南社会主义共和国的主权和安全造成妨碍或者造成威胁的行为。

2. 非法运输人员、货物、行李、武器、放射性物质、有毒有害物质、毒品的行为。

3. 故意设置障碍物制造危险或者阻碍海上交通的行为。

4. 使用、运营未经登记注册、未经年检或者超过登记注册、年检期限，伪造登记注册、伪造年检的船舶从事海上运输活动的行为。

5. 在实际条件允许的情形下拒绝参与海上搜寻、救助的行为。

6. 造成环境污染的行为。

7. 侵犯船上人员的生命、健康、名誉、人格；侵占、故意损坏或者毁坏船上的公私财物；在发生海难事故后逃逸的行为。

8. 扰乱公共秩序，阻挠或者反抗在船上和在港口履行公务的人员履行职责的行为。

9. 利用职务、权利之便营私舞弊；纵容、包庇违法人员的行为。

10. 法律所规定的在从事海上运输活动中被严格禁止的其他各种行为。

第二章　船舶

第一节　一般规定

第 11 条　船舶

本法所称船舶，是指海船和其他专门用于从事海上活动的移动漂浮式装置。

本法中所规定的船舶不包括用于军事的、政府公务的船舶和渔船。

第 12 条　越南籍船舶

1. 本法所称越南籍船舶是指经依法登记注册取得越南社会主义共和国国籍的船舶或者越南社会主义共和国外交代表机构或者越南社会主义共和国驻外领事机构颁发的临时悬挂越南社会主义共和国国旗许可证的船舶。

2. 越南籍船舶享有悬挂越南社会主义共和国国旗的权利和履行悬挂越南社会主义共和国国旗的义务。

3. 只有越南籍的船舶才能悬挂越南社会主义共和国的国旗。

第 13 条　船舶所有人

1. 本法所称的船舶所有人是指船舶的所有权人。

2. 国家赋予管理、运营船舶的国有企业同样也适用于本法的各项规定和相关法律关于船舶所有人的其他各项规定。

第二节　船舶登记注册

第 14 条　船舶登记注册的原则

1. 关于越南籍船舶的登记注册事宜依照下列原则执行：

1）属于越南组织、个人所有的船舶可以在越南国家船舶登记注册证中予以登记注册，越南籍船舶登记注册事宜包括登记注册悬挂越南社会主义共和国国旗和登记注册该艘船舶的所有权。

属于外国组织、个人所有权的船舶一旦具备本法第16条所规定的条件就可以在越南国家船舶登记注册证中予以登记注册。越南籍船舶登记注册事宜包括登记注册悬挂越南社会主义共和国国旗和登记注册该艘船舶的所有权或者只是登记注册悬挂越南社会主义共和国国旗。

由越南社会主义共和国组织、个人按照光船租赁、船舶租赁形式所租赁的外国籍船舶可以依法登记注册悬挂越南社会主义共和国国旗。

2）已经在外国登记注册的船舶不得登记注册悬挂越南社会主义共和国国旗，原来的登记注册已经暂停或者已经注销的情形除外。

3）越南籍船舶的登记注册事宜由越南国家船舶登记注册管理部门公开办理并且收取相应的手续费；组织、个人有权申请颁发源于越南国家船舶登记注册证的摘录或者副本，但是应当缴纳手续费。

2. 属于越南社会主义共和国组织、个人所有权的船舶可以登记注册悬挂外国国旗。

第15条　应当依法进行登记注册的各类船舶

1. 下列各类船舶应当依法进行登记注册在越南国家船舶登记注册证中：

1）主机发动机与功率在75千瓦以上的船舶；

2）虽然无发动机，但是总容积在50吨或者排水量在100吨以上或者设计吃水深度20米以上的船舶；

3）虽然是比本条第1款第1项和第2项规定的各类船舶更小的船舶，但是在外国航线上从事海上运输活动的船舶。

2. 在各类船舶登记注册事宜不属于本条第1款规定的情形下，由政府规定实施细则。

第16条　越南籍船舶登记注册的条件

1. 船舶一旦在越南国家船舶登记注册证中办理登记注册时应当具备下列各项条件：

1）持有关于船舶所有权的合法证明文件；

2）持有容积证明文件、船舶分级证明文件；

3）有在越南国家船舶登记注册机关备案的单独的船名；

4）如果该艘船舶已经在外国进行了登记注册，暂时停止或者注销登记注册的证明文件；

5）船舶所有人在越南社会主义共和国境内设立有办事处、分支机构或者代办处；

6）已经在越南社会主义共和国境内通过了首次使用登记注册或者重新进行了登记注册的外国籍船舶应当具备与政府所规定的每一类船舶相符的船龄；

7）依法缴纳了费用、手续费。

2. 越南社会主义共和国的组织、个人按照光船租赁、船舶租赁形式所租赁的外国籍船舶一旦登记注册悬挂越南社会主义共和国国旗，除了本条第 1 款第 1、2、3、4、5、6、7 项所规定的条件外，应当出具光船租赁合同或者船舶租购合同。

第 17 条　有关船舶所有人申请在越南社会主义共和国登记注册船舶的责任

1. 船舶所有人应当向越南国家船舶登记注册机关完整地提供各种证明文件和完整、准确地填报本法第 16 条和第 19 条规定的与船舶登记注册相关的各项内容。

2. 在船舶由越南社会主义共和国的组织、个人新建造、购买、赠与、继承的情形下，船舶所有人应当自在越南接收船舶之日起，或者如果是在外国接受的船舶、自船舶首次驶入越南港口之日起，最迟在 60 日的时限以内办理船舶登记注册。

3. 船舶所有人应当依法缴纳船舶登记注册手续费。

4. 一旦船舶所有人完成了船舶登记注册事宜，则可以颁发越南籍船舶登记注册证明文件。该证明文件是关于船舶悬挂越南社会主义共和国国旗和该船舶所有权状况的凭证。

5. 船舶所有人应当准确、完整和及时地向越南国家船舶登记注册机关报告与越南国家船舶登记注册证中登记注册内容相关的船舶的一切变更情况。

6. 本条的各项规定适用于按照光船租赁、船舶租购形式租赁船舶的越南国内的组织、个人。

第 18 条　有关新建造船舶的登记注册

1. 对于正在建造的船舶，船舶的所有人有权申请在越南国家船舶登记注册证中办理正在建造船舶的登记注册事宜，并且可以申请给正在建造的船舶颁发登记注册证明文件。该证明文件不具有取代越南籍船舶登记注册证明文件的价值。

2. 对于正在建造的船舶，一旦申请在越南国家船舶登记注册证中办理越南籍船舶的登记注册时应当具备下列各项条件：

1）持有建造船舶的合同或者关于正在建造船舶的买卖合同；

2）船舶有在越南国家船舶登记注册机关备案的单独的船名；

3）船舶已经设置了主要的使用寿命年限。

第 19 条　越南国家船舶登记注册证的基本内容

1. 越南国家船舶登记注册证应当具备下列各项基本内容：

1）船舶的原船名、新船名；船舶所有人的名称、设立办事处的地址；外国籍船舶所有人的名称、在越南设立分支机构、代办处的地址；申请登记注册的光船租赁人、船舶租购人的名称、设立办事处的地址；船舶经营人①；船舶种类及其使用目的。

① 即 người khai thác tàu。——译者注

2）登记注册的港口。

3）登记注册证。

4）登记注册的时间。

5）船舶建造的地点和年份。

6）船舶的各种主要技术参数。

7）船舶所有权的状况及其与所有权有关的变更。

8）暂停或者注销登记注册的时间及其理由。

2. 如果本条第 1 款规定的登记注册的内容需要全部变更，则同样也应当在越南国家船舶登记注册证中予以载明。

第 20 条　注销越南籍船舶的登记注册

1. 在下列各种情况下，可以在越南国家船舶登记注册证中注销越南籍船舶：

1）船舶毁坏或者沉没且无法打捞上来重新使用；

2）船舶灭失；

3）船舶不再具备悬挂越南社会主义共和国国旗的条件；

4）船舶不再具备船舶的性能；

5）根据船舶所有人的建议或者船舶登记注册签字画押人的建议。

2. 在本条第 1 款第 4 项和第 5 项规定的各种情况下，如果经该艘船舶的抵押人同意，正在抵押的船舶只能注销越南籍船舶的登记注册。

3. 一旦注销船舶的登记注册或者注销越南国家船舶登记注册证中正在建造船舶的登记注册，由越南国家船舶登记注册机关收回越南籍船舶登记注册证明文件或者正在建造船舶的登记注册证件证明和注销登记注册证明文件。

第 21 条　有关船舶登记注册的实施细则

政府规定有关越南国家船舶登记注册机关组织编制与活动的实施细则；越南籍船舶登记注册的程序、手续的实施细则；在船舶属于越南国内的组织、个人所有，但是，登记注册悬挂外国国旗情形下的实施细则；在船舶属于外国的组织、个人所有，但是，登记注册悬挂越南社会主义共和国国旗情形下的实施细则。

第 22 条　政府公务船舶的登记注册

本法所称公务船舶是指专门用于执行各种公务而不是为了商贸目的的船舶。

本节的各项规定适用于公务船舶的登记注册事宜。

第三节　越南籍船舶的登记注册

第 23 条　越南籍船舶的登记注册

1. 依照越南法律的规定和越南社会主义共和国作为其成员国缔结或者参与的国际条约的规定，越南籍船舶应当接受越南年检机构或者由交通运输部部长授权的外国年检组织的检查、分级，颁发安全航行和防止环境污染的各种技术证明文件。

2. 交通运输部部长规定关于船舶航行安全和防止环境污染的标准，规定并且组织实施在越南进行船舶年检的工作。

第 24 条　对越南籍的船舶进行技术检查、监察

1. 新建造、改装、修复、维修的船舶应当接受年检机构有关技术质量、技术安全方面的检查、监察，使船舶与批准的设计书相符并且颁发相关的证明文件。

2. 在从事海上运输活动的过程中，船舶应当接受年检机构有关技术质量、技术安全方面的定期检查。

第 25 条　关于政府公务船舶的年检

本节的各项规定适用于政府公务船舶的年检事宜。

第四节　船舶的证明文件和资料

第 26 条　船舶的证明文件和资料

1. 依照越南法律的规定和越南社会主义共和国作为其成员国缔结或者参与的国际条约的规定，船舶应当持有船舶登记注册的证明文件、关于保障海运交通安全、维护海运交通秩序和防止污染环境的各种证明文件。

有关越南籍船舶证明文件和资料的实施细则由交通运输部部长予以规定。

2. 关于保障海运交通安全、维护海运交通秩序和防止污染环境的各种证明文件应当载明有效期。如果船舶确实不具备抵达指定地点进行检查的条件而且实际上船舶的技术条件仍然能够确保海运交通安全、维护海运交通秩序和防止污染环境，该有效期可以延长，但是，延长的有效期最多为 90 日。一旦船舶抵达了指定检查的港口则延长的有效期随之结束。

3. 如果由于船舶的变更严重地影响到保障海运交通安全、维护海运交通秩序和防止污染环境的能力，则有关保障海运交通安全、维护海运交通秩序和防止污染环境的各种证明文件废止。

4. 尽管此前已经完整齐全地给船舶颁发了有关保障海运交通安全、维护海运交通秩序和防止污染环境的各种证明文件，但是，在有证据证明船舶不能保障海运交通安全、维

护海运交通秩序和防止污染环境的情形下，海事监察部门、海事港务监督机关有权暂时停止船舶从事海上运输活动，自行或者请求越南年检机构对船舶的技术状况进行检查。

第 27 条 船舶容积证明文件

1. 越南籍船舶和外国籍船舶在越南的海港水域和海域从事海上运输活动时应当持有由越南年检机构或者外国具有资质的船舶容积丈量权威机构颁发的船舶容积证明文件。船舶容积证明文件应当符合越南法律的规定和越南社会主义共和国作为其成员国缔结或者参与的国际条约的规定。

2. 在对本条第 1 款规定的有关船舶容积证明文件的准确性持怀疑态度的情形下，越南国家主管部门自行或者根据有关组织、个人的申请决定对船舶的容积重新进行检查核实。在检查核实的结果与船舶容积证明文件不符的情形下，船舶所有人应当支付与对船舶容积进行重新检查事宜相关的各种费用。在检查核实结果与船舶容积证明文件相符的情形下，由自行决定检查的越南国家主管部门或者申请进行检查核实的组织、个人应当承担与对船舶容积进行重新检查核实事宜有关的各种费用。

第五节 保障海运交通安全、维护海运交通秩序和防止污染环境

第 28 条 保障海运交通安全、维护海运交通秩序和防止污染环境

1. 越南籍船舶只有在船舶的构造、装备和设备、各种证明文件和资料、船舶的编制和专业技术能力与越南法律和越南社会主义共和国作为其成员国缔结或者参与的国际条约关于保障海运交通安全、维护海运交通秩序和防止污染环境的规定相符时，才能从事越南国家船舶登记注册证中已经登记注册的海上运输活动。

2. 船舶一旦在越南海港水域内和越南海域内从事海上运输活动应当执行越南法律和越南社会主义共和国作为其成员国缔结或者参与的国际条约关于保障海运交通安全、维护海运交通秩序和防止污染环境的规定。

3. 轮船、用于军事的或政府公务的船舶、渔船、内河水上移动漂浮式装置和水上飞机一旦在越南海港水域内和海域内从事海上运输活动，应当遵循各种船舶海上导航信号的指引和依照交通运输部部长的规定，执行防止碰撞的操作规则。

船舶海上导航信号包括通过影像、照明、声音识别的各种信号和为船舶从事海上运输活动导航而设置的无线电信号。

4. 在航道内、在海岸线上、在各个岛屿上、在有障碍物的水域和有海上其他各种工程的水域以及获准船舶从事海上运输活动的海港水域内各种必要的位置，应当依照交通运输部部长的规定，设置各种船舶海上导航信号。

航道是为设置用于保障船舶和其他各类移动漂浮式装置安全从事海上运输活动的导航信号系统和其他各种辅助工程而予以确定的水域分界线。航道包括港口航道和其他航道。

5. 专用船舶是指专门用于运输石油、石油制品或者其他各种危险物品的船舶。专用船舶一旦在越南港口和海域水域内从事海上运输活动，船舶所有人应当强制购买有关环境污染方面的民事责任保险。

6. 只有在经过政府总理批准以后，外国核动力船舶、运输放射性物质的船舶才能驶入越南港口、内河和领海水域内从事海上运输活动。

第 29 条　对保障海运交通安全、维护海运交通秩序和防止污染环境情况的监察、检查

1. 在越南港口、内河和领海水域内从事海上运输活动的船舶应当接受海事监察部门和港务监督机关依照越南法律和越南社会主义共和国作为其成员国缔结或者参与的国际条约的规定，对于有关保障海运交通安全、维护海运交通秩序和防止污染环境情况所进行的监察、检查。

2. 本条第 1 款所规定的监察、检查事宜应当严格依法进行并且不得给船舶保障海运交通安全、维护海运交通秩序和防止污染环境的能力造成影响。

3. 船舶所有人和船长应当创造条件以便本条第 1 款所规定的国家各个主管部门对船舶进行监察、检查。

4. 船舶所有人和船长应当按照海事监察部门和港务监督机关的要求，对于船舶在保障海运交通安全、维护海运交通秩序和防止污染环境方面存在的缺陷进行维修、修复。

第 30 条　海难搜寻与救助

1. 轮船、用于军事的或政府公务的船舶、渔船、内河移动漂浮式装置和水上飞机一旦遭遇危险急需救助则应当按照规定发出求救信号。

2. 轮船、用于军事的或政府公务的船舶、渔船、内河移动漂浮式装置和水上飞机一旦发现或者收到海上、港口水域其他遇险人员或者船舶发来的求救信号，如果实际条件允许且在不严重危及本船和船上人员安全的情况下则应当千方百计地救助遇险人员，甚至不惜驶离已经确定的航线并且应当及时地通知有关的组织、个人。

3. 配合执行海上搜寻、救助任务的机关对于自身所担负的搜寻、救助海域内遇险人员的任务应当随时做好及时组织和配合开展搜寻、救助活动的准备工作，并且有权调集人员、设备参与搜寻、救助。

4. 关于配合执行海难搜寻、救助任务机关的组织编制与工作职责的实施细则由交通运输部部长予以规定。

第 31 条 调查海难事故

1. 海难事故是指由于船舶碰撞所造成的事故或者各种与船舶相关的造成船上人员伤亡、失踪，港口货物、行李、财产和其他工程、设备受损，导致船舶损坏、沉没、毁坏、燃烧、搁浅或者造成环境污染后果的事故。

2. 由海事港务局局长组织对海难事故进行调查；在海难事故调查过程中，如果发现有构成犯罪的迹象则将卷宗材料报送具有管辖权的调查机关。

3. 有关报告和调查海难事故的实施细则由交通运输部部长予以规定。

第六节 转让船舶所有权和抵押权

第 32 条 转让船舶所有权

1. 转让船舶所有权应当依照越南法律或者履行船舶所有权转让所在地国家法律的规定通过书面形式予以体现。

2. 越南籍船舶所有权的转让自在越南国家船舶登记注册证中录入时生效。

3. 所有权转让的手续一旦办理完毕则全部船舶和船舶的财产属于所有权受让人的所有权，各方另外达成协议的情形除外。

船舶的财产是指船舶上的各种物品、装备和设备而不是船舶的各种构成部分。

4. 关于船舶所有权转让的各项规定适用于船舶股份所有权的转让。

5. 购买、出售形式下船舶所有权转让的条件、程序和手续由政府规定。

第 33 条 越南籍船舶抵押权

1. 船舶抵押权，是指船舶所有人提供的属于自己所有权的船舶对于享有权利的一方作为履行债务担保的船舶，而不是将该艘船舶转让给抵押权人所持有。

2. 船舶所有人可以依照本法的规定和相关法律的其他各项规定，将属于自己所有权的越南籍船舶抵押给抵押权人。

3. 越南籍船舶抵押合同应当订立书面合同。越南籍船舶的抵押应当依照越南法律予以执行。

4. 关于船舶抵押权的各项规定同样也适用于正在建造中的船舶的抵押事宜。

第 34 条 越南籍船舶抵押权的原则

1. 对于正处于抵押中的船舶，如果未经抵押权人同意，抵押人不得将被抵押船舶转让给他人。

2. 抵押人应当对被抵押的船舶进行保险，抵押合同中另有约定的情形除外。

3. 在抵押权人将被抵押船舶所担保的债权全部或者部分转让给他人的情形下，则抵押权随之转移。

4. 如果价值大于所担保的各种债务的总价值，那么，同一船舶可以用于履行多种债务的担保，另有其他约定的情形除外。

各种抵押的先后顺序可以在越南国家船舶登记注册证中相对应的抵押登记先后顺序的基础上予以确定。

5. 如果船舶抵押事宜属于两个以上的船舶共有人所有则应当经过所有共有人的同意，另有其他约定的情形除外。

6. 在被抵押船舶全部灭失的情形下，抵押权随之消灭；由于船舶灭失所得到的保险赔偿，抵押权人有权优先于其他债权人受偿。

7. 抵押权人需持有被抵押船舶的船舶登记证明文件副本。

第 35 条　越南籍船舶抵押权的登记

1. 越南籍船舶抵押权的登记包括下列各项基本内容：

1）船舶抵押权人和船舶抵押人的姓名、设立办事处的地址；

2）被抵押船舶的名称和国籍；

3）抵押所担保的债权数额、利息率和受偿期限。

2. 船舶抵押事宜自在越南国家船舶登记注册证中录入时生效。

3. 有关越南籍船舶抵押权登记事宜的信息应当发送给提出申请的人。

4. 船舶抵押权登记人和查询有关船舶抵押权信息的人应当交纳手续费。

第七节　海事留置权

第 36 条　海事留置权

1. 海事留置权是指海事请求人依照本法第 37 条的规定，向船舶所有人、船舶承租人、船舶经营人提出海事赔偿请求，对产生该海事请求的船舶享有优先受偿的权利。

海事请求是指一方要求另一方履行偿还与从事海事相关活动所产生的债务。

2. 本法第 37 条所列的海事留置权所产生的各项海事请求优先于船舶抵押担保和其他各种担保交易的各项海事请求的顺序受偿。

3. 海事留置权应当经有管辖权的法院执行，有管辖权的法院通过决定扣押船舶而该艘船舶因为涉及海事留置权所产生的相关的海事请求。

4. 尽管该艘船舶已经抵押或者在合同的基础上已经履行了其他各种担保交易以便确保履行偿还其他债务，但是，海事请求人对于为了保障本法第 37 条规定的各项海事请求的船舶享有海事留置权。

5. 无论购船人知晓或者不知晓关于船舶已经涉及海事留置权所产生的相关的海事请求事宜，海事留置权不因船舶所有人、船舶承租人、船舶经营人的变更而受到影响。

第 37 条　海事留置权所产生的海事请求

1. 有关船长、船员和在船上工作的其他在编人员所产生的工资、其他劳动报酬、遣返费用、社会保险费用的给付请求。

2. 有关直接与船舶在营运活动中发生的涉及人身伤亡和其他损失的赔偿请求。

3. 有关船舶吨税、船舶保障费、引航费、港务费和其他港口规费的缴付请求。

4. 有关船舶海难救助的救助款项的给付请求。

5. 有关船舶在营运活动中因侵权行为产生非合同的财产损失和损害的赔偿请求。

第 38 条　关于海事留置权所产生的各项海事请求的先后受偿顺序

1. 海事留置权所产生的各项海事请求的先后受偿顺序应当按照本法第 37 条所列的各项海事请求的先后顺序受偿，但是，在有关船舶海难救助的救助款项的给付请求、后于其他海事留置权所产生的各项海事请求的情形下，应当先于其他各项海事请求受偿。

2. 在本法第 37 条所列的同一条款中海事留置权所产生的各项海事请求应当不分先后，同时受偿；在每一件海事请求不足以受偿的情形下，按照各项海事请求之间的价值比例受偿。

3. 同一事件所产生的各项海事请求可以视为同时产生。

4. 对于与最后一趟航次所涉及的海事留置权所产生的各项海事请求可以先于其他各趟航次所涉及的海事留置权所产生的各项海事请求受偿。

5. 如果同一劳动合同所产生的各项海事请求涉及多趟航次则可以与涉及最后一趟航次的各项海事请求一道同时受偿。

6. 在本法第 37 条第 4 款所列的有关救助款项海事请求的情形下，后来产生的海事请求可以先于其他各项海事请求受偿。

第 39 条　海事留置权的时效

1. 海事留置权的时效为 1 年，自海事留置权产生之时起计算。

2. 本条第 1 款规定的海事留置权产生的时间可以按照下列规定计算：

1）在为了救助款项得以受偿的情形下，自结束救助活动之日起计算；

2）在为了船舶在营运活动中因侵权行为产生的各种损失和损害的赔偿请求得以受偿的情形下，自损失产生之日起计算；

3）在为了其他各项海事请求得以受偿的情形下，自应当给付之日起计算。

3. 自船舶所有人、船舶承租人或者船舶经营人偿还了各项海事请求所产生的相关的债款之时，海事留置权即行解除；如果所偿还的债款仍然由船长或者被授权的人代表船舶所有人、船舶承租人或者船舶经营人代为保管以便偿还与这些海事请求有关的各种债款，则海事留置权仍然有效。

4. 在法院不可能在越南内河、领海范围内执行扣押船舶以便维护在越南常住或者设立了主要办事处的海事请求人权利的情况下，本条第 1 款规定的时效在 30 日后结束，自船舶首次抵达越南港口之日起计算，但是，不得超过两年，自海事留置权产生之日起计算。

第八节　扣押船舶

第 40 条　扣押船舶

扣押船舶的目的是通过法院的决定不许船舶转移或者限制船舶转移以便保障本法第 41 条规定的海事请求得以受偿，但是，不包括扣押船舶以便执行法院的判决书、决定书或者国家主管部门的其他强制决定。

扣押船舶的手续依照国会常务委员会的规定执行。

第 41 条　扣押船舶权所产生的海事请求

扣押船舶权所产生的海事请求是指下列各种情形下的请求：

1. 本法第 37 条所规定的各种情形。

2. 船舶给环境、海岸线或者各种相关利益造成损害或者造成损害的威胁；采取各种措施以便避免、减少或者消除这种损害；为这种损害支付赔偿款；为实际上已经采取的或者即将采取的各种措施支付费用以便重新恢复环境；已经发生的或者可能发生的损失给第三方造成损害；本款所规定的损害、费用或者相同的损失。

3. 与抬高、转移、打捞、捣毁或者对于遭遇沉没、搁浅或者被遗弃的船舶不损伤船壳事宜相关的费用，其中包括无论正在船上或者已经在船上的物品和与保管已被遗弃船舶相关的各种经费或者费用以及支付给船上船员的经费。

4. 与使用或者租用船舶事宜相关的约定，尽管已经在租用船舶合同中或者通过其他形式予以规定。

5. 与运输船上货物或者旅客事宜相关的约定，尽管已经在租用船舶合同中或者通过其他形式予以规定。

6. 与货物相关的损失或者损害，包括船上已经运载的行李。

7. 一般损失。

8. 牵引船舶。

9. 使用海上引航员。

10. 所供应的货物、材料、食品、燃料、设备(包括集装箱)或者为从事海上运输活动的目的、管理、保管和保养船舶所提供的服务。

11. 新建造、改装、修复、维修或者装备船舶。

12. 代表船舶所有人支付的款项。

13. 由船舶所有人或者以船舶所有人或者光船承租人的名义支付的保险费。

14. 引航费,船舶所有人、光船承租人或者受托人应当支付的与船舶相关的引导费、中介费或者代理费。

15. 有关船舶所有权的纠纷。

16. 船舶所有权共有人之间有关使用船舶或者船舶收入分配的纠纷。

17. 船舶抵押。

18. 源于船舶买卖合同的纠纷。

第 42 条　行使船舶扣押权

1. 一旦接到本法第 41 条规定的海事请求人要求扣押船舶的申请,具有管辖权的法院在下列各种情形下经审查,决定扣押船舶:

1)在海事请求产生之时,船舶所有人是承担海事请求的人,同时也是扣押船舶之时船舶的所有人;

2)在海事请求产生之时,光船承租人是承担海事请求的人,同时也是扣押船舶之时光船的承租人或者是船舶所有人;

3)这种海事请求是建立在该艘船舶抵押基础之上的;

4)这种海事请求涉及该艘船舶的所有权或者占有权;

5)这种海事请求通过与该艘船舶相关的一种海事留置权进行了担保。

2. 扣押船舶同样也适用于属于应当承担海事请求责任的人所有权的一艘或者多艘不同的船舶,并且在产生该海事请求时而此人是:

1)与产生海事请求事宜相关的船舶的所有人;

2)与产生海事请求事宜相关的船舶光船承租人、船舶定期承租人或者船舶航次承租人。

与船舶所有权有关的海事请求不适用本条第 2 款的规定。

第 43 条　申请扣押船舶的资金担保

1. 为了执行对船舶的扣押,申请扣押船舶的人应当按照法院规定的形式和价值,对类似于由于申请扣押船舶可能造成的损害提供相应的资金担保。

2. 申请扣押船舶的人对于由于申请扣押错误造成的后果所导致产生的损失、损害应当承担赔偿责任。

第 44 条　释放被扣押的船舶

1. 一旦船舶所有人、船舶承租人或者船舶经营人采取了替代担保措施或者已经足额支付了债款，则对于正在扣押的船舶应当立即予以释放。

2. 在各方之间就替代担保的额度和形式未达成协议的情形下，法院将决定替代担保的额度和形式，但是，不得超过被扣船舶的价值。申请扣押船舶的人无权实施任何侵犯船舶所有人、船舶承租人或者船舶经营人财产或者权利的行为。

3. 被扣船舶可以根据申请扣押人的要求予以释放。在这种情形下，所有相关的费用均由申请扣押船舶的人支付。

第三章　船员

第 45 条　船员

船员是指属于船舶编制的人员，安排在船上工作的包括船长在内的船上的一切任职人员。

第 46 条　在船上工作的船员

1. 在船上工作的船员是具备在越南籍船舶上担任职务条件、达到标准的人员。

2. 在越南籍船舶上工作的船员应当具备下列各项条件：

1）本人是获准在越南籍船舶上工作的越南公民或者外国公民；

2）按照规定本人需要具备达到身体健康、达到劳动年龄、具有专业技能和持有专业证书的标准；

3）能够安排在船舶上担任职务；

4）持有海员证；

5）如果某船员被安排在从事国际航线运输活动的船舶上工作，应当持有海员护照便于出入境。

3. 具备条件的越南公民可以获准到外国籍船舶上工作。

4. 交通运输部部长按照船员的职务规定船员的职称和任务；船舶最低安全编制；船员的专业标准和专业证书；船员登记注册、船员护照和海员证；越南公民作为船员获准到外国籍船舶上工作的条件以及外国公民作为船员获准到越南籍船舶上工作的条件的实施细则。

有关在越南籍船舶上工作的船员的身体健康标准的实施细则由卫生部部长会同交通运输部部长共同制定。

第 47 条 船员的义务

1. 在越南籍船舶上工作的船员具有下列各项义务：

1）严格执行越南法律、越南社会主义共和国作为其成员国缔结或者参与的国际条约以及越南籍船舶从事海上运输活动所在地国家的法律。

2）按照所担任的职务尽职尽责地履行自己的职责并且在该职责范围内对船长负责。

3）及时、严格、准确地执行船长下达的命令。

4）预防船舶、船舶上的货物、在船人员和行李发生海难、事故。一旦发现险情，应当立即向船长或者船舶值班长报告，同时采取各种必要的措施避免发生海难事故。

5）管理、使用自己分工负责的船舶的证明文件、资料、装备和设备、仪器仪表和其他各种财产。

6）依法执行其他各项任务。

在外国籍船舶上工作的越南船员具有履行与船舶所有人或者外国用人单位签订的劳动合同规定的义务。

第 48 条 劳动制度与船员的权利

1. 在越南籍船舶上工作的船员的劳动制度和权利依照越南法律的规定执行。

2. 如果雇用船员合同中没有其他约定，在船舶所有人或者船长要求船员离开船舶的情形下，船舶所有人应当发放所有的生活费和必要的遣返路费以便船员按时返回雇用船员合同中规定的地方或者返回接收船员前往船上工作的港口；在船长要求船员离开船舶的情形下，船长应当向船舶所有人报告。

3. 在由于船舶遭遇海难事故造成船员私人的合法财产遭受损失的情形下，船舶所有人应当按照处理事故的时间和处理事故所在地的市场价对该财产予以赔偿。如果是由于船员的直接过失造成海难事故导致自身财产遭受损失则无权要求对该财产给予赔偿。

4. 在外国籍船舶上工作的越南船员的劳动制度和权利以及在越南籍船舶上工作的外国船员的劳动制度和权利可以依照劳动合同执行。

第 49 条 船长的法理地位

1. 船长是在船舶上拥有最高指挥权、按照首长负责制指挥船舶上的人。在船的所有人员均必须执行船长下达的命令。

2. 船长接受船舶所有人或者船舶承租人、船舶经营人的指导。

第 50 条 船长的义务

1. 船长依法负责船舶的管理和驾驶。

2. 船长应当谨慎处理以便船舶处于适航状态，使船舶在起航前和航行中，船舶和在船人员与专业标准、有关装备和设备、船身、船舶的储备、质量以及与安全航行相关的其他各种问题的各项规定相符。

3. 船长应当适当重视以便合理装载、堆放和保管货物、卸载货物，尽管这些工作已经指派了专人负责。

4. 船长应当悉心照料以便船舶上的货物不损坏、不灭失；采取各种必要的措施以便维护货物利益关系人的权益；应当充分利用一切力量将有关与货物相关的特殊事件通知利益关系人。

5. 船长应当采取一切必要的措施以便保障船舶、在船人员和船上其他各种财产的安全。

6. 在卸货港或者下客港被封锁、遭受战争威胁或者在其他紧急状态下，船长应当驾驶船舶安全驶入最近的港口并且采取一切必要的措施以便保护船舶、在船人员、船上财产以及船舶的资料。

7. 在船舶遭遇沉没或者毁灭危机的情况下，船长要充分利用一切允许使用的力量首先组织力量对旅客进行施救，然后再对船员进行施救。

只有在千方百计地抢救了船舶的航海日志、海图和其他重要文件以后，船长才能离船，船长应当是最后一个离开船舶的人。

8. 船舶遭遇危险时，船长不得弃船，弃船显得非常必要的情形除外。

9. 一旦船舶在港口水域内从事海上运输活动或者一旦发生各种特别困难、危险的情况则由船长直接驾驶船舶驶出、驶入港口、人工运河。

10. 在法律规定的各种情形下或者为了保障船舶的安全，船长有权雇用引航员引领、租用拖船。

本条第 9 款所规定的船长的义务，不因雇用引航员引领船舶而解除。

11. 船长应当严格按照职业道德在自身职责范围内兢兢业业地履行各种职责。

12. 如果履行该义务不会对自身的船舶和在船人员造成严重的威胁，船长应当组织搜寻和救助处于危险境地的船舶上的人员。船舶所有人不追究船长违反本款规定义务的责任。[①]

13. 依法履行其他各项义务。

第 51 条　船长的权利

1. 在协调船舶驾驶、船舶管理和管理船上所承运货物的工作时，船长有权代表船舶所有人和货物利益关系人。

① 越文原文的意思为“船舶所有人不承担有关船长违反本款规定义务的责任”。——译者注

2. 一旦船舶位于登记注册港口以外时，船长有权以船舶所有人和货物利益关系人的名义履行本条第1款所规定的工作范围内各种法理行为，可以向法院或者仲裁机构提起诉讼或者参与诉讼，船舶所有人或者货物利益关系人宣布部分或者全部加以限制该代表权的情形除外。

3. 如果经鉴定认为船舶不具备保障海运交通安全、维护海运交通秩序和防止污染环境的条件，船长有权拒绝让船舶起航。

4. 在自身职权范围内，船长有权采用各种奖励形式或者各种纪律处分措施对船员给予奖励和处分；对于不称职或者有违法行为的船员，有权拒绝接收或者强迫其离开船舶。

5. 在需要的情形下，船长可以以船舶所有人的名义贷款或者借出现金，但是，仅限于能够满足用于船舶修复、补充船员、船舶供给或者为了满足船舶能够继续航次的其他需求。

6. 如果等待船舶所有人的汇款或者指示是徒劳无益的或者是无法实现的，在本条第5款规定的范围内，船长有权出售船舶上的部分财产或者部分多余的储备。

7. 在执行航次任务的时间里，如果没有其他任何办法能够满足结束航次的各种必需的条件，在想方设法请示了船舶承租人和船舶所有人无果的情形下，船长有权典当或者出售部分货物。在这种情形下，船长应当将船舶所有人、船舶承租人和货物利益关系人的损失降至最低。

8. 在船舶正在航行，但是船舶上没有储备的粮食、食品的情形下，船长有权挪用部分货物即船舶上所运载的粮食、食品；如果确实需要，船长有权借用在船人员的粮食、食品。这种借用应当制作成备忘录。日后船舶所有人应当如数归还已借用的粮食、食品。

9. 在船舶一旦在海上遭遇险情的情形下，船长有权请求救助并且在与前来救助的各艘船舶约定后，有权指定船舶实施救助事宜。

第52条　船长在船上发生出生或者死亡事件时的职责

1. 船长应当将船上发生的出生、死亡事件和其他各种相关事件记入航海日志并在船上医务人员、两名证人的参与下制作成证明书；保存尸体、开列死者遗留在船上的遗物清单并妥善保管。

2. 通报有关发生在船上的出生、死亡的各种情况并将死者的遗嘱、遗物清单送交给船舶停靠的、位于越南的第一个港口的主管户籍的机关，如果船舶抵达外国港口则送交给距所在地最近的越南外交代表机关或者越南领事机关。

3. 在经过努力、想方设法请示了船舶所有人和征求了死者亲属的意见后，船舶以船舶所有人的名义办理手续和组织安葬。涉及与丧葬相关的所有费用依照法律的规定予以结算。

第 53 条　船长在船上发生违法行为时的职责

1. 一旦发现船上的违法行为，船长具有下列职责：

1）采取各种必要的措施予以制止，依法制作笔录；

2）保存证据并且根据具体条件，将犯罪嫌疑人连同卷宗材料一起移交给船舶停靠地越南第一个港口的有关当局处理或者移交给在海上遇到的越南人民武装力量执行公务的船舶处理，如果船舶抵达了外国港口则向距所在地最近的越南外交代表机关或者越南领事机关报告并按照该机关的指示予以处理。

2. 在为了保障船舶、在船人员和所承运货物安全、秩序需要的情形下，船长有权对正在船上进行违法、犯罪活动的嫌疑人采取拘留、禁闭在单独一个房间的措施。

第 54 条　船长在向越南外交代表机关或者越南领事机关报告中的职责

1. 一旦船舶抵达外国港口，在需要的情形下，船长应当向距所在地最近的越南外交代表机关或者越南领事机关报告。

2. 如果驻该国的越南外交代表机关或者越南领事机关提出要求，船长应当出具有关船舶的各种证明文件、资料。

第 55 条　船长在发生海难事故时的报告职责

在船舶发生海难事故或者在船舶从事海上运输活动的海域发现各种海难事故或者与航行安全相关的其他事故时，船长应当立即向距船舶所在地最近有关当局报告并且按照规定报告海难事故。

第 56 条　海事责任举证材料

1. 海事责任举证材料，是由船长制作的书面材料，旨在公布船舶遭遇的环境和船长为了应对该环境、降低所造成的损失、维护船舶所有人和相关人员的合法权益所采取的措施。

2. 在船舶、船上所承运的人员和货物遭受损失或者怀疑由于遭遇海难、事故造成损失时，船长应当制作海事责任举证材料并且最迟在海难事故发生后或者自海难事故发生后船舶停靠第一个港口时起，在 24 小时以内呈报本条第 3 款所规定的以便国家主管部门认定呈报的海事责任举证材料。

3. 在越南，认定海事责任举证材料的国家主管部门是海事港务部门、国家公证机关或者距所在地最近的人民委员会。

在越南，认定海事责任举证材料的程序、手续由交通运输部部长予以规定。

在国外，认定海事责任举证材料的国家主管部门是距所在地最近的越南外交代表机关或者越南领事机关或者船舶从事海上运输活动所在地国家的主管部门。

第 57 条　船员雇用合同

1. 船员雇用合同，是指船舶所有人或者船员雇用人与在船上工作的船员之间通过书面形式订立的劳动合同。

2. 船员雇用合同应当具有下列主要内容：

1）船员雇用人的姓名和地址；

2）被雇用船员的姓名或者花名册；

3）船舶上的工作条件；

4）雇用船员的期限；

5）薪酬、奖金、伙食费和其他各项经费；

6）社保制度；

7）船员的其他各项制度；

8）船员雇用人和船员的职责。

第 58 条　船舶所有人对于船员的职责

1. 按照船舶的编制员额足额配齐船员并按照本法第 46 条第 2 款的规定确保船员应当完全具备在船上工作的条件。

2. 按照船员的职称规定职务、职责。由交通运输部部长规定的各种职务除外。

3. 依法确保船上船员的工作、生活条件。

4. 依法为在船上工作的船员购买海难事故保险和其他强制保险。

第四章　港口

第 59 条　港口

港口是指建有供船舶进出、从事货物装卸、旅客上下活动和提供其他各种服务的相应的基础设施以及安装有装备、设备、包括由陆域和水域组成的区域。

陆域是指予以划定用于修建栈桥、仓库、货场、工厂（车间）、办事处、服务基地、交通、通信、水、电设施、其他各种辅助设施和设备安装工程的陆地区域。

水域是指予以划定用于建立栈桥前面的水域、船舶掉头的水域、船舶停泊的水域、改换运输工具的水域、避风水域、引航员上下的水域、检疫水域、用于修建港口航道和其他各种辅助工程的水域。

港口有一座或者多座码头，码头有一座或者多座栈桥。港口包括栈桥、仓库、货场、工厂（车间）、办事处、服务基地、交通、通信、水、电设施、进入码头的航道和其他各种辅助工程。栈桥是码头固定的设施，主要用于船舶停泊、货物装卸、旅客上下和提供其他各种服务。

港口基础设施包括码头基础设施和港口公共基础设施。

码头基础设施包括栈桥、栈桥前面的水域、仓库、货场、工厂（车间）、办事处、服务基地、交通、通信、水、电设施、港口分支航道和固定修建、安装在栈桥前面陆域和水域的其他各种辅助工程。

港口公共基础设施包括港口航道、航海信号系统和其他各种辅助工程。

港口航道是指从海上进入港口的水域分界线，依据航海信号系统和各种辅助工程而予以确定，目的主要是为了确保船舶和其他各类移动漂浮式装置安全进出港口。

港口分支航道是指从港口航道进入码头的水域分界线，依据航海信号系统和各种辅助工程而予以确定，目的主要是为了确保船舶和其他各类移动漂浮式装置安全进出码头。

在保障海运交通安全、维护海运交通秩序和防止污染环境方面，位于港口水域内的军港、渔港和内河港口、码头应当依法接受国家的管理。

第 60 条　港口分类

港口可以划分成下列各种类型：

1. 一类港口是指特别重要的港口，这一类港口吞吐量大，主要是为全国或者次区域经济—社会的发展服务。

2. 二类港口是指重要的港口，这一类港口吞吐量适中，主要是为地区或者地方经济—社会的发展服务。

3. 三类港口是指吞吐量小的港口，这一类港口主要是为企业的经营活动服务。

第 61 条　港口的职能

1. 确保船舶进出港口活动的安全。

2. 为船舶停泊、货物装卸和旅客上下提供所需要的设施和设备。

3. 在港区内提供货物驳运、装卸、仓储和保管服务。

4. 在紧急情况下，为船舶和各种移动漂浮式装置备提供躲避、修复、保养服务或者提供船舶所需要的服务。

5. 为船舶、在船人员和货物提供其他各种服务。

第 62 条　公布建造港口、开放港口和港口水域事宜

1. 政府规定公布建造港口、开放港口、港口水域、航道管理和港口海事活动的条件、手续。

2. 在征求港口所在地省、中央直辖市人民委员会的意见后，由交通运输部部长公布建造港口、开放港口、港口水域和海事港务局的管理区域。

3. 海事港务局局长有权决定暂时不准许船舶进出港口。

第63条 港口发展规划

1. 港口发展规划应当依据经济—社会发展战略；国防、安全任务；各行各业、各地交通运输发展规划和世界海运发展趋势的需要予以编制。

各行各业、各地在编制涉及港口工程建设的规划时，应当通过书面形式征求交通运输部的意见。

2. 港口体系建设总体发展规划呈报政府总理审批。

3. 港口体系建设详细发展规划呈报政府总理审批。

第64条 投资兴建、管理、开发港口、港口航道

1. 投资兴建港口、港口航道应当与港口和港口航道体系发展规划、《投资法》《建筑法》的规定和相关法律的规定相符。

2. 越南国内的组织、个人和外国的组织、个人可以依法投资兴建港口、港口航道。

投资兴建港口、港口航道的组织、个人自行决定港口、航道管理、开发模式。

政府规定关于投资兴建、管理、开发港口、港口航道的实施细则。

第65条 保障港口海运交通安全、维护海运交通秩序和防止污染环境

组织、个人在港口从事海上运输活动时，应当严格执行越南法律和越南社会主义共和国作为其成员国缔结或者参与的国际条约关于保障海运交通安全、维护海运交通秩序和防止污染环境的各项规定。

第66条 海事港务局

1. 海事港务局是对在港口和港口水域所从事的海事活动行使国家管理职能的机关。

2. 海事港务局局长是海事港务局的最高行政长官。

3. 海事港务局的组织编制和工作职责由交通运输部部长予以规定。

第67条 海事港务局局长的职责、权限

1. 参与编制所管辖区域内港口发展的规划、计划并在国家主管部门批准后组织监督执行。

2. 组织落实有关在港口和管理区域从事海事活动的管理规定；检查、监察港口航道、航海信号系统；对组织、个人在港口和管理区域内从事海事活动的情况进行检查。

3. 对进出港口和在港口从事海事活动的船舶发放通行证、实施监督检查；对在保障海运交通安全、维护海运交通秩序和防止污染环境方面不具备必要条件的船舶不准许其进入港口。

4. 执行国家主管部门关于扣押船舶的决定。

5. 依照本法第 68 条的规定暂扣船舶。

6. 组织对在港口水域内遇难的人员进行搜寻、救助；调集人员和必要的设备以便进行搜寻、救助或者处置污染环境事故。

7. 组织落实船舶登记注册、船员登记注册事宜；依法收缴、管理、使用各类港口费、手续费。

8. 组织开展海事监察，依照权限组织对发生在港口和管理区域内的各种海难事故进行调查、处理。

9. 主持、协调驻港口的国家各个管理机关之间配合开展活动的事宜。

10. 依照权限对海事领域内的行政违法行为进行处罚。

11. 履行和行使法律赋予的职责、权利。

第 68 条　扣押船舶

1. 下列情形，可以对船舶进行扣押：

1）船舶不具备保障海运交通安全、维护海运交通秩序和防止污染环境的各种条件；

2）船舶正处于海难事故的调查过程之中；

3）未结算完毕各种海事款项、手续费；

4）未足额支付法律规定的行政违法处罚的罚金；

5）法律规定的其他各种情形。

2. 一旦本条第 1 款所规定的扣押船舶的理由不复存在时，应释放被扣押的船舶。

第 69 条　配合在港口所从事的国家管理活动

1. 国家各个管理机关如海事、安全、检疫、海关、税务、文化—通信、消防、环境保护和国家其他各个管理机关在港口履行和行使法律赋予的职责、权利。在自身职责、权限范围内，这些管理机关应当配合开展活动并在配合开展活动中接受海事港务局局长的指挥。

2. 经常在港口从事国家管理的各个机关可以在港口内设立办公室。港口企业应当为这些管理机关履行和行使自身职责、权利创造便利的条件。

第五章　海上货物运输合同

第一节　一般规定

第 70 条　海上货物运输合同

1. 海上货物运输合同是指承运人与托运人之间订立的合同。根据该合同，承运人收取由托运人支付的运费并使用船舶将货物从装货港运送至卸货港。

2. 货物，是指由发货人（托运人）提供的依照海上货物运输合同载运的机器、设备、原材料、燃料、消费品和其他各类动产、包括活动物、集装箱或者类似的装运器具。

3. 运费，是指依照海上货物运输合同支付给承运人的报酬。

第 71 条　各类海上货物运输合同

海上货物运输合同包括：

依照凭证运输的运输合同，是指前提条件是承运人无须向托运人提供船舶或者船舶的部分舱位而只是依据货物的种类、数量、尺寸或者重量予以运输而订立的海上货物运输合同。

依照凭证运输的运输合同可以依照各方约定的形式予以订立。

依照航次运输的运输合同，是指前提条件是承运人向托运人提供船舶或者船舶的部分舱位依照航次予以运输货物而订立的海上货物运输合同。

航次运输合同应当书面订立。

第 72 条　与海上货物运输合同相关的各方

1. "托运人"是指本人或者委托他人以本人的名义或者委托他人为本人与承运人订立海上货物运输合同的人。在依照单证运输的运输合同中，托运人[①]可以称之为发货人[②]。

2. "承运人"是指本人或者委托他人以本人的名义或者委托他人为本人与托运人订立海上货物运输合同的人。

3. "实际承运人"是指受承运人委托，从事全部海上货物运输或者部分海上货物运输的人。

4. "交货人"是指本人或者受其他人委托，依照海上货物运输合同将货物交给承运人的人。

5. "收货人"是指有权依照本法第 110 条的规定提取货物的人。

第 73 条　运输单证

1. 运输单证包括提单、贯穿整个海上货物运输过程的货运单、海上货物运输的托运单和其他运输单证。

2. 提单，是指用以证明为了将货物运送到交付货物的地点，承运人已经按照提单中所载明的数量、种类、状态接收了货物的运输单证；用以证明有关货物所有权以便决定、提取货物，同时也是海上货物运输合同的凭证。

3. 贯穿整个海上货物运输过程的货运单是指载明了货物运输至少由两名海上货物运

① 越文原文为 người thuê vận chuyển。—— 译者注

② 越文原文为 người gửi hàng。—— 译者注

输承运人履行的单证。

4. 海上货物运输的托运单，是指关于已经按照海上货物运输托运单中所载明的条款接收了货物的凭证同时也是海上货物运输合同的凭证。海上货物运输的托运单不得转让。

5. 其他运输单证，是指由承运人和托运人就内容、价值约定的单证。

第二节 依照运输单证从事海上货物运输的合同

第 74 条 承运人责任产生和解除的时间

1. 承运人的责任自承运人在装货港接收货物时起直至抵达卸货港交付货物时止，整个运输过程货物始终处于承运人掌管的全部期间。

2. 接收货物事宜可以自承运人从托运人、国家主管部门或者法定的或者装货港规定的第三方接收了货物时起计算。

3. 在下列各种情形下，交付货物事宜结束：

1）承运人已经将货物交付给了收货人；在收货人不直接从承运人手中接收货物的情形下，通过按照收货人要求的与合同、法律或者在卸货港适用的贸易惯例相符的交付货物的方式交付货物。

2）承运人已经将货物交付给了国家主管部门或者交付给了法定的或者卸货港规定的第三方。

参与订立运输合同的各方只有在下列情形下才有权约定有关减轻承运人的责任：

1）自接收货物之时起至将货物装上船舶之前这个时间段和自结束卸货之时起至货物交付完毕之时这个时间段；

2）运输活动物；

3）运输舱面上的货物。

第 75 条 承运人的义务

1. 承运人应当尽职尽责地做好工作，在船舶开航之前和开航当时，使船舶处于适航状态，妥善地配备船员，充分装备船舶和配备供应品；使货舱、冷藏舱和其他载货处所与货物的性质相符并能安全收受、载运和保管货物。

2. 在运输过程中，承运人应当妥善地、谨慎地装载、卸载和适当、悉心地保管、照料所运货物。

3. 承运人应当在合理的时间内将货船装载上船的地点、船舶随时准备接收货物的时间和货物集结的时限通知发货人。该通知不适用于专线船舶，船舶日程表有变更的情形除外。

第 76 条　舱面上运载的货物

只有在承运人与发货人有约定或者按照贸易惯例的情形下，才能将货物装载在舱面上并且应当在运输单证中予以记载。

第 77 条　承运人、实际承运人和受雇人、代理人的责任

1. 尽管承运人已经将全部货物运输或者部分货物运输事宜委托给实际承运人履行，但是，承运人仍然应当依照本节的规定对全部运输过程负责。对于实际运输人所承担的货物运输，承运人应当对实际承运人的行为和实际承运人的受雇人、代理人在受雇或者受委托范围内的行为负责。

2. 实际承运人、实际承运人的受雇人、代理人在货物属于自身掌管的时间内以及在这些人无论参与从事货物运输合同予以规定的任何活动的时间内，有权享有与本章规定的与承运人相关的各种权利。

3. 承运人承担本章未规定的义务或者放弃本章赋予的权利的任何特别协议，如果经实际承运人书面明确同意的，只对实际承运人产生效力。无论实际承运人是否同意均不影响此项特别协议对承运人的效力。

4. 在承运人和实际承运人共同承担连带责任的情形下，依照各方的责任程度确定赔偿责任。

5. 承运人、实际承运人以及他们的受雇人、代理人应当支付的赔偿总额不超过本节规定的限额。

第 78 条　免除承运人的海事赔偿责任

1. 如果货物的灭失、损坏是由于船舶不具备适航能力、一旦承运人充分履行了本法第 75 条规定的各种义务，那么，承运人无须承担海事赔偿责任。在这种情形下，承运人有义务证明自身已经竭尽全力地履行了职责。

2. 在下列情形下，一旦造成货物损失则承运人不负海事赔偿责任：

1）船长、船员、引航员或者承运人的受雇人在驾驶船舶或者管理船舶中的过失；

2）不是由于承运人的过失造成发生火灾；

3）海上、船舶获准从事海事活动的港口水域所发生的灾难或者意外事故；

4）天灾（自然灾害）；

5）战争；

6）不是承运人自身行为造成的扰乱公共秩序和安全的行为；

7）民众扣押船舶的行为、法院强制扣押船舶的行为或者国家主管部门扣押船舶的行为；

8）防疫方面的限制；

9）托运人、货物所有人、货物所有人的代理人或者代表人的个人行为或者疏忽大意；

10）无论任何原因引起劳动者罢工或者其他各种相同的行为（停工）造成工作完全停滞或者部分停工；

11）暴动或者骚乱；

12）在海上救助或者企图救助人命或者财产的行为；

13）货物数量、重量发生的损耗或者灭失、损坏是由于货物的质量、潜在缺陷或者其他缺陷所致；

14）货物未严格按照规格进行包装；

15）货物标志不清，未严格按照标准予以标注、编号或者标志欠缺；

16）尽管负责人竭尽全力地履行了职责，但是仍未发现船舶的潜在缺陷；

17）非由于承运人或者承运人的受雇人、代理人的过失或者故意造成损失的其他原因。

在承运人依照法律规定或者依照运输合同中载明的协议享有免除承运人全部责任权利的情形下，承运人应当证明自身没有过失、没有故意或者承运人的受雇人、代理人同样也没有过失或者没有故意造成货物的灭失、损坏。

3. 延迟交付货物，是指货物未能在合同明确约定的时间以内交付或者在合同尚未明确约定的情形下，在合理的时间以内经过承运人的努力是可以交付的。在下列各种情形下，承运人对于延迟交付货物不负海事赔偿责任：

1）在征得托运人的同意以后，船舶绕航；

2）不可抗力的原因；

3）船舶在海上航行时一旦在船人员的生命可能受到威胁，为了救助或者企图救助人命或者救助正遭遇海难的其他船舶；

4）需要时间以便对船员或者在船人员进行求助。

第 79 条　承运人的海事赔偿责任限制

1. 在货物装运前，托运人、发货人未予以申报货物的种类、价值或者在海上运输提单、托运单中或者其他运输提单中未予以载明的情形下，承运人只对货物的灭失、损坏或者与货物相关的其他损失进行赔偿。赔偿的限额，根据货物的价值，按照货物件数或者其他货运单位数计算，每件或者每个货运单位为 666.67 计算单位或者按照货物的毛重计算，每公斤为 2 计算单位，以二者中赔偿限额最高的为准。

本法中所规定的计算单位是由国际货币基金组织确定的货币单位和规定的特别提

款权。

赔偿款可以按照赔偿结算之时的牌价换算成越南盾。

2. 在货物使用集装箱或者类似的装运器具集装时，运输提单中载明装在此类装运器具中的货物件数或者其他货运单位数，可以视为本条第1款规定的一件货物或者一个货物单位。在运输提单未载明货物件数或者其他货运单位数的情形下，该集装箱或者类似的装运器具只能视为是一件货物或者是一个货物单位。

3. 在货物装运前托运人、发货人已经申报了货物种类和价值而且承运人也已经认可、并在运输提单中予以载明的情形下，承运人在下列原则的基础上承担货物灭失、损坏的赔偿责任：

1）对于货物灭失的赔偿额，按照已经申报的价值予以赔偿；

2）对于货物损坏的赔偿额，按照货物申报价值与货物剩余价值之间的差额予以赔偿。

货物的剩余价值应当在卸货或者理应卸货的时间和地点市场价的基础上予以确定；如果无法确定则依据卸货时间和地点的市场价加上运输至卸货港的费用予以确定。

承运人对于货物因延迟交付造成经济损失的赔偿限额应当为延迟交付的货物运费的2.5倍的数额，但是，不超过依照海上货物运输合同应付运费的总额。

第80条　剥夺承运人海事赔偿责任限制权

1. 如果海事请求人能够证明货物的灭失、损坏或者货物的延迟交付是由于承运人的故意行为或者明知造成货物的灭失、损坏或者货物的延迟交付可能发生而轻率地不作为造成的后果，承运人丧失本法第79条规定的承运人享有的海事赔偿责任限制的权利。

2. 如果海事诉讼请求人能够证明货物的灭失、损坏或者货物的延迟交付是由于承运人的受雇人、代理人有预谋地造成或者明知造成货物的灭失、损坏、货物的延迟交付可能发生而轻率地不作为，承运人的受雇人、代理人同样也不得援用本节关于海事赔偿责任限制的规定。

第81条　托运人和交货人的义务

1. 托运人托运货物应当确保货物能够按照规定进行包装和予以标记、编号。对于各类不能确保必要包装标准的货物，承运人有权拒绝将其装载上船。

2. 托运人应当在一段合适的时间内向承运人提供有关易燃易爆货物和其他各类危险货物或者在装载货物、运输、保管和卸载货物时需要采取特别措施的各类货物的各种资料及其注意事项。

由于提供各种资料和注意事项事宜迟缓、不正确或者不符合惯例，对承运人造成损失的，托运人应当负赔偿责任。

如果承运人能够证明损失是由于托运人或者交货人的过失造成的，那么，无论故意与否，对于由于货物申报不正确或者不符合事实给承运人、旅客、船员和其他货主造成损失，托运人或者交货人均应负赔偿责任。

第 82 条　运输危险货物

如果对此类危险货物的申报有误或者在依照一般业务常识装载货物时，由于承运人事先未接到通知而且同样也无法识别货物危险性，承运人有权将货物卸下船、销毁或者使易燃易爆货物或者其他危险货物不能为害，而不负赔偿责任并且照样足额收取运费。

托运人对承运人因运输此类货物所遭受的损失，应当负赔偿责任。

在承运人已将危险货物装载上船的情形下，尽管事先已经接到通知或者根据一般业务常识已经识别出了此类货物的危险性并且已经按照规定采取了各种保管的措施，但是，一旦此类货物威胁到船舶、人身和船上货物的安全时，承运人有权依照本条第 1 款的规定进行处置。在这种情形下，承运人按照共同海损的各项原则对所造成的损失承担赔偿责任而且只能收取区间运费①。

区间运费是指与海上运输合同中约定的全部运输里程相比，实际上已经完成运送货物在运输里程之间比例的基础上，乃至与已经履行运输了一段里程与剩余里程相关的在财力、时间、风险或者遭遇一般困难方面投资比例的基础上予以计算的运费。

第 83 条　免除托运人的赔偿责任

托运人对于承运人所遭受的损失或者船舶所遭受的灭失、损坏，如果托运人能够证明不是由于自身或者自身的受雇人、代理人的过失造成的，则托运人不负赔偿责任。

第 84 条　结算运费

1. 在未提前支付运费的情形下，一旦收到货物，收货人应当按照运输单证中载明的约定向承运人支付运费和其他各种费用。

2. 在托运人和收货人尚未足额支付各种欠款或者进行合理担保的情形下，承运人有权拒绝卸货并且有权扣留货物。

该欠款包括本条第 1 款规定的运费、其他各种费用和分摊给货物的列入共同海损的费用、救助报酬。

在不按期支付该欠款的情形下，可以按照相关交易银行所适用的利率计算利息。

第 85 条　货物受损情形下的运费

1. 在船舶正航行在海上时由于海难事故导致货物遭受损失的情形下，无论因为任何原因都要免除运费，如果已经收取则应当予以退还。在货物被救起或者被归还的情形下，

① 越文原文为 cước cự ly（距离运费）。——下同，译者注

如果这批货物的相关利益人尚未从船舶所运送货物的这段运输里程中受益，则承运人只能收取区间运费。

2. 由于货物本身的特性或者货物是活动物，在运输时货物损坏或者损耗、活动物死亡是由于货物和活动物固有的特殊风险造成的情形下，承运人仍然有权足额收取运费。

第 86 条　签发提单

1. 应托运人的要求，承运人有义务为托运人签发一份提单。

2. 提单内容可以依照下列格式签发：

1）载明收货人的名称，称之为记名提单；

2）载明托运人的名称或者由托运人指定的指示交付货物人的名称，称之为指示提单；

3）无须载明收货人的名称或者指示交付货物人的名称，称之为不记名提单。

在无须载明指示交付货物人名称的指示提单的情形下，交货人理所当然被视为是享有此项权利的人。

第 87 条　提单的内容

提单包括下列各项内容：

1）承运人的名称和主营业所；

2）托运人的名称；

3）收货人的名称或者在指示提单或者不记名提单格式下签发的提单中所载明的收货人的名称；

4）船舶名称；

5）如果认为需要，关于货物的种类、尺码、体积、件数、重量或者价值的简介；

6）关于货物外表或者包装状况的简介；

7）在货物装船前，托运人已经将货物的签发、编号和识别特性书面通知了承运人并且已经在每一件货物上面或者包装上面逐一进行了标注；

8）承运人应收的运费和其他款项、结算方式；

9）装载货物的地点和接收货物的港口；

10）交付货物的港口或者说明将要指定交付货物港口的时间、地点；

11）已经签发给托运人的原始提单份数；

12）提单的签发日期、地点；

13）承运人或者船长或者承运人的具有签字权的其他代表的签字。

在提单中，如果缺少本款所规定的一项或者几项内容，不影响提单的管理价值，但是，提单应当符合本法第73条的规定。

在承运人名称无法在提单中具体确定的情形下，可以将船舶所有人视为承运人。依照本条第1款的规定所编制的提单在关于承运人方面记载不准确或者与事实不符的情形下，因此造成的各种损失由船舶所有人负赔偿责任，事后船舶人有权向承运人追偿。

第88条　提单中的批注

1. 承运人如果对货物的表面状况或者货物的包装状况持怀疑态度，有权在提单中批注上自己的各种看法。

2. 如果有足够的依据怀疑在装货地点或者没有条件核对时托运人、交货人所申报材料的准确性，那么，承运人有权拒绝在关于货物简介的提单中予以记载。

3. 如果在航次结束时，货物的签发、编号尚未在每一件货物或者包装上标注清楚，承运人有权拒绝在关于货物签发、编号的提单中予以记载。

4. 在将货物交给承运人之前已经对货物进行了包装打包的情形下，承运人有权在提单上记载为对于里面的内容尚不清楚。

5. 如果托运人、交货人在装载货物时故意地欺诈申报货物的种类、价值并且该申报已经记载进入提单，承运人对于货物的灭失、损坏或者在任何情形下对与货物有关的各种损失一概不负赔偿责任。

第89条　提单的转让

1. 指示提单可以通过提单记名背书方式进行转让。在指示提单中，有权指示交付货物的最后一名背书人是合法的收货人。

2. 不记名提单可以通过承运人将不记名提单交给受让人的方式进行转让。出具不记名提单的人是合法的收货人。

3. 记名提单不得转让。在记名提单中署名的人是合法收货人。

第90条　通过其他运输单证代替提单

托运人可以与承运人就通过海上货物运输托运单或者其他运输凭证代替提单事宜进行约定，并且按照国际海事惯例就这些凭证的内容、价值进行约定。

第91条　适用于整个海上货物运输全程的提单

本法关于提单的各项规定适用于由承运人签发的整个海上货物运输全程的提单，法律另有其他规定的情形除外。

第92条　托运人对于货物的决定权

1. 直至货物交付给合法收货人，如果尚未将该权利赋予其他人，托运人对于货物享有决定权；船舶在装货港开航前，有权要求卸货，在船舶开航后，有权要求变更收货人或者卸货港，前提条件是应当赔偿一切损失和支付相关费用。在全部收回了已经签发的原始提单后，承运人应当满足托运人所提出的各种要求。

2. 如果履行义务给船舶开航事宜造成严重延误则不适用于本条第 1 款规定的各种权利，承运人同意的情形除外。

第 93 条　交付货物的义务

在船舶抵达卸货港时，如果合法收货人持有海上货物运输的原始提单、托运证或者用于提取本法第 89 条规定的货物的其他运输单证，承运人应当将货物交付给合法收货人。一旦货物交付完毕，其余的各种运输单证不再具有提取货物的价值。

第 94 条　对于留置货物的处理

1. 在卸货港收货人无人前来提取货物、拒绝提取货物或者迟延提取货物的情形下，承运人有权将货物卸下和将货物寄存在一个安全、适当的场所并且通知托运人。由此所产生的一切费用和损失由收货人承担。

2. 如果有多人一道出具提单、整个海上货物运输的全程提单、海上货物运输托运单或者用于提取货物的其他运输单证，承运人有权依照本条第 1 款的规定执行。

3. 本条第 1 款规定的由于留置船舶因卸载和寄存货物所产生的损失赔偿事宜，可以参照因留置船舶而卸载货物相同的情形予以解决。

4. 自船舶抵达卸货港之日起，在 60 日的时限以内，如果无人提取所托运的货物或者收货人尚未结算完各种欠款或者没有提供适当的担保，承运人有权拍卖这批货物用于偿债；如果是易腐烂变质的货物或者货物的保管费用超过其本身价值的，承运人有权提前拍卖。

承运人应当将有关本条第 1 款、第 2 款和第 4 款规定的各种情形以及打算依照本款的规定拍卖货物用于偿债事宜通知托运人。

承运人依照本条规定对留置在越南港口的货物进行处理的事宜依照政府的规定执行。

第 95 条　拍卖货物所得的价款

1. 在扣除收货人的各种欠款、清偿本法第 94 条规定的与寄存保管货物和拍卖货物事宜相关的各种费用之后，剩余的金额应当存入银行用于退还给有权收取该笔款项的人员。

2. 在所拍卖的价款不足以清偿本条第 1 款规定的各种款项的情形下，承运人有权继续向相关人员追偿。

3. 自拍卖货物之日起，在半年的时限以内，如果无人领取余款则将此笔款项上缴国库。

第 96 条　对货物进行检验并且通报有关货物灭失、损坏或者延迟交付的情况

1. 收货人在卸货港接收货物之前或者承运人在卸货港交付货物之前可以要求检验机构对货物状况进行检验。要求检验的一方应当支付检验费用，但是，有权向造成货物损失的责任方追偿。

2. 收货人自收到货物之日起，最迟是在 3 日以内，如果未将货物灭失或者损坏的情况书面通知承运人，如果从表面无法发现损坏，那么，货物视为承运人已经严格按照提单、海上货物运输托运单或者其他运输单证中的记载如数交付；对于本条第 1 款所规定的已经检验过的货物则无须书面通知。

与本款的规定相悖的任何约定均无效。

3. 自依照合同中约定的理应交付货物之日起，在 60 日的时限以内，收货人如果未收到货物则有权通告货物灭失。

4. 承运人自向收货人交付货物之日起，在 60 日的时限以内，未收到收货人就货物因延迟交付造成经济损失而提交的书面通知的，承运人不负赔偿责任。自依照合同中的约定理应交付货物之日起、在 60 日的时限以内，收到收货人就货物因延迟交付造成经济损失而提交的书面通知的情形除外。

第 97 条　关于货物灭失、损坏的诉讼时效

就依照运输单证运送货物造成货物灭失、损坏向承运人要求赔偿的请求权诉讼时效为 1 年，自承运人向收货人交付货物或者应当向收货人交付货物之日起计算。

第三节　海上航次运输合同

第 98 条　航次运输合同中的船舶租用

承运人应当使用合同中已经指定的船舶从事海上货物运输，承租人同意承运人使用其他船舶更换已指定船舶的情形除外。

第 99 条　航次运输合同中的权利转让

承租人可以依照合同将权利转让给第三人而无须征得承运人的同意，但是，对于有关履行已订立合同的事宜，承租人仍然应当承担责任。

第 100 条　签发航次运输合同中的提单

在按照航次运输合同予以签发提单和提单持有人不是承租人的情形下，承运人和持有人的各项权利和义务将通过提单的各种条款予以调整。如果航次运输合同的各种条款已经在提单中予以载明则适用提单中的这些条款。

第 101 条　接收货物的港口和装载货物的地点

1. 承运人应当将船舶停靠在接收货物的港口，使船舶处于随时随地准备接收货物的状态，按照货物运输合同中已经约定的各种条件将船舶停靠在装载货物的地方。

2. 承运人将船舶停靠在由承租人指定的装载货物的地方。装载货物的地方应当安全、不会给船舶的进出、等待装载货物以及给货物造成阻碍。在有多名承租人而且其尚未约定装载货物的地点或者一旦承租人尚未明确指定装载货物地点的情形下，承运人将船舶停靠在按照地方惯例被视为是装载货物地点的地方。

3. 在合同中尚未具体约定有关在接收货物港口的装载货物地点的情形下，承运人将船舶停靠在按照地方惯例被视为是装载货物地点的地方。

4. 尽管合同中已经载明了装载货物的地点，但是，承租人可以要求承运人更换装载货物的地点。承租人应当足额支付与落实此项要求事宜相关的各种费用。

第 102 条　装载货物的期限

1. 装载货物的期限由各方在合同中予以约定，如果没有约定则适用地方惯例。

2. 如果中断时间是由承租人造成的则按照承租人的要求更换装载货物地点的时间可以计入装载货物的期限。

3. 如果中断时间是由承运人造成的，由于各种不可抗力的原因、气候条件影响到了严格按照技术规范装载货物或者可能给装载货物事宜造成危害，则中断的时间不得计入装载货物的期限。

4. 承租人可以与承运人就有关在已约定的期限以前装载完毕货物给予奖励的制度或者在超过已经约定的装载货物期限受到处罚的制度进行约定。

第 103 条　滞留期限

1. 参与订立合同的各方可以在合同中就允许延长本法第 102 条规定的装载货物期限以外的时间（以下称之为滞留期限）进行约定。在合同尚未规定天数、小时数的情形下，滞留期限可以由相关各方按照地方惯例予以确定。

2. 有关滞期费的支付款项由订立合同的各方在合同中予以约定，在尚未约定的情形下则按照地方惯例予以确定。在没有地方惯例的情形下则该款项可以在用于滞留期间维持船舶和船员正常运转所需的实际经费总额的基础上予以确定。

3. 在超过了装载货物期限后，船舶应当停泊在接收货物港口的时间和由承租人造成的滞留期限的时间称之为船舶滞留时间。对于船舶滞留所造成的各种损失，承运人有权要求予以赔偿。

第 104 条　随时通知

1. 承运人应当通过书面形式就有关船舶已经抵达接收货物的港口并且随时准备接收货物的事宜通知承租人（以下称之为随时通知）。

2. 随时通知的有效天数、小时数由参与订立合同的各方在合同中予以约定，在尚未约定的情形下则按照地方惯例予以确定。

由于随时通知的内容与承租人所收到该份书面通知的时间、地点不符所造成的损失，由承运人承担赔偿责任。

第 105 条　更换货物

1. 承租人有权通过相同的其他货物更换货物运输合同中已经载明的货物，但是，不得影响到承运人和其他承租人的权利。

2. 更换货物的运费不得低于已经约定的被更换货物的运价。

第 106 条　船上货物的装载和摆放

1. 在船舶上，货物应当由船长决定按照货物的草图予以摆放。在舱面上摆放货物应当征得承运人的书面同意。

2. 承运人应当妥善地、谨慎地装载货物、摆放货物、捆绑货物并且将船上所运载的货物分门别类地予以摆放。相关的各种费用由双方在合同中予以约定。

第 107 条　船舶驶离接收货物的港口

1. 一旦航次运输合同中装载货物的期限和滞留期限届满，由于属于承租人的原因，尽管全部或者部分承运的货物尚未装载上船，但是，承运人有权驾驶船舶驶离接收货物的港口。在这种情形下，承运人仍然有权足额收取运费，包括尚未装载上船的货物的运费，对这些货物所收取的运费称之为空舱费。

2. 在原封不动地出租船舶的情形下，承运人有权足额收取运费，但是，应当满足承租人的下列各项要求：

1）船舶提前开航；

2）所要装载上船的货物已经在装货点集结完毕，尽管滞留期限已经届满，如果这种装载货物事宜只是导致船舶滞留，在滞留时间不超过 14 日的期限以内，仍然可以享有本法第 103 条所规定的权利。

在出租部分船舶舱位的情形下，承运人有权足额收取运费且对于属于承租人的原因、在过了已经约定的装载货物期限以后或者过了滞留期限以后运送过来的货物，承运人有权拒绝装载上船。

第 108 条　运输航线和运输时间

1. 承运人应当严格按照运输合同中所规定的航线，如果运输合同中没有其他约定则按照惯例上的航线在合理的时间内履行货物运输事宜。

2. 如果船舶应当绕航救助海上遇难人员或者因为其他正当的理由而合理地绕航则承运人不属于违反合同的行为。在这些情形下由于船舶应当绕行所造成的货物的各种损失，承运人不负赔偿责任。

第 109 条　变更港口

1. 一旦因为不可抗力的原因，船舶无法驶入交付货物的港口和在经过了一段合理的等待时间以后，无力继续等待以便驶入交付货物的港口则应当允许承运人将船舶驶入一个最近的、安全的、变更的港口，同时应当通知承租人以便请示汇报。

2. 在原封不动地出租船舶的情形下，船长应当根据具体条件，对有关变更港口的情况进行请示汇报并且按照承租人的指示开展行动；如果无力履行承租人的指示或者在经过了一段合理的等待时间以后仍然尚未收到承租人的指示，船长可以将货物卸载下船或者将货物运回接收货物的港口，但是，船长自身应当深思熟虑，如何使承租人的正当权利得到充分保障。承租人应当向承运人支付区间运费和相关费用。

3. 在出租部分船舶舱位的情形下，如果自请示汇报之日起，超过 5 日以后仍未收到承租人的指示或者无力履行指示，则船长同样有权依照本条第 1 款的规定开展行动。

第 110 条　卸载货物和交付货物

1. 卸载货物事宜由船长决定。承运人应当谨慎地重视卸载货物事宜。

2. 如果承租人未将该项权利赋予其他人则承租人具有货物的决定权直至货物交付到合法收货人的手中时为止；船舶在装货港开航前，承租人有权要求卸载货物，在船舶开航后，承租人有权要求变更收货人或者变更交付货物的港口，前提条件是应当赔偿一切损失和支付相关费用。

3. 如果履行事宜给开航事宜造成严重的延误则不适用本条第 2 款所规定的各项权利，经承运人同意的情形除外。

第 111 条　运费

1. 在装载上船的货物超过合同中已约定数量的情形下，承运人只有权按照已经约定的运价对于这批超载货物收取运费。

2. 在货物被偷运装载上船的情形下，承运人有权加倍收取货物从接收货物的港口运送至交付货物的港口的运费，由于这批货物被偷运装载上船所造成的各种损失，承运人可以受偿。如果认为不需要，无论在任何一个港口，承运人均有权将这批偷运装载上船的货物卸下。

3. 一旦接收货物，如果这些有关的款项尚未提前支付，收货人应当向承运人支付运费、由于船舶滞留造成损失的赔偿款或者与货物运送事宜相关的各种费用。

第 112 条　结算货物运费、仓储、保管费和处理货物拍卖所得价款

本法第 84 条、第 85 条、第 94 条和第 95 条关于结算货物运费、处理被留置的货物、处理货物拍卖所得价款的各项规定同样也适用于依照航次运输合同从事货物运输事宜。

第 113 条　承租人解除合同的权利

1. 在下列各种情形下，承租人有权解除合同：

1）承运人未在约定的时点将船舶驶抵装载货物的地点、在装载货物的过程中或者在开航时迟缓延误；在这种情形下，如果给承租人造成损失，承租人有权要求予以赔偿。

2）在货物已经装载完毕船舶仍未开航时或者在船舶正在执行航次任务时，承租人有权要求卸载货物，前提条件是应当向承运人足额支付运费和相关费用。

2. 如果认为由于改变已经约定的日程会导致船舶开航延误或者影响到相关人员的权益，承运人有权拒绝、拒绝履行本条第 1 款第 2 项规定的承租人要求卸载货物的请求。

3. 在原封不动地出租船舶的情形下，承租人在船舶开航前有权解除合同，但是，应当支付各种相关费用，根据解除合同的时间和地点，承租人还应当依照下列各项原则支付运费：

1）如果是在计算装载货物期限之前解除合同则应当支付一半的运费；

2）如果是在计算装载货物期限之后解除合同或者在计算滞留期限之后解除合同、如果只是订立了一个航次的合同则应当全额支付运费；

3）如果承租人在开航之前解除合同则应当足额支付全部航次的运费，如果订立了多航次的合同则应当加上后续全部各航次的一半运费。

4. 在承租人依照本条第 3 款的规定解除合同的情形下，承运人应当将船舶停泊在装载货物的地点直至货物卸载完毕时，尽管此举超过了装载货物的期限和滞留期限。

5. 在出租船舶部分舱位的情形下，承租人有权解除合同，但是，应当支付相关的各种费用，根据解除合同的时间和地点，承租人还应当依照下列各项原则支付运费：

1）如果是在已经约定的货物集结期限之后解除合同则应当支付一半运费；

2）如果是在船舶正在执行航次任务时解除合同则应当足额支付运费。

第 114 条　承运人解除合同的权利

如果依照合同已经装载上船的货物数量不够且这些货物的总价值不足以确保承运人应当支付给货物的运费和各种相关费用，那么，承运人有权在开航前解除合同。承租人已经足额支付运费或者进行了必要担保的情形除外。承租人应当支付与卸载货物相关的各种费用并且应当支付已经约定的一半运费。

第 115 条　解除合同无须承担赔偿责任

1. 如果船舶在开始起航离开装载货物地点之前发生了下列各种事件，参与订立合同的各方有权解除合同而无须承担赔偿责任：

1）威胁到船舶或者货物安全的战争，装货港或者卸货港宣布被封锁；

2）依照国家主管部门的决定船舶被羁押或者被扣留、而不是由于参与订立合同各方的过失所致；

3）船舶被国家征用；

4）下达了禁止运输货物驶离装货港或者禁止运输货物驶入卸货港的禁令。

2. 在本条第 1 款规定的各种情形下，解除合同的一方应当支付卸货费。

3. 如果是在船舶正在航行时发生本条第 1 款规定的各种事件，参与订立合同的各方有权解除合同；在这种情形下，承租人应当支付区间运费和卸货费。

第 116 条　解除合同

1. 如果在合同订立以后和在船舶驶离装货地点之前以及在下列各种情形下，参与订立合同的任何一方均没有过失则合同理所当然解除，对于所造成的损失，任何一方均不负赔偿责任：

1）合同中所指定的船舶沉没、灭失、被劫持；

2）合同中所记载的货物灭失；

3）合同中所指定的船舶受损，无法修复或者修复是得不偿失的。

2. 在船舶正在海上航行的情形下，如果发生本条第 1 款规定的各种情形则承运人只有收取区间运费的权利；如果只有船舶受损而货物被打捞上岸或者归还给托运人，则对于这部分货物，承运人有权收取区间运费。

第 117 条　合同解除以后货物的保管

一旦依照本节的各项规定解除合同，承运人仍然应当悉心照料货物直到将货物交付给有权接收货物的人。本法第 116 条第 1 款第 1 项和第 2 项规定的情形除外。

第 118 条　有关履行航次运输合同的诉讼时效

有关履行航次运输合同的诉讼时效为 1 年，自起诉人知道或者应当知道自身权利被侵害之日起计算。

第四节　多式联运合同

第 119 条　多式联运合同

1.“多式联运合同”是指托运人与多式联运经营人之间所订立的合同，多式联运经营人依据合同至少以两种以上的不同运输方式，其中一种应当是海上运输方式，负责将货物从接收地运至目的地交付给收货人，并收取全程运费的合同。

2.“多式联运经营人”是指本人或者委托他人以本人的名义与托运人订立多式联运合同的人。

3. “托运人”是指本人或者委托他人以本人的名义与多式联运经营人订立多式联运合同的人。

4. 多式联运提单是多式联运合同的凭证、用以证明货物已经由多式联运经营人接收以及多式联运经营人保证严格按照合同的约定运输和交付货物的凭证。

第 120 条　多式联运经营人的责任

1. 多式联运经营人对多式联运合同货物的责任期间，自接收货物时起直至交付货物时止。

2. 多式联运经营人可以与参加多式联运的各区段的每一种运输方式的承运人签订各种单独的运输合同，合同中应当明确参加多式联运的各方对各区段每一种运输方式的责任。这些单独合同不得影响多式联运经营人对全程运输所承担的责任。

第 121 条　多式联运经营人的赔偿责任限额

1. 在货物的灭失、损坏发生于多式联运运输过程中的某一运输区段的情形下，多式联运经营人的赔偿责任和责任限额，适用调整该区段运输方式的有关法律的各项规定。

2. 在货物的灭失、损坏发生的运输区段、何种运输方式不能确定的情形下，多式联运经营人应当依照本法第 78 条和第 79 条关于免除承运人赔偿责任和责任限额的规定负赔偿责任。

第 122 条　关于多式联运实施细则的规定

有关多式联运的实施细则由政府规定。

第六章　海上旅客运输合同和海上行李运输合同

第 123 条　旅客和行李运输

1. 海上旅客和行李运输合同是指承运人与旅客之间所订立的合同。承运人依据合同使用运送旅客、行李的船舶经海路将旅客及其行李从出发港运送至目的港，由旅客支付票款的合同。

2. “承运人”是指本人直接或者委托他人以本人的名义与旅客订立海上旅客和行李运输合同的人。

3. “实际承运人”是指接受承运人的委托，从事全部运送或者部分运送旅客和行李的人。

4. “旅客”是指根据海上旅客运输合同运送的人或者经承运人同意，根据海上货物运输合同，随船护送货物、护送活动物的人，视为旅客。

5. “行李”是指根据海上旅客运输合同由承运人载运的任何物品或者车辆。下列各种情形除外：

1）根据海上货物运输合同载运的物品和车辆；

2）活动物。

"自带行李"是指旅客自行携带、放置在自己客舱中的行李或者旅客自己照看、保管、管理的行李。

第124条　旅客和行李运输凭证

1. 旅客和行李运输凭证包括：

1）旅客乘船客票是海上旅客运输合同成立的凭证；

2）行李提货单是旅客的行李已经托运的凭证。

2. 如果旅客所乘坐的船舶不是专门运送旅客的船舶，承运人有权以相同的凭证代替客票。

3. 承运人规定减、免、优先购买旅客客票和退还旅客客票和行李费的事宜。

第125条　旅客的权利和义务

1. 旅客对于由承运人规定的重量和种类范围内的自带行李，旅客享有与客票种类相符的一切权利并且无须支付运费。

2. 在船舶开航之前或者在船舶开航之后无论在任何一个港口，如果船舶驶入港口迎接旅客或者旅客下船，旅客有权解除运输合同并且在扣除各种费用或者罚金之后（若有），有权退票或者退还客票票款尚未使用部分的相应金额。

3. 旅客应当服从船长的指挥，执行船上的守则、注意事项和听从值班长和部门负责人的安排。

4. 任何旨在限制本章规定的旅客权利或者减免承运人责任的约定均无效。

第126条　承运人的义务和权利

1. 承运人应当谨慎处理，使船舶处适航状态，包括妥善配备船员、装备船舶和配备从开航时、整个运输过程中直至抵达旅客离船港口的必需的供应品。

2. 自旅客登船时起直至旅客及其行李在离船港口离船时止，承运人应当悉心照料和周密细致地保护旅客及其行李的安全；在船舶执行海上旅客运输任务的时间内发生突发事件的各种特殊情况下，用于接送、提供饮食和提供必要的生活服务所需的一切费用由承运人承担。

3. 承运人应当购买承运人针对旅客的民事责任保险。

4. 如果发生下列各种情况，承运人有权拒绝履行合同而不负赔偿责任：

1）战争或者其他事件造成船舶有可能被劫持；

2）迎接旅客登船的港口或者旅客离船的港口宣布被封锁；

3）依照国家主管部门的决定，船舶被羁押、扣留，而不是由于参与订立合同各方的过失所致；

4）船舶被国家征用；

5）下达了禁止运送旅客离开迎接旅客登船港口或者禁止运送旅客进入旅客离船港口的禁令。

5. 在船舶开航前承运人依照本条第 4 款的规定拒绝履行运输合同的情形下，承运人应当向旅客退还客票票款和行李运费。

在船舶已经开航情形下，承运人应当按照尚未执行运输航线里程的比例向旅客退还部分客票票款；同时，应当使用自己的经费将旅客送回到迎接旅客登船的港口或者发给旅客一笔相应的款项作为对旅客的补偿。

6. 在规定的时间和地点、包括在执行海上旅客运输任务的时间内船舶驶入港口时旅客未准时登船的情形下，对已经收取的客票票款，承运人有权不予退还。

7. 如果在船舶的起锚地、船舶应当抵达的目的地或者运输航线沿途各种卫生条件不允许和流行传染病乃至发生自身不能控制的其他情况，承运人有权推迟船舶开航的时间。根据旅客的要求，将旅客送回迎接旅客登船的港口或者对旅客合理的实际损失给予补偿，所需费用应当由承运人承担。

8. 本条第 7 款的规定不得限制旅客拒绝履行运输合同的权利。

第 127 条　在海上旅客运输中承运人和实际承运人的责任

在海上旅客运输中，有关承运人和实际承运人的责任可以适用本法第 77 条的规定。

第 128 条　在旅客被拘留时，免除承运人的责任

如果在执行海上旅客运输任务的时间内船舶驶入港口时，旅客由于自身的原因被驻港口的国家主管部门拘留则承运人不负责任。

第 129 条　对无票旅客的处理

1. 无票旅客是指船舶停泊在港口内或者停泊在属于港口范围的地方时未经承运人、船长或者船上部门负责人的同意就已经藏匿在船上，并且在船舶驶离港口或者属于港口范围的地方后仍然在船上的人。

2. 无票旅客应当补足已航行里程的运输票款并且应当交纳一笔与应支付该运输票款数额相同的罚款。

3. 船长有权命令无票旅客离船上岸或者转交给另一艘船舶以便将无票旅客送回其登船的地点，并且将无票旅客的姓名、年龄、国籍、无票旅客登船的地点和藏匿在船上的位置向国家主管部门报告。

4. 在无票旅客经过同意允许其继续乘船航行走完剩余里程的情形下，无票旅客应当购买客票并且享有像其他旅客一样的权利、义务。

第 130 条　承运人的赔偿损失责任

如果在运输过程中，由于承运人或者承运人的受雇人、代理人在受雇或者受委托范围内的过失引起事故，造成旅客人身伤亡或者行李灭失、损坏的，承运人应当负赔偿责任。

旅客的人身伤亡或者自带行李的灭失、损坏，是由于船舶碰撞、沉没、毁坏、搁浅、爆炸、火灾事故所引起或者是由于船舶的缺陷所引起的，承运人或者承运人的受雇人、代理人除非提出反证，否则，应当视为其有过失。

其他各类行李的灭失、损坏无论属于何种原因造成这种灭失、损坏，承运人或者承运人的受雇人、代理人除非提出反证，否则，应当视为其有过失。

在其他各种情形下，过失的举证责任属于请求人。

在运送过程中，由于船舶碰撞、沉没、毁坏、搁浅、爆炸、火灾事故所引起或者是由于船舶的缺陷所引起的事故造成损害和损失、损害程度的举证责任属于请求人。

第 131 条　旅客和行李的运送期间

1. 海上旅客运送的期间自旅客登船时起至旅客离船时止，如果客票票价包含接送费用的，运送期间包括承运人经水路将旅客从岸上接到船上和将旅客从船上送到岸上。

2. 旅客的自带行李，运送期间与本条第 1 款的规定相同。非旅客自带行李以外的其他行李，运送期间自旅客在迎接旅客港口将行李交付承运人、承运人的受雇人、代理人时起至承运人、承运人的受雇人、代理人在旅客离船港口交还给旅客时止。

第 132 条　承运人在运送旅客和行李期间的赔偿责任限额

1. 在旅客人身伤亡的情形下，承运人的赔偿责任限额是在一份旅客和行李运输合同中，每名旅客不超过 46666 计算单位，补偿总金额不超过 25000000 计算单位；如果法院判决可以在定期形式下履行结算的情形下，这些赔偿的总金额同样也不得超过本款规定的限额。

2. 对于旅客自带行李灭失、损坏的，承运人的赔偿责任限额是在一份旅客和行李运输合同中，每名旅客不超过 833 计算单位。

3. 对于旅客车辆包括该车辆所载行李的灭失、损坏的，承运人的赔偿责任限额是在一份旅客和行李运输合同中，每一辆车不超过 3333 计算单位。

4. 对于本条第 2 款和第 3 款规定以外的旅客其他行李灭失、损坏的，承运人的赔偿责任限额是在一份旅客和行李运输合同中，每名旅客不超过 1200 计算单位。

5. 承运人和旅客可以约定，承运人对旅客车辆和旅客车辆以外的其他行李损失的免赔额。但是，对每一车辆的损失的免赔额不超过 117 计算单位，对每名旅客的车辆以外的其他行李损失的免赔额不超过 13 计算单位。在计算每一车辆或者每名旅客的车辆以外的其他行李的损失赔偿数额时，应当扣除约定的承运人免赔额。

第 133 条　剥夺赔偿责任限额权

1. 如果经证明，旅客的人身伤亡或者行李的灭失、损坏，是由于承运人的故意行为或者疏忽大意和明知可能造成损害而轻率地作为或者不作为造成的，那么，承运人丧失本法第 132 条规定的赔偿责任限额的权利。

2. 本条第 1 款的各项规定同样也适用于承运人受雇人、代理人。

第 134 条　贵重物品、其他有价财产的灭失、损坏

如果旅客在将这些财产交由承运人寄存保管时已经向船长或负责行李寄存保管的负责人说明了这些财产的性质和价值，那么，承运人对贵重物品、货币、有价证券、艺术作品和其他有价财产的灭失、损坏，应当负赔偿责任。

第 135 条　留置行李

1. 如果旅客尚未足额支付各种欠款，承运人有权留置旅客的行李以维护自身的合法权益直至旅客还清欠款或者履行了适当的担保为止。

2. 在行李无人认领的情形下，承运人有权将行李卸在岸上、寄存在一个安全、适当的场所并且通知旅客或者旅客的委托人。由此产生的一切开支和费用由旅客支付。

第 136 条　关于行李灭失、损坏的通知

1. 在下列情形下，行李发生灭失、损坏的，旅客应当书面通知承运人或者承运人的代理人：

1）对于自带行李损坏明显的，应当在旅客离船前或者离船时提交书面通知；

2）对于自带行李以外的其他各种行李损坏明显的，应当在行李交还前或者行李交还时提交书面通知；

3）对于行李发生灭失、损坏，而且旅客在离船时从外表难以发现的，旅客应当在离船或者行李应当交还之日起 15 日内，向承运人或者承运人的受雇人、代理人提交书面通知。

2. 在旅客未依照本条第 1 款的规定及时提交书面通知的情形下则视为已经完整无损地收到行李，提出反证的情形除外。

3. 如果行李交还时，旅客已经会同承运人对行李进行了联合检查或者检验，旅客无须提交书面通知。

第 137 条　有关运送旅客和行李的诉讼时效

1. 有关旅客伤亡或者人身伤害和行李灭失、损坏的请求权，诉讼时效为 2 年。

2. 本条第 1 款规定的诉讼时效可以依照下列规定计算：

1）有关旅客人身伤害的请求权，自旅客离船之日起计算。

2）有关旅客死亡的请求权，发生在运送期间的，自旅客应当离船之日起计算。

因运送期间内的伤害而导致旅客离船后死亡的，自旅客死亡之日起计算，但是，此期限自离船之日起不得超过 3 年。

3）有关行李灭失、损坏的请求权，自旅客离船或者应当离船之日起、视情形从最晚的某一个时点开始计算。

即使有事暂时停止或者中断本条第 1 款所规定的赔偿请求的诉讼时效，但是，诉讼时效同样不得超过 3 年，自旅客离船或者应当离船之日起、视情形从最晚的某一个时点开始计算。

第七章　船舶租用合同

第一节　一般规定

第 138 条　船舶租用合同

船舶租用合同是指船舶出租人与船舶承租人之间订立的合同，船舶出租人依据合同在合同约定的某一期间内按照约定的具体用途将自身船舶的使用权交付给船舶承租人并由船舶承租人支付租金。

第 139 条　船舶租用合同的形式

1. 船舶租用合同可以按照定期租船合同或者光船租船合同的形式予以订立。

2. 船舶租用合同应当书面订立。

第 140 条　船舶转租

1. 在租船合同有约定的情形下，船舶承租人可以将租用的船舶转租给第三人，但是，仍然应当履行与船舶出租人订立的合同。

2. 本章规定的船舶出租人的各种权利和义务同样适用于船舶转租的受让人。

第 141 条　船舶租用合同中适用法律规定的原则

本章规定的与船舶出租人和船舶承租人的权利和义务相关的各项规定，只有在出租人和承租人没有其他约定时才适用。

第 142 条　有关与租船合同相关的诉讼时效

有关与租船合同相关案件的诉讼时效为 2 年，自租船合同解除之日起计算。

第二节 定期租船合同

第 143 条 定期租用船舶合同

1. 定期租船合同是船舶租用合同，船舶出租人按照合同向船舶承租人提供由船舶出租人配备船员的船舶。

2. 定期租船合同包括下列各项内容：

1）船舶出租人和船舶承租人的名称；

2）船舶的船名、国籍、船级；船舶的吨位、功率、容积、航速和船舶燃料消耗；

3）船舶的航区、用途、租船期限；

4）交船和还船的时间和地点以及条件；

5）船舶租金、支付方式；

6）其他有关事项。

第 144 条 在定期租船中船舶出租人的义务

1. 船舶出租人应当按照合同约定的时间、地点向船舶承租人交付船舶，使船舶处于适航状态，配备与合同约定的船舶用途和整个租期内维持船舶正常运转相符的充足的储备。

2. 在船舶出租期间，船舶出租人应当配备具有与合同约定的船舶用途相适应能力的船员、支付报酬和维护船员的其他各种合法权益。

第 145 条 在定期租船中船舶承租人的权利

1. 船舶承租人享有全权使用船上各个专用区域从事货物、旅客、行李运输的权利。

2. 在未征得船舶出租人同意的情形下，船舶承租人无权使用船上各个专用区域从事货物、旅客、行李运输。

第 146 条 在定期租船中船舶承租人的义务

1. 船舶承租人应当严格按照合同中约定的用途使用船舶并且应当适当顾及船舶出租人的各种权益。

2. 船舶承租人应当保证船舶只能用于运输合同约定的合法的货物、旅客和行李。

3. 一旦租船期限届满，船舶承租人应当严格按照合同约定的时间、地点将船舶交还给船舶出租人并且保证该船舶具有与船舶出租人交船时相同的良好状态，船舶本身的自然磨损除外。

第 147 条 在定期租船中，船舶出租人、船舶承租人和船员之间的关系

1. 在定期租用船舶的期限内，船长和其他船员仍然隶属于船舶出租人的劳动管辖权。

与船员相关的各种问题由船舶出租人全部负责。

2. 在船舶营运活动中，船长作为船舶承租人的代理人，应当执行船舶承租人发出的各种指令，但是不得违反定期租船合同的约定。

3. 船舶出租人与船舶承租人共同对船长行使本条第 2 款规定的职权负连带责任，船长已经在自己的保证书中载明以承租人的名义行使该职权的情形除外。

第 148 条　在定期租用船舶中，海难救助款项的分配

在定期租用的船舶于合同期间参与海难救助的情形下，海难救助款项在扣除与海难救助相关的各种费用和奖励给船员的海难救助奖金后，在船舶出租人和船舶承租人之间进行平均分配。

第 149 条　超过定期租船的期限

在合理计算的基础上，如果船舶完成最后航次的日期超过租船合同中约定的还船日期，船舶承租人有权继续超期用船以完成该航次；超期期间，船舶承租人应当按照合同约定的租金率支付租金；如果市场的租金率高于租船合同约定的租金率的，船舶承租人应当按照当时的市场租金率向船舶出租人支付租金。

第 150 条　定期租用船舶的租金支付

1. 船舶承租人应当按照合同的约定支付从接收船舶之日起至向船舶出租人交还船舶之日止的租用船舶的租金。

2. 在由于船舶损坏、缺乏储备的零配件或者由于船员不具备所需技能导致船舶不具备适航状态的时间，船舶承租人不给付租金。在这种情形下，对于维持船舶正常运转的各种费用，船舶承租人无须负责。

3. 在由于船舶承租人的过失导致船舶不具备适航状态的情形下，船舶承租人应当支付租金并且对相关的损失负赔偿责任。

4. 在租用的船舶灭失的情形下，船舶租金自得知该船最后消息之日起停止支付。

5. 在船舶承租人未按照合同约定支付租金的情形下，如果船上的这些货物、财产属于船舶承租人所有，船舶出租人对船上的货物、财产拥有留置权。

第 151 条　解除定期租船合同

1. 如果船舶出租人在履行本法第 144 条规定的义务中存在过失，船舶承租人有权解除定期租船合同并有权要求赔偿因此所遭受的损失。

2. 如果由于爆发战争、发生骚乱或者由于国家主管部门采取各种强制措施致使履行合同遇阻而且在经过一段合理等待的时间以后，这些事件尚未平息则双方有权解除合同而且互相不负赔偿责任。

3. 如果船舶灭失、沉没、毁坏、被鉴定为损坏无法修复或者修复是没有经济效益的，租船合同理所当然解除。

第三节　光船租赁合同

第152条　光船租赁合同

1. 光船租赁合同是船舶租用合同，船舶出租人依据合同向船舶承租人提供不配备船员的船舶。

2. 光船租赁合同包括下列各项内容：

1）船舶出租人和船舶承租人的名称；

2）船舶的船名、国籍、船级，船舶的吨位、功率；

3）船舶的航区、用途、租船期限；

4）交船和还船的时间和地点以及条件；

5）船舶检验、船舶的保养和维修；

6）船舶租金、支付方式；

7）船舶保险；

8）租船合同解除的时间、条件；

9）其他有关事项。

第153条　船舶出租人在光船租赁中的义务

1. 在履行自身的义务中，船舶出租人应当按照租船合同中约定的地点和时间，向船舶承租人交付船舶以及船舶的各种证明文件。交船时，船舶出租人应当谨慎处理，使船舶处于适航状态。

2. 在光船租赁期间，如果未经船舶承租人事先书面同意，船舶出租人不得对船舶设定抵押权；在船舶出租人违反本条规定，致使船舶承租人遭受损失的情形下，船舶出租人应当负赔偿责任。

3. 在因为涉及船舶所有权的各种争议或者船舶出租人所负的债务致使船舶被扣押的在情形下，船舶出租人应当保证船舶承租人的权益不受影响；致使船舶承租人遭受损失的，船舶承租人应当负赔偿责任。

第154条　光船租赁人的义务

1. 在光船租赁期间，船舶承租人应当负责船舶和船舶的各种装备、设备的保养。

2. 在光船租赁期间，船舶承租人应当负责对船舶的损坏进行维修并且通知船舶出租人。如果所遭受的各种损失不属于船舶承租人的责任范围之内，则船舶出租人应当承担支付维修费的责任。

3. 在光船租赁期间，船舶承租人应当按照合同约定的船舶价值、与船舶出租人同意的保险方式为船舶购买保险并负担保险费用。

4. 在光船租赁期间，如果因为船舶承租人对船舶使用、营运的原因致使船舶出租人遭受损失的，船舶承租人应当负责消除影响或者赔偿该损失。

第 155 条　还船义务、超过船舶租赁期限和解除光船租赁合同

还船义务、超过船舶租赁期限和解除光船租赁合同的事宜依照本法第 146 条第 3 款、第 149 条和第 151 条的规定执行。

第 156 条　支付光船租赁租金

光船租赁人应当按照租船合同的约定支付租金。在船舶灭失或者失踪的情形下，租金应当自船舶灭失或者得知其最后消息之日起停止支付。预付租金应当按照比例退还。

第 157 条　租购船舶

订有租购条款的光船租赁合同，在船舶承租人按照光船租赁合同的约定向船舶出租人付清租购费时，船舶所有权即归于船舶承租人。

第八章　船舶代理和海事经纪

第一节　船舶代理

第 158 条　船舶代理

船舶代理是指船舶代理人以船舶所有人或者船舶营运人的名义提供从事与船舶在港活动相关的各种劳务的服务，包括办理船舶进出港口的各种手续；签订运输合同、海上保险合同、货物装卸合同、租船合同、船员雇用合同；签发提单或者类似的运输单证；为船舶供应物资、燃料、食品；呈报海事抗辩材料；与船舶所有人或者船舶营运人保持通信联络；与船员相关的服务；收取、支出与从事船舶营运活动相关的款项；调解有关运输合同或者有关海难事故的纠纷以及与船舶相关的其他服务的纠纷。

第 159 条　船舶代理人

1. 船舶代理人是指接受委托人指定，从事代理以便按照委托人的委托在港口履行船舶代理服务的人。

2. 如果经船舶所有人或者船舶营运人同意，船舶代理人可以为托运人、船舶租用人或者与船舶所有人存在合同关系的人或者船舶营运人履行船舶代理服务。

第 160 条　船舶代理合同

船舶代理合同是委托人与船舶代理人之间订立的书面合同，委托人依据合同委托船舶代理人对每一航次或者在某一段具体的期间内履行船舶代理的各种服务。

第 161 条　船舶代理人的责任

1. 船舶代理人应当开展各种必要的活动以便周密细致地照顾和维护委托人的合法利益不受侵害；应当严格执行委托人提出的各种要求和指令；迅速地向委托人报告与受委托事宜相关的各种事件；准确计算与受委托事宜相关的各种收支款项。

2. 由于船舶代理人本人的过失致使委托人遭受损失的，船舶代理人应当负赔偿责任。

第 162 条　委托人的责任

1. 必要时，委托人应当引导船舶代理人履行已经委托的服务并且应当根据船舶代理人的要求，预付委托服务预支的款项。

2. 在船舶代理人发生超越委托范围行为的情形下，委托人仍然应当对该行为负责，如果一旦得知该信息而委托人不立即告知相关人员，则说明委托人默认船舶代理人的此类行为。

第 163 条　船舶代理服务价格

船舶代理服务价格由各方约定，法律另有其他规定的情形除外。

第 164 条　有关履行船舶代理合同的诉讼时效

有关履行船舶代理合同事宜的诉讼时效为 2 年，自争议产生之日起计算。

第 165 条　对于用于公务的船舶、渔船、水上飞机和驶抵越南的外国军用船舶的船舶代理

本节的各项规定适用于用于公务的船舶、渔船、水上飞机和驶抵越南的外国军用船舶。

第二节　海事经纪

第 166 条　海事经纪和海事经纪人

1. 海事经纪是指按照海事经纪合同为相关各方在交易、谈判事宜中、在签订运输合同、海上保险合同、船舶租用合同、船舶买卖合同、船舶拖航合同、船员雇用合同和与从事海事活动相关的其他各种合同中提供中介服务。

2. 海事经纪人是指履行海事经纪服务的人。

第 167 条　海事经纪人的权利和义务

1. 海事经纪人有权为参与订立合同的各方提供服务，前提条件是应当将此事告知所有的各方并且应当适当顾及相关各方的合法权益。

2. 一旦由于经纪人的中介活动促成合同订立时，海事经纪人有权按照约定收取中介佣金。经纪人与委托人可以就中介佣金进行约定，如果事先未约定，则中介佣金可以在地方惯例的基础上予以确定。

3. 海事经纪人应当忠诚地履行经纪工作。

4. 对经纪期间经纪各方的法理资格负责。

5. 一旦各方之间的合同得以订立，则海事经纪人的责任解除，另有其他约定的情形除外。

第 168 条　有关履行海事经纪合同的诉讼时效

有关履行海事经纪合同事宜的诉讼时效为 2 年，自争议产生之日起计算。

第九章　海上引航员

第 169 条　越南的海上引航员制度

1. 在越南，雇用海上引航员的目的旨在保障海运交通安全、维护海运交通秩序和防止污染环境；为捍卫主权、履行主权和国家裁判权贡献力量。

2. 越南籍船舶和外国籍船舶一旦在越南境内强制引航的海域内从事海事活动时应当雇用越南的海上引航员引航并且支付引航费。在不强制引航的各种海域内，如果认为需要、为了保证安全，船长可以请求越南引航员引航。

在越南强制引航的海域内从事海事活动时，免于雇用越南海上引航员引航的各种情形由政府具体规定。

第 170 条　海上引航员的组织

1. 海上引航员的组织是为船舶进出港口、在越南的某一个强制海上引航海域内从事海事活动的船舶提供引航服务的组织。

2. 有关海上引航员的组织编制及其活动由政府规定。

第 171 条　海上引航员的法理地位

1. 海上引航员是为船长驾驶船舶与海上引航员的引航海域航海条件相符合的顾问。雇用海上引航员并不意味着可以免除船长负责指挥船舶的责任。

2. 在为船舶引航的时间内，海上引航员隶属于接受引航船舶船长的指挥权。

3. 船长有权选择海上引航员或者停止海上引航员的引航活动，并有权要求更换其他的海上引航员。

第 172 条　海上引航员的执业条件

海上引航员的执业条件：

1. 是越南公民。

2. 身体健康。

3. 持有海上引航员专业技能证书。

4. 只能允许从事与所颁发的海上引航海域许可证相符的海上引航海域内的船舶引航。

5. 接受某一个海上引航员组织的管理。

第 173 条　在为船舶引航时，海上引航员的权利和义务

1. 一旦船长故意不听从引航员的指引或者听不进合理的劝告、同时在有第三人作证的情况下，海上引航员有权拒绝为船舶引航，同时应当立即通知海事港务部门和海上引航员组织。

2. 海上引航员应当随时引领使船长知晓有关位于船舶引航海域的各种航行条件，对船长违反保障航行安全的规定和法律相关的其他各项规定的各种行为应当予以劝阻。

3. 海上引航员应当将引航情况和自身在引航时所发现的有关发生海上航行危险性变化的情况向海事港务部门报告。

4. 海上引航员应当尽职尽责地履行自己的义务。一旦船舶锚泊、停靠港口、抵达约定的安全位置或者有其他的引航员替换，则海上引航员引领船舶的工作结束。如果未经船长同意，引航员不准离开船舶。

第 174 条　在雇用海上引航员时，船长和船舶所有人的义务

1. 船长应当准确地将船舶的性能和特点告知海上引航员；应当在海上引航员登船和离船时保证其安全；在海上引航员在船的整个期间，应当为海上引航员提供工作、服务生活的各种便利。

2. 在由于海上引航员的引航过失造成损失的情形下，船舶所有人应当像对待由于船员的过失造成损失的情形一样对所造成的各种损失负赔偿责任。

3. 在为了保证安全、海上引航员执行完毕任务以后不能离开船舶的情形下，船长应当驾驶船舶驶入最近的港口以便海上引航员离开船舶。船舶所有人或者船舶营运人应当妥善安排将海上引航员送回登船的地方并且支付相关的各种费用。

第 175 条　对由于海上引航员引航时的过失造成的损失，引航员应当承担的责任

对于由于海上引航员引航时的过失造成的损失，引航员只是负法律规定的行政、刑事责任而无须承担由于引航时的过失造成损失情形下的民事责任。

第 176 条　有关海上引航员的详细规定

1. 由交通运输部部长制定有关强制海上引航海域的规定；制定有关教育培训标准、

颁发、收回海上引航员专业技能证书和海上引航员活动海域许可证的详细规定。

2. 财政部在与交通运输部统一意见后规定有关越南海上引航员的收费标准。

第 177 条　对于用于政府公务的船舶、渔船、内河移动漂浮式装置、水上飞机和外国军用船舶的引航

本章的各项规定适用于用于政府公务的船舶、渔船、内河移动漂浮式装置、水上飞机和驶抵越南的外国军用船舶。

第十章　海上船舶拖航

第 178 条　海上船舶拖航

海上船舶拖航是指承拖方用拖轮将被拖物经海路从一地拖至另一地或者在海上和港口水域内的船舶、其他各种浮动设备周围轮值。

海上船舶拖航包括海上拖航和港口水域内的互助拖航。

第 179 条　海上船舶拖航合同

1. 海上船舶拖航合同是承拖方与被拖方之间书面订立的合同。本章的规定不适用于在港口水域内的互助拖航。

2. 海上船舶拖航服务费由各方约定，法律另有其他规定的情形除外。

第 180 条　船舶拖航的指挥权

1. 拖轮和船舶或者其他被拖的各种设备组合成拖航船队。拖航船队自拖轮和拖航船队的其他各艘船舶按照拖航船队指挥员的命令已经就位随时准备实施各种必要的作业时得以形成，并且在实施完毕最后的作业、拖航船队的各艘船舶相互间隔一段安全距离以后予以解散。

2. 参与订立海上船舶拖航合同的各方就有权指挥拖航船队的指挥员进行约定，如果尚未约定则依照地方的惯例予以确定。

3. 港口水域内互助拖航的指挥权属于被拖船舶的船长。

第 181 条　各方在海上船舶拖航合同中的义务

1. 拖轮所有人应当严格按照船舶拖航合同中约定的时间、地点提供拖轮并使拖轮处于拖航合同中约定的适航状态。

2. 被拖方应当依据拖航合同中的约定充分创造各种条件以保证船舶的安全。

第 182 条　船舶拖航中赔偿损失的责任

1. 如果不能证明这些损失的发生是在自身责任范围之外，船长行使拖航船队指挥权的船舶的所有人应当对拖航船队中的船舶、在船人员和其他各艘船舶船上财产的各种损失负赔偿责任。

2. 其他在船长指挥下的各艘船舶不得减轻、免除确保拖航船队共同安全的责任；如果损失是由于自身船舶的过失造成的则船舶所有人应当对拖航船队的其他各艘船舶、在船人员和船上财产所遭受的损失负赔偿责任。

3. 在履行海上船舶拖航合同的过程中，如果给第三方造成损失，参与订立合同的各方应当按照过失程度的比例负赔偿责任。

第 183 条　有关履行海上船舶拖航合同的诉讼时效

有关履行海上船舶拖航合同事宜的诉讼时效为 2 年，自争议发生之日起计算。

第 184 条　对用于军事的、政府公务的船舶、渔船、内河移动漂浮式装置和水上飞机的拖航

本章的各项规定适用于用于军事的、政府公务的船舶、渔船、内河移动漂浮式装置和水上飞机。

第十一章　海难救助

第 185 条　海难救助

1. 海难救助是指在海难救助合同的基础上予以履行的对遇险的船舶或者船上的各种财产进行救助使其脱离危险而采取的救助作业或者是针对海上、港口水域内遇险的船舶而采取的救助作业。

2. 海难救助合同是指救助方与被救助方之间就有关履行救助事宜所订立的合同。遇险船舶的船长有权代表船舶所有人订立救助合同。遇险船舶的船长或者船舶所有人有权代表船上财产所有人订立该财产的救助合同。

3. 海难救助合同可以通过各方约定的形式予以订立。

4. 如果这些约定是在危险情况的影响下订立或者经证明在订立合同时被欺骗、被利用，合同条款显失公平或者根据合同支付的求助款项明显过高或者明显过低于实际提供求助服务，那么，参与订立海难救助合同的各方有权要求取消或者变更合同中不合理的约定。

第 186 条　救助方、船舶所有人和船长的义务

1. 在救助作业的过程中，救助方对被救助方负有下列义务：

1）竭尽全力地实施救助。

2）采取各种必要的措施避免和减少环境污染损害。

3）在需要的情况下，寻求其他救助方参与救助。

4）一旦遇险的船舶所有人、遇险船舶船长或者遇险财产的所有人合理地要求其他救助方参与救助作业时，接受此种要求。在这种情形下，如果其他救助方的救助事宜不合理，原救助方的救助报酬金额不受影响。

2. 在救助作业的过程中，遇险的船舶、遇险船舶的船长或者遇险财产的所有人负有下列义务：

1）在整个实施救助的过程中与救助方通力合作；

2）在进行救助作业时应当谨慎作业以避免和减少环境污染损害；

3）一旦获救的船舶或者获救的财产已经被送至安全地点时，如果救助方提出合理的要求，应当及时将获救船舶或者获救财产移交给救助方。

第 187 条　获得救助报酬的权利

1. 救助方对遇险的船舶和遇险财产的救助，取得效果的，均有权获得救助报酬。

2. 救助款项包括支付救助报酬的款项、救助费、运输费、被救助船舶或者被救助的其他财产的保管费和救助报酬。

3. 在救助方采取了行动直接或者间接地帮助被救助方维护与运送旅客的运费、报酬相关的各种权益的情形下；在所救助的船舶隶属于同一个船舶所有人的情形下，可以全部支付救助报酬。

4. 在救助行动违反了被救船舶船长明确的和合理的要求的情形下，救助方无权获得救助报酬。

第 188 条　确定救助报酬的原则

1. 救助报酬可以在救助合同中予以约定，但是，应当合理并且不得超过船舶和其他财产的获救价值。

2. 在救助合同尚未约定救助报酬或者虽有约定但是不合理的情形下，救助报酬可以在下列基础上予以确定：

1）船舶和其他财产的获救的价值；

2）救助方在避免或者减少环境污染损害方面的技能和努力；

3）救助方的救助成效；

4）海难事故危险的性质和程度；

5）救助方在救助船舶、救助人命和船上其他财产方面的技能和努力；

6）救助方所用的时间、支出的费用和所遭受的损失；

7）救助方或者救助设备所冒的责任风险和其他风险；

8）救助方提供救助服务的及时性；

9）用于救助作业的船舶和其他设备可用性和使用情况；

10）救助设备的备用情况、效能和设备的价值。

在履行救助合同时，如果由于救助方的过失致使救助作业成为必需救助或者救助方有盗窃、欺诈、营私舞弊或者其他不诚实行为的，应当减少或者取消向救助方支付的救助款项。

第 189 条　海难救助中的特别补偿

1. 在对构成环境污染损害危险的船舶或者船上货物进行了救助而救助方未获得按照本法第 188 条第 1 款和第 2 款所确定的救助款项金额的情形下，救助方有权从船舶所有人处获得合理的特别补偿份额。

2. 船舶所有人依照本条第 1 款的规定向救助方支付的特别补偿款不得超过救助方救助费用的 30%。在提起诉讼请求的情况下，受理争议的法院或者仲裁机构如果认为合理并且依据本法第 188 条第 2 款的各项规定，可以判决或者裁决进一步增加特别补偿数额，但是，增加部分不得超过救助方在救助作业中所支付的救助费用的 100%。

3. 本条第 1 款和第 2 款所称的救助方在救助作业中所支付的救助费用，是指救助方在救助作业中直接支付的各种合理费用和实际使用救助设备、投入救助人员的合理费用。确定救助费用时应当依据本法第 188 条第 2 款第 8 项、第 9 项和第 10 项的规定。

4. 在任何情况下，本条规定的全部特别补偿只有在超过救助方依照本法第 188 条规定能够获得的救助报酬时方可支付，支付金额为特别补偿与救助报酬之间的差额部分。

5. 在由于救助方的疏忽大意未能避免或者减少环境污染损害的情形下，可以全部或者部分地剥夺救助方获得特别补偿的权利。

6. 本条的各项规定不影响船舶所有人对其他被救助方的追偿权。

第 190 条　确定船舶或者其他财产的获救价值的原则

船舶或者其他财产的获救价值，是指船舶、其他财产获救后，船舶、其他财产所在地的估算价值或者实际出卖的收入，扣除寄存、保管、估价、组织拍卖费用和其他相关的各种费用后的价值。

第 191 条　救助款项中救助人命的酬金

1. 在救助作业中救助人命的救助方，对获救人员不得请求支付任何酬金。

2. 如果救助作业与同一海难事故导致产生救助财产作业相关，那么，在救助作业中救助人命的救助方有权从救助方获得的救助款项或者特别补偿中获得合理的份额。

第 192 条　其他各种情况下的救助款项

正在履行海上引航和海上拖航合同或者其他服务合同义务的人员，如果在合同约定的义务之外为救助自身正在履行合同服务的船舶的救助提供了特别帮助，那么，应当获得救助款项。

第 193 条　海难救助款项的分配

1. 在扣除船舶的费用、损失费和船舶所有人或者与救助行动相关的船员的费用、损失费后，救助款项应当在船舶所有人和救助船舶船员之间平均分配。此项原则不适用于专用的救助船舶。

2. 在有多艘船舶共同参与救助的情况下，救助款项的分配按照本法第 188 条第 2 款的规定执行。

3. 交通运输部部长规定越南籍船舶分配救助款项的方式。

第 194 条　获救船舶或者其他财产的留置权

1. 可以留置获救的船舶或者其他财产作为支付救助款项和其他与估价、组织拍卖事宜相关的各种费用的担保。

2. 一旦船舶所有人或者其他财产的所有人对于提起诉讼请求支付救助款项、包括所有的利润和各种相关费用提供了满意的担保，救助方不得对获救的船舶或者其他财产行使留置权。

第 195 条　有关履行海难救助合同的诉讼时效

有关履行海难救助合同事宜的诉讼时效为 2 年，自救助作业终止之日起计算。

第 196 条　对于用于军事的、政府公务的船舶、渔船、内河移动漂浮式装置和水上飞机的海难救助

本章的各项规定适用于用于军事的、政府公务的船舶、渔船、内河移动漂浮式装置和水上飞机。

第十二章　打捞沉没的财产

第 197 条　沉没的财产

1. 沉没的财产是指在越南内河、领海沉没的或者漂浮在海上或者漂流到越南海岸线的船舶、用于军事和用于政府公务的船舶、渔船、内河移动漂浮式装置、水上飞机、货物或者其他各种物体。

2. 构成安全威胁的沉没财产，是指给从事海事活动、海洋资源造成妨碍或者构成安全威胁；给人类的生命和健康造成威胁；造成环境污染的财产。

第 198 条　沉没财产所有人的义务

1. 沉没财产的所有人应当打捞沉没财产并且承担与打捞作业相关的各种费用，本条第2款规定的情形除外。在沉没财产的所有人不进行打捞或者不严格按照要求的时限进行打捞的情形下，由本法第205条规定的国家主管部门决定对该财产的打捞事宜。

2. 在沉没财产是船舶、船上的货物或者其他物体的情形下，船舶所有人应当打捞沉没财产并且承担相关费用。在打捞沉没财产的事宜中，船舶管理人、船舶营运人负连带责任并且应当支付与打捞沉没财产相关的各种费用。

3. 在沉没财产造成环境污染的情形下，沉没财产的所有人应当采取一切行之有效的措施遏制、减少发生环境污染损害，并且依照法律的规定对造成的环境污染损害负赔偿责任。

第199条　报告和打捞沉没财产的时限

除本法第200条规定的情形外，对报告和打捞沉没财产的时限予以规定如下：

1. 自财产沉没之日起，在30日的时限以内，沉没财产的所有人应当向本法第205条规定的国家主管部门报告有关打捞事宜以及预计打捞作业结束的期限；

2. 自收到上述报告之日起，在30日的时限以内，本法第205条规定的国家主管部门决定预计打捞作业活动结束的期限或者具体规定财产所有人应当结束打捞作业活动的期限，但是，该期限不得超过1年。

第200条　打捞构成安全威胁的沉没财产

1. 对于构成安全威胁的沉没财产，所有人应当立即向所在地最近的海事港务局局长报告发生的事故并且应当在由交通运输部部长决定的期限以内对该财产实施打捞作业或者捣毁。在财产所有人不进行打捞或者财产所有人所指定的打捞人无力确保按时打捞财产的情形下，由交通运输部部长组织打捞和决定财产所有人应当支付各种相关费用的期限。

对于所造成的各种相关损失，财产所有人应当依照法律的规定负赔偿责任并且依照法律的规定对其给予相应的处罚，甚至包括依照本法第202条的规定剥夺其对沉没财产的所有权。

2. 自接到有关已经对沉没财产实施了打捞的报告之日起，超过30日的期限后，如果财产所有人在规定的期限内没有提出收回财产的请求或者没有支付各种相关费用，由交通运输部部长决定拍卖该财产。在构成安全威胁的沉没财产属于易腐烂变质的财产或者财产的保管费用超过其价值的情形下，交通运输部部长决定在将财产打捞上来时立即组织对该财产进行拍卖。拍卖事宜依照法律的规定执行。

3. 拍卖所得款项，在扣除打捞作业的各种费用、保管费、拍卖费和本条第2款规定的与财产相关的其他各种合理费用后，如果还有剩余的拍卖款项金额则应当存入银行并且通知财产所有人；自通知之日起，超过180日的期限后，如果财产所有人不前来认领拍卖款项剩余的金额则将该余额连同利息一起上缴国库。

4. 在本条第 3 款规定的沉没财产拍卖所得款项不足以支付费用的情形下，沉没财产的所有人应当在由决定对沉没财产实施打捞作业的部门规定的期限内足额支付所欠款项；如果沉没财产所有人无力支付或者无法确定沉没财产所有人则所欠款项从国家财政预算中列支。

第 201 条　打捞沉没财产的优先权

在订立打捞位于越南内河、领海沉没财产作业的合同中，越南国内的组织、个人享有优先权。

第 202 条　剥夺沉没财产的所有权

1. 在本法第 199 条和第 200 条规定的期限内、如果财产所有人不报告或者不打捞沉没财产的情形下，财产所有人丧失对于沉没财产的所有权，这些沉没的财产理所当然成为越南的国有财产。

2. 在本条第 1 款规定的情形下，由本法第 205 条规定的国家主管部门决定对沉没财产的处理事宜。

3. 构成安全威胁的沉没财产的所有人在被剥夺了本条第 1 款规定的所有权后，仍然要对所造成的损失负赔偿责任并且还要依照法律的规定对其给予处罚。

第 203 条　对偶然打捞上来的沉没财产的处理

1. 在位于越南内河、海域内偶然打捞上来财产或者一旦将偶然打捞上来的财产运送回越南内河、海域的情形下，打捞人应当立即向本法第 205 条规定的国家主管部门报告有关打捞作业的时间、地点和其他相关的各种事件的情况；妥善保管这些财产直至移交给财产所有人或者国家主管部门，如果条件允许，应当通知财产所有人。

2. 在本条第 1 款规定的打捞上来的财产属于易腐烂变质的财产或者财产的保管费用超过其价值的情形下，打捞人有权依照本法第 200 条第 2 款和第 3 款的规定对财产进行处理。

3. 自通知之日起，在 15 日的期限以内，如果财产所有人没有提出归还财产的请求或者没有支付各种欠款，打捞人应当将这些财产上缴本法第 205 条规定的国家主管部门。

4. 自通知之日起，在 60 日的期限以内，如果本条第 3 款规定的财产所有人没有采取任何维护自身权益的行动，则本法第 205 条规定的国家主管部门有权依照本法第 200 条第 2 款和第 3 款的规定对财产进行处理。

5. 在本条第 1 款规定的情形下，打捞人除了可以获得打捞报酬外，还可以依照类似于海难救助款项的各项原则领取其他相关的酬金。

6. 在无法确定沉没财产所有人的情形下则依照法律的规定予以处理。

第 204 条　对漂浮在海上、漂流到海岸线的沉没财产的处理

1. 对漂浮在海上、漂流到海岸线的沉没财产的处理事宜可以适用于本法第 203 条第 1 款、第 2 款、第 3 款、第 4 款和第 6 款的规定。

2. 如果在最迟于移交财产时将自己的请求通知了财产所有人，对于正漂浮在海上的他人沉没财产的发现人、救助人或者参与救助的人，可以依照与有关海难救助报酬比例的原则获得相应的报酬。

3. 如果在最迟于移交财产时将自己的请求通知了财产所有人，对于漂流到海岸线的沉没财产的发现人、保管人，能够获得合理份额的酬金和获得不超过该财产市场价 30% 的保管费。

第 205 条　沉没财产的处理权限

1. 由交通运输部牵头，组织对构成安全威胁的沉没财产进行处理。

2. 由文化—通信部牵头，组织对属于文化遗产的沉没财产进行处理。

3. 由国防部牵头，组织对与国防、安全相关的沉没财产和在军事区域内沉没的财产进行处理。

4. 由省、中央直辖市牵头，组织对不属于本条第 1 款、第 2 款和第 3 款规定财产的沉没财产进行处理。

5. 政府规定沉没财产处理的实施细则。

第十三章　船舶碰撞事故

第 206 条　船舶碰撞事故

船舶碰撞事故是指船舶与船舶之间、船舶与内河水上移动漂浮式装置、船舶与水上飞机之间或者船舶与海上、港口水域内的其他各种设备之间由于碰撞发生接触造成损害的事故。

第 207 条　碰撞事故发生时船长的义务

1. 一旦船舶发生碰撞事故，当事船舶的船长在不严重危及本船、在船人员和船上财产的情况下，对于相碰撞的其他船舶的在船人员、船舶和船上财产应当竭尽全力地予以施救。

2. 船舶碰撞事故发生后，碰撞船舶各船的船长应当尽可能地将其船舶名称、呼号、出发港和目的港通知对方。

3. 如果船长不履行本条第 1 款和第 2 款规定的义务，船舶所有人不承担任何责任。

第 208 条　确定船舶碰撞事故中的过失和赔偿损失的原则

1. 由于过失造成碰撞事故的船舶，是指在船舶装备、驾驶、管理中；船舶在执行防止海上碰撞规则和执行保障航行安全规定中，由于自身的行为或者疏忽大意；由于操纵不当或者不遵守航行规章造成碰撞事故的船舶。

2. 船舶发生碰撞，是由于一船的过失造成的，有过失的船舶应当对碰撞事故造成的船舶、在船人员和其他财产的损失负赔偿责任。在一起船舶碰撞事故中有两艘或者有多艘船舶互有过失的情形下，各船按照过失程度的比例负赔偿责任。如果过失程度相当或者各方过失程度的比例无法判定的则所有各方平均负赔偿责任。

3. 在无法判定明显过失的情形下，任何一艘船舶均不视为有造成碰撞事故的过失。

4. 在对造成的人身伤亡或者人身伤害负赔偿责任的情形下，互有过失的各艘船舶负连带赔偿责任。一船连带支付的赔偿超过自身赔偿责任比例的，有权向其他有过失的各艘船舶追偿超额的金额。

5. 军用船舶正在军事演习海域和已经宣布禁止从事海事活动的海域执行任务时，如果由于过失造成碰撞则可以免除赔偿责任，但是，如果实际条件允许，船长仍然应当履行本法第 207 条第 1 款和第 2 款规定的义务。

6. 在本条第 1 款、第 2 款、第 3 款、第 4 款和第 5 款规定的基础上，与船舶碰撞事故相关的当事各方有权约定以确定对本次碰撞事故造成损失的过失程度和赔偿责任；如果无法达成协议则有权向具有管辖权的仲裁机构或者法院提起诉讼。

第 209 条　由于不可抗力、偶然原因，无法判定过失的碰撞事故

在由于各种不可抗力的原因、偶然或者一旦无法判定过失船舶的情形下，甚至包括在船舶正在锚泊、绑缚或者停靠港口时，另外一艘船舶突然发生碰撞的情形下，碰撞各方互相不负赔偿责任。

第 210 条　间接碰撞

船舶因操纵不当或者不遵守航行规章，虽然没有同其他船舶发生直接碰撞，但是，由于船舶的过失致使其他船舶、在船人员以及船上的财产因此遭受损失的，适用本章的各项规定。

第 211 条　船舶碰撞事故的诉讼时效

1. 有关船舶碰撞事故的诉讼时效为 2 年，自船舶碰撞事故发生之日起计算。

2. 有关本法第 208 条第 4 款规定的追偿请求权，诉讼时效为 1 年，自当事人支付损害赔偿之日起计算。

第 212 条　对于用于军事的、政府公务的船舶、渔船、内河移动漂浮式装置和水上飞机碰撞事故的处理

对于用于军事的、政府公务的船舶、渔船、内河移动漂浮式装置和水上飞机碰撞事故的处理，适用本章的各项规定。

第十四章　共同海损

第 213 条　共同海损

1. 共同海损是指在同一海上航程中，船舶、货物和其他财产遭遇共同危险，为了共同安全，有意识地和合理地采取措施所直接造成的特殊牺牲和支付的特殊费用，旨在救助船舶、船上货物、行李、牺牲货物运费、旅客运费使其脱离共同的危险。

2. 只有当货物的灭失、损坏和支付的费用是造成共同海损行为的直接后果时才能列入共同海损。

3. 无论在任何情况下，所有与对环境造成损害或者是在同一海上航程中从船上财产渗漏或者是排放各种污染物质的结果相关的货物灭失、损坏和支付的费用均不得列入共同海损。

4. 无论是在航程中或者是在航程结束后发生的货物因迟延卸货所造成的损失，包括船期损失和行市损失以及其他任何间接的损失，均不得列入共同海损。

5. 超过必要额度的特殊费用只能列入针对每一种具体情况的合理限额以内的共同海损。

第 214 条　共同海损的分摊

1. 共同海损应当在造成共同海损的行为中损失部分价值和在共同海损发生后在船舶驶入的时间和地点被救助的部分价值的基础上按照比例分摊。

2. 由于共同海损中的利益关系人或者第三人的过失造成发生危险的情形同样也适用本条第 1 款的各项规定。

3. 共同海损分摊事宜不排除非过失方要求过失方应当对自己的损失给予赔偿的权利。

4. 用于具体确定损失价值和共同海损分摊价值的各项原则由当事各方在合同中予以约定。在合同中没有约定的情形下，共同海损的分摊人根据本章的各项规定和国际惯例予以解决。

第 215 条　将共同海损分摊给未申报的货物

未申报的货物或者谎报种类和价值的货物所遭受的损失不得列入共同海损；如果该

货物同样也属于被救助脱离共同危险之列则同样也应当参加相应的共同海损分摊。

第 216 条　特殊损失

依照本法第 213 条规定的原则，船舶、货物、行李、货物运费、旅客运费的一切损失不得列入共同海损，这些损失被称之为特殊损失。如果不能证明损失是由于其他人的过失造成，受损失方不能获得赔偿。

第 217 条　宣布共同海损和指定共同海损的分摊人

1. 确定共同海损、损失价值和分摊共同海损事宜由共同海损分摊人按照船舶所有人的指定履行。

2. 船舶所有人是唯一有权宣布共同海损的人，自宣布共同海损之日起，最迟为 30 日，船舶所有人应当指定自身的共同海损分摊人。

第 218 条　共同海损分摊的诉讼时效

有关共同海损分摊的诉讼时效为 2 年，自共同海损发生之日起计算。进行共同海损分摊的时间不列入共同海损的诉讼时效。

第十五章　各种海事赔偿请求中的民事赔偿责任限制

第 219 条　可以享有民事赔偿责任限制权的人员

1. 船舶所有人可以享有本法第 220 条规定的对于各种海事赔偿请求中的民事赔偿责任限制。

2. 按照相同的原则，船舶所有人享有的民事赔偿责任的限制权同样也适用于救助人、船舶经营人、船舶承租人和船舶管理人，但是，船舶所有人或者这些人应当对自己的行为、疏忽大意或者错误承担责任。

3. 在被保险人自身享有对于各种海事赔偿请求的赔偿责任限制权的情形下，对于该海事赔偿请求承担责任的保险人自身同样也可以享受与被保险人相同的赔偿责任限制权。

4. 行使赔偿责任限制权并不等于享有赔偿责任限制权的人认可了自身的一切责任。

5. 如果能够证明损失是在造成该损失的过程中由于此人的过失引起的相应损失，依照本章的规定享有民事赔偿责任限制权的人丧失自身享有的民事赔偿责任限制权。

第 220 条　适用民事赔偿责任限制的各种海事赔偿请求

1. 在船上发生的或者与船舶营运、救助作业直接相关的人身伤亡或者其他各种人身伤害的赔偿请求；财产的灭失、损坏，包括对港口工程、港池、航道、助航设施造成的损坏，以及由此造成的相应损失的赔偿请求。

2. 在海上货物、旅客和行李运输过程中，货物因延迟交付、旅客及其行李因迟延到达造成损失的赔偿请求。

3. 与船舶营运救助作业直接相关的，侵犯非合同权利的行为造成其他损失的赔偿请求。

4. 对沉没、销毁或者遗弃的船舶，包括现有或者曾经在船上的各种财产进行打捞、转移、捣毁或者进行无害化处理造成损失的赔偿请求。

5. 对船上所运载的货物进行转移、销毁或者进行无害化处理造成损失的赔偿请求。

6. 民事赔偿责任人以外的其他人，为避免或者减少民事赔偿责任人可以限制赔偿责任的各种损失而采取措施的赔偿请求，以及因此项措施造成进一步损失的赔偿请求。

第 221 条　不适用于民事赔偿责任限制的各种海事赔偿请求

1. 对救助款项或者共同海损分摊费用的请求；

2. 油污损害的赔偿请求；

3. 核能损害的赔偿请求；

4. 船舶所有人、救助人的受雇人[①]提出的赔偿请求；受雇人的继承人、有抚养责任的人或者可以享有相同请求权的其他人提出的赔偿请求，如果根据调整船舶所有人或者救助人与这些人之间的劳务合同的法律，船舶所有人或者救助人对该类赔偿请求无权限制民事赔偿责任，或者该项法律作出只能在高于本法第 222 条规定的赔偿限额内限制民事赔偿责任的规定。

第 222 条　民事赔偿责任的限额依照下列规定计算

1. 在海上运输中，造成旅客人身伤亡或者造成人身其他损害以及造成行李灭失、损坏的情形下，有关海事赔偿请求的民事赔偿责任限额适用于本法第 132 条的规定。

2. 在造成非旅客人员人身伤亡或者造成人身其他损害的情形下，对其他各种海事赔偿请求的民事赔偿责任限额予以规定如下[②]：

1）对于总吨位达到 300 吨的船舶，赔偿限额为 167000 计算单位；

2）对于总吨位 300 吨至 500 吨的船舶，赔偿限额为 333000 计算单位；

3）对于总吨位超过 500 吨的船舶，除了适用本款第 2 项的规定而外，500 吨以下部分适用本款第 1 目的规定，500 吨以上的部分，赔偿责任限额应当增加下列数额：501 吨至 3000 吨的部分，每吨增加 500 计算单位；3001 吨至 30000 吨的部分，每吨增加 333 计算单位；30001 吨至 70000 吨的部分，每吨增加 250 计算单位；超过 70000 吨[③]的部分，每吨增加 167 计算单位。

---

① 如果这些人的任务与船舶营运或者救助作业相关。——译者注

② 关于人身伤亡的赔偿请求。——译者注

③ 即 70001 吨以上的。——译者注

3. 对其他各种海事赔偿请求的民事赔偿责任限额予以规定如下[①]：

1）对于总吨位不超过 300 吨的船舶，赔偿限额为 83000 计算单位；

2）对于总吨位 300 吨至 500 吨的船舶，赔偿限额为 167000 计算单位；

3）对于总吨位超过 500 吨的船舶，除了适用本款第 2 项的规定而外，500 吨以下部分适用本款第 1 目的规定，500 吨以上的部分，赔偿责任限额应当增加下列数额：501 吨至 30000 吨的部分，每吨增加 167 计算单位；30001 吨至 70000 吨的部分，每吨增加 125 计算单位；超过 70000 吨[②]的部分，每吨增加 83 计算单位。

4. 在依照本条第 2 款所计算出来的总金额不足以支付该海事赔偿请求的情形下，依照本条第 3 款所计算出来的总金额可以用于支付本条第 2 款海事赔偿请求的差额，其差额可以按照与本条第 2 款的其他各种海事赔偿请求相同的比例予以计算。

5. 与本条第 3 款规定相关的、就港口工程、港池、航道、助航设施的损害提出的海事赔偿请求，应当优先受偿。

6. 对于不以船舶进行救助作业或者在被救船舶上进行救助作业的救助人，其赔偿责任限额按照类似于一艘总吨位为 1500 吨的船舶计算。

7. 本条规定的赔偿限额，适用于特定场合发生的同一起特殊事故引起的，向船舶所有人、救助人和他们对其行为、过失负有责任的人员提出的海事赔偿请求的总额。

8. 本条规定的民事赔偿责任限额可以按照支付时的牌价转换成越南盾。

9. 总容积是指按照 1969 年国际船舶吨位丈量公约予以确定的船舶的 100% 的容积。

第 223 条　赔偿担保基金

1. 本法规定的享有民事赔偿责任限制权的责任人可以设立赔偿担保基金用于赔偿自身享有赔偿责任限制权的各种海事赔偿请求。赔偿担保基金的数额分别为本法第 222 条规定的限额，加上自责任产生之日起直至赔偿担保基金设立之日止的相应利息。

2. 赔偿担保基金只能用于按照已经确立的各种海事赔偿请求与赔偿担保基金总额之间相应的比例赔偿给海事赔偿请求人。

3. 赔偿担保基金可以通过船舶所有人交纳保证金的方式或者通过已受理案件法院认可的其他资金担保的形式予以设立。

4. 责任人设立赔偿担保基金后，向责任人提出赔偿请求的任何人，不得对责任人的任何财产行使任何权利。已设立赔偿担保基金的责任人的船舶或者其他财产已经被扣押，或者赔偿担保基金设立人已经提交抵押物的，法院应当及时下令释放或者责令退还。

① 关于非人身伤亡的赔偿请求。——译者注
② 即 70001 吨以上的。——译者注

5. 在分配赔偿担保基金之前和负有赔偿责任的责任人或者享有本法规定的民事赔偿责任限制权的人已经履行了属于赔偿担保基金应当支付范围内的海事赔偿请求的情形下，按照权益转让的原则，在已经支付的总金额的范围内，这些人可以享有源于赔偿担保基金对于已经赔偿的海事赔偿请求的一切权利。

6. 责任人设立赔偿担保基金并不等于船舶所有人认可了自身的一切责任。

第十六章　海上保险合同

第一节　一般规定

第 224 条　海上保险合同

1. 海上保险合同是指海上各种事故的合同，保险人根据海上保险合同，按照合同中已经约定的方式和条件，承诺对被保险人遭受的属于保险责任范围内的海上事故造成保险标的物的损失和所产生的责任负责赔偿。

海上事故是指发生的与海上航行有关的事故，包括各种海洋事故、燃烧、爆炸、战争、海盗、盗窃、申报登记、管制、拘留、将货物扔下海、征收、征用、征购等不法行为和各种类似的事故或者在合同中予以约定的其他事故。

2. 海上保险合同可以根据具体的条件或者根据贸易惯例扩大保险范围以便在属于同一海上行程范围内的内河水路上、公路上或者铁路上发生事故、遭受损失时最大限度地维护被保险人的权益。

3. 海上保险合同应当书面订立。

第 225 条　海上保险合同的标的

海上保险合同的标的可以是任何与各种海上活动有关并且可以折算成货币的物质权利，包括船舶、正在建造的船舶、货物、货物的运费、旅客的运费、船舶的租赁费、船舶的租购费、货物的预期利息、各种佣金、共同海损费、民事责任的赔偿费和使用船舶、货物或者运费作为担保的各种款项。

第 226 条　确定可以投保的权利

1. 可以投保的权利人，是指对于一次海上航次中的保险标的拥有权利的人。

2. 在一次海上航次中拥有权利的人一旦有证据证明与本航次有关或者任何可以投保的标的在航次中遭遇不测，而且后果是当保险标的安全抵达港口时此人获利或者当保险标的遭受损失、损坏、被留置或者因发生保险事故而遭受损失时此人未获利。

3. 在损失发生时，被保险人在保险标的中应当享有权利和在参与投保时，被保险人可能在保险标的中不享有权利。一旦保险标的按照发生损失或者未发生损失的条件投保时，尽管损失发生以后才拥有保险权利，被保险人仍然可以获得赔付，被保险人知道损失已经发生，而保险人不知道此事的情形除外。

在损失发生时被保险人在保险标的中不享有权利的情形下，在被保险人知道损失已经发生后，无论通过任何行为或者任何选择，均不得享有此项权利。

在货物采购人已经为货物购买了保险的情形下，尽管可能已经拒绝认领货物或者像对待属于货物销售人一样以延迟交付货物或者以其他理由为由已经对该货物进行了处理，货物采购人仍然享有保险的权利。

第227条　再保险

1. 保险人可以将自己已经承保的保险标的交给其他保险人进行再保险。

2. 再保险合同独立于原保险合同，原保险人对被保险人仍然应当负责。

第228条　保险单、保险单证

1. 保险人应当按照被保险人的要求及时向被保险人签发保险单或者保险单证。保险单、保险单证是海上保险合同订立的凭证。

2. 保险单可以按照下列各种形式予以签发：

1）航次保险单是指为保险标的从这个地方运送到其他另外的一个或者多个地方而签发的保障单。

2）期间保险单是指在某一段特定的期限以内给保险标的签发的保险单。

3）定价保险单是指在订立保险合同时，保险人认可保险单中载明的保险标的的价值与被保险的价值相符并且在全部损失赔付和部分损失赔付时可以采用的保险单。

认定推定全损事宜应当依据保险合同中载明的价值和本法第254条的规定，保险合同中另有其他约定的情形除外。

4）未定价保险单，是指未载明保险标的价值的保险单，但是，保险金额应当在保险单中予以载明。

3. 保险单应当包含下列基本内容：

1）被保险人的名称或者被保险人的代理人的名称；

2）保险标的；

3）保险条件；

4）保险期间；

5）保险金额；

6）签发保险单的地点、月、日、时；

7）保险人的确认签字。

保险单的形式和基本内容适用于保险单证。

第 229 条　被保险人的义务

1. 被保险人应当向保险人提供自己知道的或者应当知道的有关订立保险合同、影响保险人据以确定发生保险事故的可能性或者保险人决定是否同意承保以及各种保险条件的所有的一切信息，如实告知保险人，所有人都知道或者保险人已经知道或者应当知道的信息除外。

2. 本条第 1 款规定的被保险人的义务适用于被保险人的代理人。

第 230 条　理所当然终止海上保险合同的效力

如果在订立保险合同时，保险标的已经发生保险事故或者实际上不可能发生保险事故，海上保险合同理所当然应当终止效力。在这种情形下，保险人不负赔偿责任，但是，仍然有权依照合同收取保险费，在保险合同订立前保险人已经知道该事件的情形除外。

第 231 条　解除保险合同的权利

1. 在被保险人故意违反本法第 229 条规定义务的情形下，保险人有权解除保险合同。在不是由于被保险人的故意、未如实告知保险人或者未按照本法第 229 条的规定如实告知保险人的情形下，保险人无权解除保险合同，但是，在合理的额度内有权增收保险费。

2. 在保险责任廾始前，被保险人可以要求解除海上保险合同，但是，应当向保险人支付手续费，保险人应当将保险费退还给被保险人。

3. 保险责任开始后，保险人和被保险人均不得解除合同，合同中另有其他约定的情形除外。

在依据合同约定在保险责任开始后可以解除合同、在被保险人要求解除合同的情形下，保险人有权收取自保险责任开始之日起至合同解除之日止的保险费，剩余部分予以退还。在保险人要求解除合同的情形下，应当将自合同解除之日起至期间届满之日止的保险费退还给被保险人。

本条第 2 款的各项规定不适用于货物运输和船舶的航次保险，保险责任开始后，被保险人不得要求解除合同。

第二节　保险价值和保险金额

第 232 条　保险价值

保险价值是指保险标的的实际价值，按照下列原则予以确定：

1. 船舶的保险价值是保险责任开始时船舶的总价值。该价值还包括机器、装备、设备、船舶备用零配件的价值和全部保险费的总和。船舶的价值还有可能包括所有预付给船员的工资和合同中予以约定的航次准备费用。

2. 货物的保险价值是保险责任开始时货物在起运地的发票价格或者在起运地的市场价格以及保险费、运费和可以包括预期利息的总和。

3. 运费的保险价值是保险责任开始时承运人应收运费总额和保险费的总和。在承租人为运费购买了保险的情形下，该运费可以并入货物的保险价值。

4. 其他保险标的的保险价值是保险责任开始时保险标的的实际价值和保险费的总和，民事赔偿责任除外。

第 233 条　保险金额

1. 在订立保险合同时，被保险人应当如实申报保险标需要保险的金额（以下称为"保险金额"）。

2. 在保险合同中载明的保险金额低于保险价值的情形下，保险人按照保险金额和保险价值的比例负赔偿责任，包括属于保险范围内的其他各种费用。

3. 在保险合同中载明的保险金额超过保险价值的情形下，超过保险价值的部分金额无效。

第 234 条　重复保险

1. 在由于被保险人、被保险人的代理人对同一保险标的就同一海上事故向几个保险人重复订立合同致使存在两份或者多份保险单，而使保险单的保险金额总和超过保险标的价值的情形下，可以将被保险人视为是已经通过重复保险的方式投保，保险金额超过了保险价值。

2. 在本条第 1 款规定的重复保险的情形下，所有的保险人只是承担保险价值范围内的赔偿责任，各保险人只是按照其承保的保险金额同保险金额总和的比例承担相应的赔偿责任。

第三节　按照海上保险合同转让权利

第 235 条　转让海上保险单

1. 海上保险单可以转让，保险单中另有禁止转让约定的情形除外。保险单可以在保险标的遭受损失之前或者在保险标的遭受损失之后进行转让。

2. 在保险标的中不享有权利的人无权转让保险单。

第 236 条　海上保险单的转让方式

海上保险单可以通过被保险人在保险单上补充签字的形式或者按照贸易惯例转让。

第四节　预约保险

第 237 条　预约保险

1. 预约保险[①] 是指配套、简便的保险。预约保险适用于保险标的是被保险人在一定期间内分批托运或者接收一类货物或者一批货物。

2. 在预约保险合同中，根据被保险人的要求，保险人应当对各个航次运送的货物和分批装运的货物分别签发保险单或者保险单证。

第 238 条　履行预约保险合同

1. 在收到有关托运或者接收货物的各种信息后，预约保险合同中的被保险人应当立即告知保险人，每一次通知的内容包括装运货物的船名、航线、货物价值和保险金额，甚至包括在保险人收到信息时可能货物已经装运或者已经抵达卸货港的情形下也要告知保险人。

2. 在被保险人故意或者由于疏忽大意拒不履行本条第 1 款规定义务的情形下，保险人有权解除预约保险合同且如同类似于在合同得以履行的情形下一样照样收取保险费。

第 239 条　解除预约保险合同

参与订立合同的各方均有权要求解除预约保险合同，但是，前提条件是应当提前 90 日通知对方。

第五节　履行海上保险合同

第 240 条　支付保险费

被保险人应当在合同订立后或者在签发保险单、保险单证后立即支付保险费，订立合同的各方另有其他约定的情形除外。

第 241 条　加强防范事故风险的情况通报

1. 在保险合同订立后，在保险标的发生事故的概率风险程度有所增加的情况下，无论发生任何变化，被保险人均应当将自己所知道的这种变化情况立即通知保险人。

2. 在被保险人违反本条第 1 款各项规定的情形下，保险人有权拒绝赔偿部分或者全部保险金额。

第 242 条　发生损失时被保险人的责任

1. 在海上保险事故发生、造成损失的情形下，被保险人应当采取一切必要的措施以便避免、减少损失并且确保保险人对因为自身过失造成损失的人提起诉讼。在履行该义务时，被保险人应当按照保险人的合理建议予以处理。

2. 对于由于被保险人过于疏忽大意或者故意不履行本条第 1 款规定义务所造成的损

① 越文原文为 bảo hiểm bao，可以理解为“包干保险”。——下同，译者注

失，保险人不负赔偿责任。

第 243 条　保险人的赔偿责任

对于被保险人为避免、减少属于保险范围内的损失而支出的一切合理和必要的费用；为履行本法第 242 条规定的保险人的各种合理建议而支出的费用或者为确定属于保险人责任范围内的保险事故的原因、损失程度而支出的费用以及共同海损分摊费，保险人对被保险人负有赔偿责任。这些费用应当按照保险金额和保险价值的比例予以赔付。

第 244 条　保险人赔偿损失的责任

1. 保险人对于保险金额范围内的保险事故直接后果所造成的损失负赔偿责任，对于本法第 243 条规定的费用，即使应当赔付给被保险人的赔偿总额超过保险金额，保险人也应当负赔偿责任。

2. 对于由于被保险人的故意或者过于疏忽大意的行为所造成的损失，保险人不负赔偿责任，但是，对于由于船长同时也是被保险人在船舶驾驶、船舶管理中的疏忽大意或者错误所造成的损失和由于船员、海上引航员的过失所造成的各种损失仍然应当负赔偿责任。

3. 在船身保险合同可以扩大以便增加在碰撞事故中与各种责任相关的各种损失赔偿的情形下，保险人除了对于保险标的所遭受的各种损失负赔偿责任而外，如果被保险人应当承担由于碰撞事故所造成的损失的责任，即使赔偿总额超过保险金额，保险人仍然要对第三人所遭受的损失负赔偿责任。

4. 在发生属于保险合同保险范围内的海上事故的情形下，保险人可以赔偿全部金额以便按照合同中已经约定的各种条件免除其他的一切责任。在这种情形下，保险人应当自收到被保险人有关已经发生了海上事故及其后果的通知之日起，在 7 日的时限以内将自己的想法告知被保险人；如果全部保险金额低于保险价值，保险人不得请求取得对保险标的的所有权。

除了赔偿全部保险金额而外，被保险人在收到保险人的通知前，为避免、减少损失或者被保险人为了修理、修复保险标的而预支的必要的合理费用，仍然应当由保险人赔付。

第 245 条　后续损失的赔偿责任

1. 即使损失的总额可能超过保险金额，保险人仍然应当对后来接着发生的各种损失负赔偿责任，合同中另有其他约定的情形除外。

2. 在保险标的发生部分损失后未经修复或者尚未赔偿紧接着又再次发生全部损失的情形下，保险人按照全部损失[①]予以赔偿。

① 全损。——译者注

3. 本条第 1 款和第 2 款的规定不排除保险人对于偿还与履行本法第 244 条所规定的赔偿责任相关费用的责任。

第 246 条　免除保险人的赔偿责任

1. 除了在对船舶和运费进行承保时保险合同另有其他的约定外，因下列各种原因造成保险船舶或者保险运费损失的，保险人不负赔偿责任：

1）船舶开船时不适航，船舶存在潜在缺陷或者在危急情况发生时，尽管已经引起了被保险人的适当重视，但是仍然无法避免的情形除外；

2）各种易燃、易爆物质和材料或者与此类货物运输规定不符的其他危险货物，如果是在被保险人知道，但是保险人不知道的情况下被装载上船。

2. 除了在对货物进行承保时保险合同另有其他的约定外，因下列各种原因造成保险货物损失的，保险人不负赔偿责任：

1）货物的自然特性；

2）货物的自然渗漏、自然亏损或者自然损耗；

3）不严格按照规格包装或者包装不当；

4）交付货物迟延。

除保险合同中另有其他约定的情形外，对于保险标的所遭受的损失是由于爆发战争或者无论任何性质的军事活动及其后果所致；船舶被劫持；发生骚乱、罢工或者是由于根据军事命令或者国家主管部门的决定对船舶或者货物予以征收、征用、征购、羁押、捣毁所造成的损失，保险人不负赔偿责任。

第六节　转移索赔权

第 247 条　转移索赔权

保险事故发生后，在保险人已经向被保险人支付保险赔偿后，保险人有权在已支付金额的范围内向由于过失造成该损失的人（以下称之为第三人）进行追偿。保险人依照对于被保险人的规定行使此项权利。

第 248 条　在向第三人的追偿中，被保险人的义务

1. 被保险人应当向保险人提供一切必要的信息、资料、凭证并且应当采取必要的措施以便保险人能够行使向第三人的追偿权。

2. 在被保险人不履行本条第 1 款规定的义务或者由于被保险人的过失致使保险人不能行使追偿权的情形下，保险人可以免于支付全部赔偿金或者在合理的范围内相应地扣减保险赔偿。

3. 在被保险人已经从第三人取得了赔偿金的情形下，保险人只需支付依照保险合同应支付的赔偿金和被保险人已经从第三人取得的赔偿金的差额部分。

第 249 条　共同海损保证金的担保

1. 保险人应当在被保险人所交纳的共同海损保证金的基础上、在保险金额的范围内交纳共同海损担保金，保险合同另有其他约定的情形除外。

2. 在共同海损分摊时，被保险人应当适当顾及保险人的各种权益。

第七节　保险标的的委付

第 250 条　保险标的的委付权

1. 如果保险标的遭受全部损失是不可避免或者为了避免造成该损失所支出的费用高于保险标的的价值，被保险人有权放弃保险标的，将与保险标的有关的自身的权利和义务转移给保险人以便保险人按照全部损失予以赔偿。

2. 在船舶由于发生事故后沉没、被劫持、损坏而且不能修复或者修理、修复、赎回船舶所支出的费用远高于船舶自身价值的情形下，可以适用保险标的的委付权。

3. 本条第 2 款规定的保险标的的委付权，甚至包括在修复、运送货物抵达卸货港所支出的费用远高于在卸货港所在地该货物的市场价的情形下，同样也适用于货物。

第 251 条　行使保险标的委付权的方式和期限

1. 行使保险标的的委付权应当通过书面形式予以公告，公告中应当载明适用行使保险标的委付权的依据。

2. 委付保险标的的公告应当在合理的期限内报送保险人，但是，自被保险人知道作为适用委付权的各种事件之日起，不得超过 180 日或者自保险合同届满之日起、在船舶或者货物被劫持或者因为其他原因丧失占有权的情况下，在 60 日的时限内；超过本条规定的时限，被保险人丧失保险标的的委付权，但是，仍然有权要求赔偿损失。

3. 保险标的的委付不得附带任何条件；委付一经接受，保险人和被保险人均无权擅自改变自己的决定。

第 252 条　公告委付保险标的时被保险人的义务

一旦公告委付保险标的，被保险人应当向保险人提供自己知道的有关对于保险标的的财产权、各种保险款项和其他限制的信息。

第 253 条　保险人接受或者不接受保险标委付的期限

1. 自收到保险标的委付公告之日起，在 30 日的期限内，保险人应当通过书面形式通知被保险人是否接受；超过该期限，保险人丧失拒绝权。

2. 在保险人通知接受委付后，与保险标的相关的权利和义务随之转移给保险人；保险人可以不主张该项权利。

3. 在公告委付保险标的事宜严格按照规定予以执行的情形下，如果保险人不接受委付则被保险人仍然享有索赔权。

第 254 条　赔偿全部损失 ①

推定全损 ② 是指由于船舶发生保险事故后受损，认为全损已经不可避免，或者为避免发生实际全损、一旦对船舶进行修理，所需支付的修理、修复费用超过船舶价值的，为推定全损。

货物发生保险事故后受损，认为全损已经不可避免，或者为避免发生实际全损所需支付的费用与继续将货物运抵卸货港的费用之和超过卸货港当地该货物市场价的，为推定全损。

在上述情形下，被保险人应当在要求赔付保险前将委付保险标的的公告送达保险人。

2. 实际全损 ③ 是指由于船舶、货物 ④ 发生保险事故后全部毁坏、损坏且无法恢复或者船舶与货物一道灭失的，为实际全损；在这种情形下，被保险人可以要求保险人赔偿全部损失而无须公告委付保险标的。

3. 在失踪的船舶是有投保期间保险船舶的情况下，只有在保险期间届满之前已经获知了有关船舶的最后消息，保险人才负有赔偿责任。如果经证明，船舶是在保险期间届满之后失踪的则保险人不负赔偿责任。

第 255 条　偿还保险费

在保险人已经支付了保险赔偿费，但是后来船舶又从海上事故中脱离风险的情况下，保险人有权要求被保险人继续拥有该艘船舶的所有权并且在扣除部分损失的赔偿款后，偿还已经获得的保险赔偿费，但是，前提条件是该部分损失是已经投保的海上事故的直接后果造成的。

第八节　支付保险赔偿

第 256 条　支付保险赔偿的责任

在支付保险标的损失赔偿时，保险人有权要求被保险人说明有关保险事故的情况，提供与确认保险事故性质和确认损失程度有关的各种必要的证明资料、凭证。

第 257 条　有关海上保险合同的诉讼时效

有关海上保险合同的诉讼时效为 2 年，自纠纷发生之日起计算。

---

① 全损赔偿。——译者注

② 推定全部损失。——译者注

③ 实际全部损失。——译者注

④ 保险标的。——译者注

第十七章　调解海事纠纷

第 258 条　海事纠纷

海事纠纷，是指从事海事活动时所发生的与从事海事活动有关的各种纠纷。

第 259 条　调解海事纠纷的原则

1. 参与订立合同的相关各方可以通过商量、协商调解海事纠纷或者到到仲裁机构提出仲裁申请或者到具有管辖权的法院提起诉讼。

2. 海事纠纷可以由仲裁机构或者法院依照法定的权限、程序予以裁决和判决。

第 260 条　涉外海事纠纷的调解

1. 在至少有一方是外国组织、个人的情形下，参与订立合同的各方可以约定将纠纷移送外国仲裁机构或者法院调解。

2. 在与海事纠纷有关的各方均是外国组织、个人并且书面约定通过越南的仲裁机构调解纠纷的情形下，甚至包括在越南领土以外发生海事纠纷时，越南的仲裁机构有权对该海事纠纷进行调解。

3. 如果依据越南的法律确立、变更、解除与海事纠纷有关的各方之间的关系，或者与这些关系相关的财产位于越南，本条第 2 款规定的海事纠纷同样也可以在越南的法院予以调解。

第十八章　施行条款

第 261 条　施行效力

1. 本法自 2006 年 1 月 1 日起施行。

2. 自本法施行之日起，1990 年颁布施行的《越南海商法》即行废止。

2005 年 6 月 14 日，越南社会主义共和国第十一届国会第七次会议通过本法。

国会主席　阮文安

越南社会主义共和国海警法*

第一章 总 则

第 1 条 调整范围

本法规定了越南海警的地位、职能、任务、权限、组织和活动原则；对于越南海警的制度、政策；相关机关、组织、个人的责任。

第 2 条 词语解释

在本法中，词语理解如下：

（一）在越南海域保卫国家的主权、主权权利、裁判权是对于机关、组织或个人违反关于越南社会主义共和国主权、主权权利、裁判权相关法律法规行为的防范、发现、处理行动。

（二）越南海警的干部、战士包括士官、专业军人、下士、兵士、工人、越南海警在编人员。

第 3 条 越南海警的地位、职能

（一）越南海警是人民武装力量，是国家的专职力量，是作为执法保卫国家海上安宁、秩序和安全的骨干力量。

（二）越南海警有责任为国防部长根据职权颁行或党和国家制定关于保护国家海上安全、秩序、安宁的相关政策、法律作出参谋；保卫越南海域的国家主权、主权权利、裁判权；根据职权要求进行安宁、秩序和安全管理，保证越南法律、越南社会主义共和国参与的国际条约、国际协议的执行。

第 4 条 越南海警的组织和活动原则

（一）绝对、直接服从越南共产党的领导，国家主席的总领，政府的统一管理，国防部长的直接指导、指挥。

（二）遵守越南宪法和法律及越南社会主义共和国参与的国际条约。

（三）根据自越南海警司令部到基层单位的集中、统一管理。

* 本文译者：王佳微，系国家海洋信息中心研究实习员。

（四）主动防御、发现、斗争和处理违法行为。

（五）结合保卫国家主权、主权权利、裁判权的任务，在发展海洋经济的同时对海上安宁、秩序和安全进行管理。

（六）依靠人民，发挥人民力量，接受人民监督。

第5条　建设越南海警

（一）国家要建设革命化、正规化、精锐化、现代化的越南海警，为越南海警发展提供优先资源。

（二）越南的机关、组织和工人有责任参加建设清白、牢靠的越南海警。

第6条　机关、组织、个人参与、配合、帮助越南海警工作的责任、制度和政策

（一）机关、组织、个人在越南海域活动时，有责任参加、配合、帮助越南海警的工作使其履行其职能、任务、权限。

（二）越南机关、组织、公民有责任配合越南海警完成由实权部门颁布的民间人力、船只、工具、技术设备调用决定以保卫越南海域的国家主权、主权权利、裁判权。

（三）机关、组织和个人在参加、配合、帮助海警工作国家根据其要求为其保守秘密；有成绩的给予表扬，财产损失的给予补偿，名誉损害的帮其恢复，受伤或生命、健康受到损害的则其亲人或家庭享受法律规定的制度、政策。

第7条　严厉禁止的行为

（一）抵触、阻碍越南海警活动；在越南海警执行公务或因公务理由时对其进行报复、恐吓、侵犯其生命健康、人格、名誉。

（二）收买、贿赂、要挟越南海警的干部和战士使其违反职责、任务、权限。

（三）冒充越南海警的干部、战士，假冒越南海警的船只、设施；做假、买卖、非法使用越南海警的服装、印章、公文。

（四）利用、滥用越南海警干部、战士的工作职务、权限、地位违反法律；侵犯机关、组织、个人的合法权利和利益。

（五）越南海警干部、战士对机构、组织、个人在越南海域合法活动进行敲诈勒索或者使其合法活动产生困难。

（六）违反本法规定的其他行为。

第二章　越南海警的任务、权限

第8条　越南海警的任务

（一）收集、分析、评价、预报情况，提出保卫国家安全的主张、解决办法、方案，执行海上法律；为各级职权部门颁行关于保卫越南海域国家主权、主权权利、裁判权，保证海上秩序、安全，防范打击海上犯罪、违法活动的政策、法律开展研究、分析、预报、参谋。

（二）保卫国家主权、主权权利、裁判权，保卫国家和民族安全、利益，保护海洋资源、环境，保护机构、组织、个人在海上的合法财产、权利、利益。

（三）防范、打击海上犯罪和违法行为，保护海上安宁、秩序和安全，进行海上搜救、救难，参与处理海上环境事故。

（四）参与国防、安全体系建设，处理海上国防、安全状况。

（五）进行法律宣传、普及、教育。

（六）接受、使用被调用参与保卫越南海域内主权、主权权利、裁判权的民间人力、船只、工具、技术设备。

（七）在与越南海警职能、任务、权限相关的国际协议和越南社会主义共和国签署的国际条约的基础上开展国际合作。

第 9 条　越南海警的权限

（一）根据本法和其他相关法律规定对越南海域内的人员、船只、货物、行李进行巡查、检查、搜查。

（二）根据本法第 14 条规定使用工作任务中所需要的武器、爆炸物、辅助工具。

（三）根据本法第 15 条和其他相关法律规定使用设施、专业技术设备。

（四）根据处理行政违法相关法律处理行政违法案件。

（五）根据组织机关调查刑事案件相关法律和刑事诉讼相关法律，开展部分刑事调查活动。

（六）追捕海上违法船只。

（七）在紧急情况下调用属于越南机关、组织、公民的人员、船只、工具、技术设备。

（八）在紧急情况下提议国外组织、个人在越南海域内开展救助、帮助活动。

（九）依法扣留海上违法船只。

（十）根据本法第 12 条之规定开展工作。

第 10 条　越南海警干部、战士的义务和责任

（一）对祖国、人民、党和国家绝对忠诚；严格执行党的方针、路线，国家政策、法律，上级命令、指示。

（二）坚决维护越南海域国家主权、主权权利、裁判权；防范、打击海上犯罪、违法行为，保证社会安宁、秩序和安全，保护越南海域的和平、稳定和发展。

（三）严守国家秘密、工作秘密，严格执行海警工作办法。

（四）遵守越南签署的各项国际条约和与越南海警职能、任务、权限相关的国际协议。

（五）加强学习，提高政治本领、法律意识、专业水平、业务能力、组织纪律意识，开展体能训练。

（六）在执行任务时对法律和上级决定负责。

第三章　越南海警的活动

第一部分　越南海警的活动范围和工作办法

第 11 条　活动范围

（一）越南海警在越南海域活动履行本法规定的职能、任务、权限。

（二）因人道、和平目的，防范、打击犯罪和违法活动时，越南海警可以在越南海域外开展活动，在开展活动时要遵守越南法律、越南签署的各项国际条约和与越南海警职能、任务、权限相关的国际协议的规定。

第 12 条　越南海警工作办法

（一）越南海警在开展工作时运用群众运动办法、法律办法、外交办法、经济办法、科学技术办法、业务办法、武装办法。

（二）越南海警司令根据本条第 1 款规定决定海警使用的办法，并为自己的决定对法律和上级负责。

第二部分　越南海警海上执法

第 13 条　巡查、检查、搜查

（一）越南海警开展对于人、船只、货物、行李的巡查、检查、搜查活动，发现、杜绝、处理海上违法行为。

（二）需要船只停靠进行检查、搜查的情形包括：

1. 直接发现有违法行为或有违法征兆的；

2. 通过专业工具、技术设备发现、确认有违法行为或有违法征兆的；

3. 举报、线报有犯罪、违法行为的；

4. 实权部门对违法人员、船只、工具有紧追、羁押请求的；

5. 违法人员自觉交代违法行为的。

（三）在进行巡查、检查、搜查时，越南海警的船只、飞机和其他工具须展示颜色；根据本法第 29 条、第 31 条规定展示旗号、徽章、标志、服装。

（四）在越南海域内的机关、组织、个人有义务接受越南海警的检查、搜查。

（五）国防部部长规定越南海警的巡查、检查、搜查程序。

第 14 条　使用武器、爆炸物、辅助工具

（一）在执行任务时，越南海警的干部、战士，可根据《管理、使用武器、爆炸物和辅助工具法》之规定使用武器、爆炸物和辅助工具并开火。

（二）除根据《管理、使用武器、爆炸物和辅助工具法》之规定开火外，在执行防范打击犯罪、保证海上安宁、秩序和安全任务时，在下列情形之一，越南海警的干部、战士可以向除外交机构代表船只、外国领事机构船只、国际组织代表机构船只、载有乘客的船只或者已经停下的载有人质的船只外的船只开火：

1. 已经控制的船只进攻或者直接威胁到执行公务人员或他人生命的；

2. 已明确由犯罪对象控制的船只有逃跑倾向的；

3. 已明确船上载有犯罪对象或者载有非法武器、爆炸物、反动材料、国家秘密、毒品、国宝且有逃跑倾向的；

4. 已明确知晓船上的对象具有在越南社会主义共和国参加的国际条约中规定和《刑法》中规定的海盗行为、武装劫船行为且有逃跑倾向的。

（三）本条第 2 款规定的开枪场合中，越南海警的干部、战士在向船只开火前要通过行动、命令、言语或朝天开枪的方式进行警告；在执行有组织任务时需遵守实权者的命令。

第 15 条　使用设施、专业技术设备

（一）越南海警在收集、分析、评价、预报情况保卫国家主权、主权权利、裁判权，保护国家、民族海上安全、利益时；发现、逮捕、调查、处理犯罪、违法行为时根据保护国家安全相关法律、处理行政违法相关法律和刑事诉讼相关法律使用设施、专业技术设备、搜集结果。

（二）越南海警的设施、专业技术设备在使用之前需进行鉴定、校准、试验使其符合法律规定程序和安全保证。

（三）政府规定越南海警使用设施、专业技术设备的管理、使用和名目。

第 16 条　调用民间人员、船只、工具、技术设备

（一）在人员、船只、工具违法需要紧急逮捕时，搜救时，应对、克服严重环境事故的情况时，海警的干部、战士可调用越南机关、组织、公民的人员、船只、工具、技术设备。

（二）本条第 1 款规定的调用工作要保证符合被调用民间人员、船只、工具、技术设备的实际能力且在紧急情况结束时需立即归还。

被调用参加工作的人员、财产受到伤害，则根据本法第 6 条第 3 款规定享受的制度、政策、补偿。实施调用的干部、战士所属机构有责任根据法律规定进行补偿。

（三）越南的机关、组织、公民有责任完成越南海警的调用工作。

（四）在发生人员、船只、工具违法需要紧急逮捕时，开展搜救时，应对、克服严重环境事故时，越南海警干部、战士可提议在越南海域活动的外国组织、个人参与帮助、救援。

第 17 条　实施对海上船只的紧追权

（一）越南海警在下列情况下实施对海上船只的紧追权：

1. 在海上违反越南国家主权、主权权利、裁判权的；

2. 不执行本法第 13 条第 3 款规定的海警停船信号、号令的；

3. 开展国际追捕合作的；

4. 法律规定的其他情形。

（二）越南海警实施对海上船只紧追权的范围、权力、程序根据越南法律和越南社会主义共和国参与的国际条约的规定执行。

第 18 条　公布、通报、更改航行安全指数

越南海警司令部负责公布或更改航行安全指数并向职权部门通报，接收、处理航行安全信息，向在越南海域活动的船只通报符合应用需要的安全航行办法。

第三部分　越南海警的国际合作

第 19 条　越南海警的国际合作原则

（一）在遵守越南法律、越南社会主义共和国参与的国际条约、职权相关的国际协议的基础上开展国际合作，尊重国际法的基本原则，保证国家的独立、主权、主权权利、裁判权，保卫国家、民族利益及组织、个人在海上活动的合法权利和利益。

（二）发挥自身力量和国际社会的支持、帮助，保证海上法律的执行。

第 20 条　国际合作内容

（一）防范、打击海盗、武装劫船。

（二）在越南海警任务、权限范围内防范打击毒品犯罪、拐卖人口、非法武器买卖、恐怖活动、非法出入境活动、非法跨境交易、非法货物运输、非法开采海产和其他海上违法活动。

（三）在越南海警职能、任务、权限范围内，防范污染，预防、应对、处理海上环境事故，检查保护海洋资源，保护海洋生物多样性和海洋生态系统，对自然灾害作出防御、警报，开展人道主义援助，灾难应对，海上搜救、救难。

（四）开展培训、培养、专业训练，进行经验交流，转交装备、科学技术，提高越南海警能力。

（五）越南法律、越南社会主义共和国参与的国际条约、与越南海警职能、任务、权限相关的国际协议中规定的其他国际合作内容。

第 21 条　国际合作形式

（一）交流与海上安宁、秩序和安全相关的信息。

（二）组织或参加关于海上安宁、秩序、安全和法律执行的国际会议、研讨会。

（三）根据法律规定，与其他国家职能部门、国际组织一起参加国际协议的签订。

（四）配合巡查、检查、搜查以保证海上安宁、秩序、安全和法律的实施。

（五）参加演习、训练，依照世界和地区内各国海上法律开展礼节性接待、访问。

（六）与越南法律、越南社会主义共和国参与的国际条约和国际协议中规定的和越南社会主义共和国有联系的常设机构、关键部门开展工作。

（七）越南法律、越南社会主义共和国参与的国际条约、国际协议中规定的其他国际合作形式。

第四章　越南海警与职能机关、组织、部队联合开展活动

第 22 条　配合范围

（一）根据本法规定和相关法律的具他规定，越南海警牵头，并与部属机关、组织、部队及其他部级机关和省级人民委员会联合履行越南海警的任务和权限。

（二）越南海警和国防部所属机构的联合工作由国防部部长规定。

第 23 条　配合原则

（一）配合工作要在部属机关、组织、部队，部级机关和省级人民委员会职能基础上开展；禁止妨碍机关、组织、个人在海上的合法活动。

（二）越南海警和部属机关、组织、部队，部级机关和省级人民委员会相互协调，及时完成任务，互相协助履行法律规定的职能、任务和权限。

（三）确保集中统一的主持、调度，在配合过程中对机关、组织、部队的国防、安全、业务方法相关信息进行保密。

（四）确保配合方式灵活、具体、有效，与主持、配合机关的领导责任人紧密联系。

（五）在同一海域上，当发现与多个机关、组织、部队职能、任务、权限相关的违法行为时，则先发现的机关、组织、部队根据法律规定的职权进行处理。不属于自己职权范围内的场合、事项，则将违法档案、人员、赃物、船只、工具转交有实权主持解决的机关、组织、部队；接受的机关、组织、部队有责任向交予方通报调查、处理结果。

第 24 条　配合内容

（一）信息、材料交流，研究、制定法律规范文本。

（二）保卫海上国家安全、主权、主权权利和裁判权。

（三）保护海洋环境和资源，海上国家、组织、个人财产，海上合法活动个人的生命、健康、名誉、人格。

（四）开展海上巡查、检查、搜查保护海上安宁、秩序、安全；防止、发现、制止、打击违法行为，打击、防御海盗和武装劫船。

（五）防范自然灾害，开展搜救、救难，克服、应对海上环境事故。

（六）培训、训练、培养越南海警干部、战士，向人民开展法律宣传、推广、教育。

（七）开展国际合作。

（八）开展其他相关活动的配合。

第 25 条　部级机关部长、副部长、省级人民委员会主席在配合越南海警时的责任

部级机关部长、副部长、省级人民委员会主席在自己任务、权限范围内，有责任根据政府规定，配合国防部部长开展与越南海警相关活动。

第五章　越南海警的组织

第 26 条　越南海警的组织体系

（一）越南海警的组织体系包括：

1. 越南海警司令部；

2. 区域海警司令部和越南海警司令部直属单位；

3. 基层单位。

（二）政府规定本条第 1 款细节。

第 27 条　越南海警传统日

每年的 8 月 28 日是越南海警传统日。

第 28 条　国际译名

越南海警的国际译名是 Vietnam Coast Guard。

第 29 条　越南海警的颜色、旗帜、徽章和识别标志

（一）越南海警的船只、飞机和其他工具有其自身独特的颜色、旗帜、徽章和识别标志。当执行任务时，船只必须悬挂国旗和越南海警旗号。

（二）政府规定本条第 1 款细节。

第 30 条　越南海警的印章

在履行职能、任务权限时，越南海警使用有国徽图案的印章。

第 31 条　越南海警的服饰

政府规定越南海警的警号、军衔、军衔、徽章、警服、礼服。

第六章　越南海警政策、制度和活动保障

第 32 条　越南海警的经费和物质保障基础

（一）国家为越南海警的活动提供资金和物质基础、土地、办事处、项目支持。

（二）国家优先为越南海警投资现代装备，应用先进的研究、科学成果。

第 33 条　越南海警的装备

（一）越南海警持有船只、飞机和其他工具，各类武器、爆炸物、辅助工具和专业技术设备来履行职能和任务。

（二）国防部部长规定本条第 1 款细节。

第 34 条　越南海警干部、战士的等级、军衔、职务、服务制度、政策制度和权利

（一）根据《越南人民军军官法》《专业军人法》《国防工作人员法》《军事义务法》和其他有关法律规定，实施对越南海警干部、战士的职务任免，升职，降职，剥夺职级、军衔，工资增减，教育、培训，录用，服务、退伍等制度、政策和其他规定的权利。

（二）越南海警干部、战士在军队服役时，有权享受适合其任务性质、特殊工作以及政府规定的优惠政策。

第 35 条　越南海警选拔条件、标准

（一）满 18 周岁，男女不限，政治品质良好，讲道德，身体健康，意愿鲜明并自愿长期服务于越南海警的越南公民。

（二）具有专业技术的证书文凭，具有与越南海警的任务要求相符的技能。

（三）国防部具体规定本条细节。

第 36 条　越南海警干部、战士教育、培训

越南海警的干部、战士可参与政治、专业、法律、外语和其他与其任务和权限相关的必要知识教育和培训，鼓励发展长期服务越南海警的才能。

第七章　对越南海警的国家管理和部、部级机关、地方政府责任

第 37 条　国家对越南海警的管理内容

（一）在权限范围内颁布、提交文件和组织实施越南海警相关法律文件。

（二）组织、指导越南海警活动。

（三）教育、培训越南海警干部、战士。

（四）落实越南海警的政策制度。

（五）检查、监察、解决越南海警活动中的投诉、指控、小结、总结、奖励和违法行为。

（六）开展法律宣传、推广、教育。

（七）越南海警的国际合作。

第 38 条　国家对于越南海警的管理责任

（一）政府对越南海警进行统一的国家管理。

（二）国防部对政府开展的越南海警国家管理工作负责。

（三）同级部门部长和负责人在其职责范围内有义务配合国防部开展对越南海警的国家管理工作。

第 39 条　各级人民委员会和政府的责任

各级人民委员会和政府在其职责和权限范围内，为越南海警利用地方土地资金建设驻地、船只泊位、仓库、码头创造条件；开展越南海警相关法律的宣传、普及、教育工作；根据法律规定为越南海警的干部、战士实施社会住宅政策。

第 40 条　越南祖国阵线及其成员组织的责任

越南祖国阵线及其成员组织在各自的任务和权限范围内，有责任配合有关机构和组织宣传和动员人民实施越南海警相关法律；根据法律规定对越南海警进行监督。

第八章　实施条款

第 41 条　实施效力

《越南海警法》自 2019 年 7 月 1 日起生效。

2008 年 1 月 26 日颁布的第 03/2008/PL-UBTVQH12 号《越南海警力量法令》自本法生效之日起失效。

本法已于越南社会主义共和国第十四届国会第六次会议通过。

越南社会主义共和国工会法*

根据第51/2001/QH10号决议修改、补充的1992年《越南社会主义共和国宪法》。

国会颁布《工会法》。

第一章　总　则

第1条　工会

工会是越南工人阶级和越南劳动者在越南共产党的领导下自愿成立的广泛的政治社会组织，是越南社会政治体系中的成员。工会代表干部、公职人员、职员、工人和其他劳动者（以下简称“劳动者”），以及国家机关、经济组织、社会组织关心和保护劳动者合法、正当的权益。工会参与国家管理、经济社会管理，检查与监督国家机关、组织、事业单位和企业的活动。工会有责任宣传、动员劳动者学习，提高专业水平和技能，遵守法律，建设和保卫越南社会主义祖国。

第2条　调整范围

本法规定劳动者成立、加入工会、参与工会活动的权利，工会的职能、权限和责任，工会会员的权利和责任，用工的国家机关、组织、事业单位、企业对工团的责任，工团活动的保障，工团的争议解决和违法处理机制。

第3条　适用对象

本法适用于国家机关、政治组织、政治社会组织、社会就业政治组织、社会就业组织、事业单位、企业和其他根据劳动法雇用劳动者的组织，以及与越南工会组织、工会活动、工会会员和劳动者相关的外国机关、外国组织、国际组织（以下简称“机关、组织、企业”）。

第4条　词语解释

在本法中，下列词语解释如下：

1. 工会权利是指根据法律和国家主管机关的规定，劳动者和工会会员成立、加入工

* 本文译者：龚敏，系北京外国语大学亚非学院博士研究生。

会、参与工会活动的权利，以及工会组织的权利。

2. 基层工会是指工会的由直接上级工会根据法律和《越南工会章程》在一个或多个机关、组织、企业建立并发展会员的基层工会组织。

3. 直接上级工会是指工会组织系统中的其中一级组织，直接负责建立基层工会，指导基层工会的活动，并根据法律和《越南工会章程》的规定联系各基层组织。

4. 专职工会干部是指经选任、任命的负责工会日常工作的人员。

5. 非专职工会干部是指由工会会员代表大会、各级工会会议选举产生，或者工会委员会指定、任命到街道工会小组以上任职的兼职人员。

6. 用人单位是指依法聘用、使用劳动者并支付工资的机关、组织、企业。

7. 工会权利纠纷是指劳动者、工会会员、工会组织与用人单位之间在实现工会权利过程中产生的纠纷。

8.《越南工会章程》是越南工会会员代表大会通过的规定工会宗旨、目的、组织原则、活动和组织结构，各级工会组织的权利和责任，以及工会会员的权利和责任的文件。

第 5 条　成立、加入工会与参与工会活动的权利

1. 在越南机关、组织、企业工作的具有越南国籍的劳动者有权成立、加入工会和参与工会活动。

2. 成立、加入工会和参与工会活动的程序应符合《越南工会章程》的规定。

第 6 条　工会的组织与运作原则

1. 工会建立于自愿的基础上，在民主集中的原则下组织和运作。

2. 工会根据《越南工会章程》组织和运作，符合党的路线、方针、政策和国家法律。

第 7 条　工会的组织系统

工会组织系统包括根据《越南工会章程》建立的越南劳动总工会和各级工会。

基层工会组织设立于国家机关、政治组织、政治社会组织、社会就业政治组织、社会就业组织、事业单位、企业和其他根据劳动法雇用劳动者的组织，以及在越南境内的外国机关、外国组织和国际组织。

第 8 条　工会的国际合作

工会的国际合作应在确保平等、尊重国家独立和主权、遵守越南法律和国际惯例的基础上开展。

各级工会加入国际工会须符合越南法律和《越南工会章程》的规定。

第 9 条　严格禁止的行为

1. 妨碍工会权利的行使。

2. 以成立、加入工会和参与工会活动为由歧视劳动者，或实施给劳动者造成损失的行为。

3. 使用经济措施或其他方法给工会组织和工会活动造成损失。

4. 利用工会权利违反法律，侵犯国家利益，侵犯机关、组织、企业、个人的合法权益。

第二章　工会、工会会员的权利和责任

第一节　公会的权利和责任

第 10 条　代表和保护劳动者的合法、正当权益

1. 在劳动者与用人单位签订和履行劳动合同、劳务合同的过程中，为其提供关于劳动者权利、义务方面的引导和咨询。

2. 代表劳动者集体讨论、签订集体劳动合同并监督集体劳动合同的履行。

3. 参与制定用人单位关于工资表、劳动标准、工资发放办法、奖励规则、内部劳动规定并监督其实施。

4. 与用人单位协商解决涉及劳动者的权利和义务的问题。

5. 为劳动者提供法律咨询。

6. 会同机关、组织、主管人员解决劳动争议。

7. 在劳动者集体或者劳动者的合法、正当权益受到侵犯时，建议组织、国家主管机关调查、解决。

8. 在劳动者集体的合法、正当权利受到侵犯时代表劳动者集体提起诉讼。在劳动者的合法权益受到侵犯时代表劳动者或者接受劳动者的委托提起诉讼。

9. 代表劳动者参加劳动争议案件、行政诉讼案件、企业破产案件，保护劳动者集体和劳动者的合法、正当权益。

10. 依法组织和领导罢工。

政府与越南劳动联合总会达成一致后对本条款作出具体规定。

第 11 条　参与国家、经济社会管理

1. 参与制定经济社会、劳动、就业、工资、社会保险、医疗保险、劳动保险政策，以及与工会组织、劳动者的权利和义务相关的其他政策和法律。

2. 协助国家机关研究和运用关于劳动保护的科学技术，制定劳动安全、劳动卫生标准与制度。

3. 参与国家机关关于社会保险、医疗保险的管理，依法解决劳动者、劳动集体的举

报、投诉问题。

4. 参与建立机关、组织、企业的和谐、稳定和进步的劳动关系。

5. 参与建立和实施机关、组织、企业的民主制度。

6. 在行业、地方、机关、组织、企业配合组织劳动竞赛。

政府与越南劳工联合总会达成一致后对本条款作出具体规定。

第 12 条　提交法律、法规草案和提议制定政策、法律

1. 越南劳动联合总会有权向国会、国会常务委员会提交法律、法规草案。

2. 各级工会有权向国家主管机关提出制定、修改、补充关于工会组织、劳动者权利与义务的政策、法律的建议。

第 13 条　参与会议

越南劳动联合总会主席、各级工会有权利和义务参加同级机关、组织关于讨论决定劳动者权利与义务的会议。

第 14 条　检查、监督机关、组织、企业的活动

1. 参与并配合国家主管机关检查、监督关于劳动、工会、干部、公职人员、职员、社会保险、医疗保险和其他关系到劳动者权利与义务的制度、法律和政策，并对劳动事故、职业病进行调查。

2. 关于本条第 1 款的参与、配合检查和监督，工会有以下权利：

（1）要求机关、组织、企业提供相关信息、材料并作出解释。

（2）提出纠正不足、防止违法行为、克服不良后果和处罚违法行为的建议性措施。

（3）如发现工作场所影响或危害劳动者的健康和生命安全，即使导致暂停生产活动，工会也有权要求相关责任机关、组织、企业和个人立即实施保障劳动安全的补救措施。

第 15 条　宣传、动员和教育劳动者

1. 宣传与工会、劳动者相关的党的路线、主张、政策、国家法律，以及工会的规定。

2. 宣传、动员和教育劳动者学习，提高政治、文化、专业水平和技能，增强遵守法律和机关、组织、企业的内部规定的意识。

3. 倡导、动员劳动者勤俭节约、打击浪费，预防和抵制腐败。

第 16 条　发展工会会员和建立基层工会组织

1. 工会有权利和责任在机关、组织、企业发展工会会员和建立基层工会。

2. 直接上级工会有权利和责任选派干部到机关、组织、企业进行宣传、教育和动员劳动者建立、加入工会和参与工会活动。

第 17 条　直接上级工会对在尚未建立基层工会的机关、组织、企业工作的劳动者的权利和责任

在尚未建立基层工会组织的机关、组织、企业，直接上级工会有权利和责任根据劳动者的要求代表劳动者，保护其合法、正当权益。

第二节　工会会员的权利和责任

第 18 条　工会会员的权利

1. 在工会会员的权益遭受侵害时要求工会代表和保护其合法、正当权益。

2. 获取工会的信息，讨论、提议和表决工会的事务；获取与工会、劳动者相关的党的路线、主张、政策和国家法律；了解工会的规定。

3. 根据《越南工会章程》的规定在工会领导的选举活动中自荐、提名和参与投票，质询工会的领导干部，建议对违纪的工会干部进行纪律处分。

4. 向工会请求法律咨询，获取与劳动、工会方面的免费法律帮助。

5. 在就业、技术培训方面获得工会的指导和帮助，在生病或困难时获得工会的照顾和帮助。

6. 参加工会组织的文化、体育、旅游活动。

7. 请求工会向机关、组织、企业提出实施关于劳动者的制度、政策和法律的建议。

第 19 条　工会会员的责任

1. 遵守和履行《越南工会章程》和工会决议，参与工会活动，建设强大的工会组织。

2. 不断学习，提高政治、文化、专业水平和技能，锻炼工人阶级的品质，生活和工作要遵循宪法和法律。

3. 团结和帮助同事提高专业水平和技能，提高劳动效率，保护劳动者和工会组织的合法、正当权益。

第三章　国家、机关、组织、企业对工会的责任

第 20 条　工会与国家、机关、组织和企业的关系

工会和国家、机关、组织、企业相互配合、合作，依法行使权利、履行职责，有助于建立和谐、稳定、进步的劳动关系。

第 21 条　国家对工会的责任

1. 保障、协助工会依法行使权利、履行职责。

2. 宣传、普及、教育关于劳动法、工会法和其他与工会组织、劳动者的权利与义务相

关的法律法规，检查、监督并处罚工会相关的违法行为，协助工会关注和保护劳动者的合法、正当权益。

3. 制定直接关系工会组织、劳动者的权利与义务的政策、法律要征求工会的意见。

4. 协调和促进工会参与国家管理、经济社会管理，代表和维护劳动者的合法、正当权益。

第 22 条　机关、组织、企业对工会的责任

1. 协助工会依法行使权利、履行职能。

2. 促进劳动者建立、加入工会和参与工会活动。

3. 配合同级工会建立、发布和践行活动配合机制。

4. 承认并协助基层工会依法行使权力、履行职责。

5. 根据工会的要求，对机关、组织、企业的组织和活动进行充分、准确、及时的信息交换。

6. 配合工会组织对话、谈判、签订和执行劳动集体协议和基层民主制度。

7. 作出与劳动者权利与义务相关的决定要听取工会的意见。

8. 协助工会解决劳动纠纷和关于劳动法实施方面的问题。

9. 为工会活动、工会干部干部创造条件，根据本法第 24 条、第 25 条、第 26 条拨缴工会经费。

第四章　工会活动的保障

第 23 条　组织、干部的保障

1. 各级工会在组织、干部和公职人员数量上得以保障，以依法行使权利、履行责任。

2. 越南劳动联合总会建立的组织结构和工会干部职位要提交国家主管机关决定或依授权决定。

3. 根据基层工会和机关、组织、企业的劳动者数量，国家主管机关管理工会干部并决定专职工会干部的安排。

第 24 条　工会活动条件的保障

1. 机关、组织、企业有责任为同级工会安排工作场所和必需的工作设施。

2. 作为基层组织的主席、副主席的非专职工会干部，每月工作 24 小时。街道工会小组组长、执行委员会委员的非专职工会干部每月工作 12 小时，执行工会工作，并由用人单位支付工资。根据机关、组织、企业的规模，基层工会执行委员会和用人单位可以协商约定增加其工作时间。

3. 非专职工会干部参加上级工会召集的会议、培训活动期间不工作，用人单位仍需支付工资，但交通费、食宿费由召集主持的工会支付。

4. 非专职工会干部用人单位支付工资，根据越南劳动联合总会的规定享受工会干部责任津贴。

5. 专职工会干部由工会支付工资，用人单位按照机关、组织、企业的在职劳动者的标准保障其权利和福利待遇。

第 25 条　工会干部的保障

1. 劳动合同、劳务合同期满时，但非全职工会干部仍在任期的，可延长劳动合同、劳务合同的期限，直至任期结束。

2. 用人单位不得单方解除劳动合同和劳务合同，除非与基层工会执行委员会或直接上级工会执行委员会达成书面的一致意见，否则不得解雇、强行辞退非专职工会干部或者为其更换工作岗位。没有达成一致意见的，双方要向国家主管机关报告。向国家主管机关报告 30 日后，用人单位可以作出决定并为其决定负责。

3. 机关、组织、企业与非专职工会干部解除劳动合同、劳务合同，强行辞退或者非法解雇的，工会有责任要国家主管机关处理，如获得授权工会可以代表其向法院提起诉讼，以维护工会干部的合法权益，同时帮助其寻找新工作，在中断工作期间可根据越南劳动联合总会的规定为其提供工作津贴。

第 26 条　工会经费

工会经费包括下列来源：

1. 工会会员根据《越南工会章程》缴纳的会费；

2. 机关、组织、企业按作为劳动者缴纳社会保险依据的工资基金的 2% 向工会拨缴的经费；

3. 国家预算的财政补贴；

4. 从工会组织的文化、体育和经济活动，国家指定的项目，以及国内外组织和个人的援助和资助获取的收入。

第 27 条　工会经费的管理和使用

1. 工会根据法律和越南劳动联合总会的规定对工会经费进行管理和使用。

2. 工会经费用于实现工会的权利与责任，维持工会系统的运作，具体包括以下用途：

（1）宣传、普及和教育党的路线、主张、政策和国家法律，提高劳动者的专业水平和技能；

（2）组织代表和保护劳动者合法、正当权益的活动；

(3)发展工会会员，建立基层工会，建设强大的工会；

(4)组织工会发起的劳动竞赛；

(5)培训、培养工会干部，并培训、培养优秀劳动者作为党、国家和工会组织的干部储备；

(6)为劳动者举办文化、体育、旅游活动；

(7)组织性别与男女平等的活动；

(8)慰问、资助生病、生育、患难、贫苦的工会会员和劳动者，并组织关爱劳动者的其他活动；

(9)动员、鼓励劳动者和学习和工作取得优异成绩的劳动者子女；

(10)向专职工会干部支付工资，为非专职工会干部提供责任津贴；

(11)各级工会组织运作的支出；

(12)其他支出费用。

第 28 条　工会财产

工会财产形成于工会会员的贡献和工会的资金，国家分配给工会的财产和工会依法享有的其他财产属于工会财产。

越南劳动联合总会依法享有工会财产的权利和责任。

第 29 条　对工会经费的检查、监督

1. 上级工会根据法律和越南劳动联合总会的规定，对下级工会的经费使用情况进行指导、检查和监督。

2. 工会的检查机关根据法律和越南劳动联合总会的规定，对工会经费的管理、使用情况进行检查。

3. 国家主管机关依法对工会经费的管理和使用情况进行检查、监督、审计。

第五章　工会的纠纷解决和违法处罚

第 30 条　解决工会权利纠纷

对于工会会员、劳动者、工会组织与机关、组织、企业之间产生工会权利纠纷，关于纠纷解决的职权、程序和手续的规定如下：

1. 关于劳动关系中属于工会的权利与责任范围的纠纷，按照法律和劳动争议的职权、程序和手续解决；

2. 关于工会在其他关系中属于权利和责任范围的纠纷，按照相关法律规定的职权、程序和手续解决；

3. 关于用人单位拒绝向工会履行或不履行责任的纠纷，基层工会或直接上级工会提请国家主管机关解决，或者依法向法院提起诉讼。

第 31 条　工会的违法处理

1. 机关、组织、企业、个人违反本法和与工会权利有关的其他法律规定的，根据违法行为的情节和程度，依法进行纪律处罚、行政处罚，或者追究刑事责任。

2. 政府对工会违法行为的行政处罚作出具体规定。

第六章　施行条款

第 32 条　施行效力

本法自 2013 年 1 月 1 日起生效。

1990 年《工会法》自本法生效之日起失效。

第 33 条　细节规定和施行指导

政府对本法各项条款作出细节规定和施行指导。

本法于 2012 年 6 月 20 日越南社会主义共和国第十三届国会第三次会议通过。

国会主席　阮生雄

越南社会主义共和国高等教育法*

根据第51/2001/QH10号决议修改、补充的1992年《越南社会主义共和国宪法》。

国会颁布《高等教育法》。

第一章　总　则

第1条　调整范围

本法规定高等学校的组织、职责和权限，教学活动、科学技术活动和国际合作活动，高等教育质量的保障和评估，高等学校的教师、学生、财政和财产，以及国家对高等教育的管理。

第2条　适用对象

本法适用于高等专科学校、高等本科学校、独立学院、地区性大学、国家大学和具有博士生培养资格的科学研究院，以及与高等教育活动相关的组织和个人。

第3条　高等教育法的适用

高等学校和高等教育管理机构的组织和运行必须遵守本法、《教育法》和其他相关法律规定。

第4条　词语解释

在本法中，以下词语解释如下：

1. 正规教育是指在高等学校进行全日制学习，以实施某学历层次的高等教育培养计划的培养形式。

2. 继续教育包括在职教育和远程教育，是指根据受教育者的需要，在高等学校或联合培养机构开设课程以实施专科和本科学历层次的培养计划的培养形式。

3. 培养学科是指某种职业、科学活动领域的专业知识和技能的集合。培养学科包括多个培养专业。

4. 培养专业是培养学科深入的专业知识和技能的集合。

* 本文译者：龚敏，系北京外国语大学亚非学院博士研究生。

5. 连接高等教育是指学生利用现有的学习成绩继续在本学科进行更高学历层次的学习或者转向其他学科或其他高等教育学历层次的教学管理措施。

6. 培养计划的知识和技能水平是指学生在完成培养计划后必须达到的知识和技能的最低要求。

7. 非营利性的私立大学和外资高等学校是指积累年利润不分享，而作为公共财产再投资于高等学校的发展，且各股东或者捐款人不享有股息或者股息不超过政府债券利率的高等学校。

8. 大学是指高等专科学校、高等本科学校、各专业领域的附属科学研究院等高等学校，分为两种培养形式，进行高等教育各学历层次的培养。

第 5 条　高等教育的目标

1. 总体目标：

（1）培养人力资源，提高人民素质，培育人才；开展科学技术研究以创造新知识、新产品，为经济社会发展服务，保障国防安全，融入国际社会；

（2）培养具有政治和道德品质，具备实际工作的知识和技能，具有与其高等教育学历层次相对应的科学技术研究和应用能力，身体健康，具有创新能力和职业责任感，能适应工作环境，具有服务人民意识的学生。

2. 专科教育、本科教育、硕士生教育、博士生教育的具体目标：

（1）专科教育要使学生掌握本专业的基本知识、熟练的实践技能，理解自然与社会的原理和规律在实际生活中的作用，具有解决本专业常见问题的能力；

（2）本科教育要使学生全面掌握本专业知识，牢固掌握自然与社会的原理和规律，具有基本的实践技能，具有独立和创新工作的能力，且具有解决本专业相关问题的能力；

（3）硕士生教育要使学员具有科学知识基础，具有能在某个科学或者职业领域进行有效研究的深广专业技能，具有独立和创新工作的能力，以及发现和解决本专业相关问题的能力；

（4）博士生教育要使研究生具有高水平的理论与应用能力，具有独立和创新的研究能力，发现新知识和新的自然与社会的原理和规律的能力，解决新的科学技术问题的能力，指导科学研究和专业活动的能力。

第 6 条　高等教育的学历层次和形式

1. 高等教育的学历层次包括专科、本科、硕士生和博士生。

教育与培训部部长会同其他部级机关的部长、首长，具体规定对某些特殊专业的大学毕业生进行深入的专业应用能力、实践技能的培养。

2. 高等教育分为两种形式，即正规教育和继续教育。

第 7 条　高等学校

1. 国民教育系统的高等学校包括：

（1）高等专科学校；

（2）高等本科学校、独立学院；

（3）地区性大学、国家大学（以下简称“大学”）；

（4）具有博士生培养资格的科学研究院。

2. 越南的高等学校分为以下类型：

（1）公立高等学校归国家所有，由国家投资建设基础设施；

（2）私立高等学校归社会组织、社会与职业组织、私人经济组织或个人所有，由社会由社会组织、社会职业组织、私人经济组织或个人投资建设基础设施。

3. 外资高等学校包括：

（1）外国人单独投资举办的高等学校；

（2）外国人与国内投资者共同投资举办的高等学校。

第 8 条　国家大学

1. 国家大学是高水平的教学研究型综合性大学，由国家优先投资发展。

2. 国家大学在教学、科学研究、财政、国际关系和组织结构上享有自主权。国家大学由教育与培训部、其他部委及其所在的各级人民委员会按照政府的规定进行依法管理。

国家大学直接与各政府部门、部级机关、政府机关、省人民委员会或直辖市人民委员会共同解决国家大学的相关问题。如有必要，国家大学的经理可向政府总理报告与国家大学的运行和发展有关的问题。

3. 国家大学理事会主席、国家大学经理及副经理由政府总理任免。

4. 国家大学的职能、职责和权限由政府具体规定。

第 9 条　高等学校的层次划分

1. 对高等学校进行层次划分的目的是为了落实高等学校网络的规划工作，以符合经济社会发展和投资发展计划的需要，提高高等学校的教学能力和科学研究能力，实现国家管理。

2. 高等学校排名的目的是为了评价教学的信誉和质量，为国家管理和国家预算的优先投资工作服务。

3. 高等学校按如下标准划分层次和排名：

（1）在高等教育系统的地位和作用；

（2）规模、专业和学历层次；

（3）教学和科学技术活动的结构；

（4）教学和科学研究的质量；

（5）高等教育质量评估结果。

4. 高等学校有如下类型：

（1）研究型高等学校；

（2）应用型高等学校；

（3）实践型高等学校。

5. 政府规定高等学校的层次划分标准，并且政府根据国家预算优先发展高等教育和国家管理工作服务框架中的各层次和层次划分标准，颁布高等学校的排名。

政府总理认证大学和高等本科学校排名；教育与培训部部长认证高等专科学校排名；根据排名，政府授权的有关部门决定优先投资计划，分配任务，决定高等学校的特殊管理机制，以满足国家各阶段的经济社会发展和人力资源需求。

根据排名，教育与培训部会同高等学校所在的省人民委员会、直辖市人民委员会（以下简称“省级人民委员会”）对私立大学的土地、信用和干部培养提供资助。

第 10 条　高等学校的语言使用

越南语是高等学校使用的正式语言。

根据政府总理的决定，高等学校决定教学使用的外语。

第 11 条　高等学校网络的规划

1. 高等学校网络规划是指对高等专科学校、高等本科学校、独立学院和大学进行系统分布和安排，使职业结构、学历层次符合于全国和地方各时期的人口规模、地理位置、领土，与国家经济社会发展、国防安全战略相一致。

2. 高等学校网络的规划原则

（1）符合国家、行业、地区、地方的经济社会发展战略和规划；保证职业结构、学历层次结构和地区结构；满足人民的学习需求。

（2）保证高等教育系统的多样性和统一性，使教学与科学研究、生产和服务相结合；逐步提高教学质量，为工业化、现代化事业和融入国际社会服务。

（3）符合国家投资能力和社会资源调动能力；为人人都有机会参与高等学校建设创造条件。

（4）集中投资于各主要任务、重点高等学校和重点学科、重点经济区和贫困地区。

3. 高等学校网络规划包括以下主要内容：

(1)高等教育系统结构,专业培养规模,学历层次,高等学校类型;

(2)高等学校根据各地区、地方的经济社会性质和特点进行分布;

(3)师资队伍,教育管理人员;

(4)物质、技术设施。

4. 高等学校网络规划由政府总理批准。

第12条　国家对发展高等教育事业的政策

1. 发展高等教育事业目的是为了培养高层次、高素质的人力资源,以满足国家经济社会发展的需求,保障国防安全。

2. 增大对高等教育的国家预算投入,有重点地投资以形成一些高水平的高等学校,定向研究基本科学、高科技和的重点经济社会专业,以达到地区和世界先进水平。

3. 实现社会化高等教育;在土地、税收、信贷、干部培训方面为非营利性的私立教育机构和外资高等学校提供优惠政策;优先批准设立投资数额大的私立高等学校,保证其依法设立的各项条件;禁止利用高等教育活动非法牟利。

4. 将教学与科学技术的研究和应用相结合,促进高等学校与科研机构和企业之间的合作。

5. 对具有重大科学技术潜力的高等学校,国家确定科研任务并保障其科研经费需求。

6. 机关、组织、企业具有接受和促进学生和教师实践、实习、实施科学研究和技术转让的权利和责任,促进提高教学质量的提高。

7. 制定合适的吸引、聘用和待遇政策,以建设和提高教师队伍质量,重点发展高等学校中具有博士学位、教授和副教授职称的教师队伍。

8. 实施针对社会政策享受者、少数民族、经济社会条件特别困难地区人民和满足经济社会发展人力资源发展需求的特定专业学习者等对象的优惠政策,落实高等教育性别平等的政策。

第13条　高等学校的越南共产党组织、社会团体和社会组织

1. 高等学校的越南共产党组织在宪法与法律的框架下,根据越南共产党章程的规定设立和运行。

2. 高等学校的社会团体和社会组织按照宪法、法律、社会团体和社会组织条例的规定设立和运行。

3. 高等学校有责任为按本条第1款、第2款规定设立和运行的党组织、社会团体和社会组织创造条件。

第二章　高等学校组织

第一节　高等学校的组织结构

第 14 条　高等专科学校、高等本科学校、独立学院的组织结构

1. 公立的高等专科学校、高等本科学校和独立学院的组织结构：

(1)学校理事会；

(2)高等专科学校、高等本科学校的校长、副校长；独立学院的经理、副经理；

(3)职能部门；

(4)系、教研室；科学技术组织；

(5)教学、科学技术研究的服务组织；生产、经商、服务机构；

(6)分校(如有)；

(7)科学与培训委员会,咨询委员会。

2. 大学的附属高等专科学校、附属高等本科学校的组织结构遵循大学的组织和运行制度的规定。

3. 私立的高等专科学校、高等本科学校具有本条第 1 款第 2 项、第 3 项、第 4 项、第 5 项、第 6 项和第 7 项规定的组织结构，并且设有董事会、检查委员会。

4. 外资高等学校自主决定其组织结构。

第 15 条　大学的组织结构

大学的组织结构：

1. 大学理事会。

2. 经理、副经理。

3. 职能部门。

4. 附属大学；附属科学研究院。

5. 附属高等专科学校；科学技术研究系、科学技术研究中心。

6. 教学、科学研究与应用的服务组织；生产、经商、服务机构。

7. 分校(如有)。

8. 科学与培训委员会、咨询委员会。

第 16 条　学校理事会

1. 学校理事会设立于公立的高等专科学校、高等本科学校和独立学院。

2. 学校理事会是学校的管理机构和所有权代表。学校理事会由以下职责和权限：

（1）决定学校的发展战略、规划和计划、组织与运行制度；

（2）决定教学、科学技术、国际合作的方向性问题，保障教育质量；

（3）决定学校的组织结构、投资发展方向；

（4）决定高等学校附属机构的设立、合并、分立和解散；

（5）对学校理事会决议的执行情况和学校活动中民主机制的实施情况进行监督。

3. 学校理事会的成员

（1）校长、副校长、党委书记、工团主席、胡志明共产主义青年团书记；系代表、高等学校的管理机关代表。

（2）在教育、科学、技术、生产、经商岗位工作的成员。

4. 学校理事会主席由政府授权的有关部门首长任命。

学校理事会主席的标准规定于本法第 20 条第 2 款。

5. 学校理事会的任期为 5 年，由校长的任期而定。

学校理事会的工作遵循集体原则和多数决定原则。

6. 学校理事会的设立程序、成员数量和结构，学校理事会的职责和权限，学校理事会的主席和秘书的职责和权限，以及学校理事会的主席及各成员的任免由学校的章程具体规定。

第 17 条　董事会

1. 董事会设立于私立的高等专科学校、高等本科学校。

2. 董事会是学校所有权的唯一代表机构。董事会有以下职责和权限：

（1）组织执行股东大会的决议；

（2）决定学校的发展战略、规划和计划、组织与运行制度；

（3）决定教学、科学技术、国际合作的方向性问题，保障教育质量；

（4）决定学校的组织、人事、财政、财产和投资发展方向问题；

（5）对学校理事会决议的执行情况和学校活动中民主机制的实施情况进行监督。

3. 董事会的成员：

（1）达到规定持股标准的组织代表和个人。

（2）校长；高等学校所在的地方管理机关代表；党组织和团体组织代表；教师代表。

4. 董事会主席由多数决定、匿名投票的方式选出。

董事会主席须有大学本科以上学历。

5. 学校理事会的任期为 5 年。董事会的工作遵循集体原则和多数决定原则。

6. 董事会的设立程序、成员数量和结构，董事会的职责和权限，董事会的主席和秘书的标准、职责和权限，以及董事会、董事会的主席及各成员是否得到认证由学校的组织和运行条例和制度规定。

第 18 条　大学理事会

1. 大学理事会由以下职责和权限：

（1）批准大学的发展战略、规划和计划。

（2）决定教学、科学技术、国际合作的方向性问题，保障教育质量。

（3）决定大学的组织结构和投资发展方向。

（4）决定本法第 15 条第 3 款、第 5 款、第 6 款和第 7 款规定的机构的设立、解散、合并和分立；通过关于设立、解散、合并和分立本法第 15 条第 4 款规定机构的提案。

（5）对大学理事会决议的执行情况和学校活动中民主机制的实施情况进行监督。

2. 大学理事会的成员包括：

（1）经理、副经理；党委书记、工团主席、胡志明共产主义青年团书记；附属高等专科学校、附属高等本科学校的校长；附属科学研究院院长。

（2）国家管理机关代表；在教育、科学、技术、生产、经商岗位工作的成员。

3. 大学理事会的任期为 5 年，由大学经理的任期而定。大学理事会的工作遵循集体原则和多数决定原则。

4. 人学理事会的设立程序、成员数量和结构，大学理事会的职责和权限，大学理事会的主席和秘书的标准、职责和权限，以及大学理事会的主席及各成员的任免由大学的组织和运行制度具体规定。

第 19 条　科学与培训委员会

1. 科学与培训委员会由高等专科学校和高等本科学校的校长、独立学院和大学的经理决定设立，为校长、经理提供建设性的咨询：

（1）规定教学和科学技术活动，制定教师、研究员、图书馆和实验室工作人员的招聘标准；

（2）制定学校的教师、研究员队伍的发展计划；

（3）制作关于增设培养专业、实施或取消培养计划的提案；为科学技术发展、科学技术活动计划制定方向，分配实施教学、科学技术的职责。

2. 科学与培训委员会包括：校长；负责教学、科学研究活动的副校长；各教学、科学研究单位的负责人；各大领域、专业具有代表性的权威科学家。

第 20 条　校长

1. 高等专科学校、高等本科学校的校长，独立学院、大学的经理是[①]高等学校的法定代表人，负责高等学校的管理工作。校长由政府授权的有关部门任命或者认证。

校长的任期为 5 年。校长按任期进行任命或者再次任命，且最多连任一次。

2. 校长的标准：

（1）具有良好的政治和道德素养，在科研、教学领域具有威信，具有管理能力，并且具有在高等学校的院系或职能部门 5 年以上的管理工作经验。

（2）高等本科学校的校长、独立学院和大学的经理须有博士学历；高等专科学校的校长须有硕士及以上学历。

（3）身体健康。任命为公立高等学校的校长时的年龄须保证至少能够在任一个任期。

3. 校长的职责和权限：

（1）根据学校理事会、董事会、大学理事会的决议颁行高等学校的规章制度。

（2）根据学校理事会、董事会、大学理事会的决议决定高等学校下属机构的设立、合并、分立和解散；任命、罢免高等学校下属机构的正、副级负责人。

（3）组织执行学校理事会、董事会、大学理事会的决议。

（4）制定规划和发展教师、管理人员队伍的计划。

（5）组织实施教学、科学研究、国际研究活动，保障高等教育质量。

（6）遵循信息和报告制度，按规定接受监督与检查。

（7）建设和实施基础民主制度；听取高等学校中个人、组织、团体的意见并接受其监督。

（8）每年须向学校理事会、董事会、大学理事会报告校长及校务委员会的职责履行情况。

（9）法律规定的其他职责和权限。

4. 公立高等学校的校长、私立高等学校的董事会主席是高等学校的法定代表人，对高等学校的全部财务管理工作承担法律责任；实施自主权并依法承担财政公开、透明的责任；实施会计和审计的规定。私立高等学校的校长为委托代理人，在委托范围内行使和履行类似法定代表人的权利和义务。

第 21 条　高等学校的分校

1. 高等学校的分校隶属于高等学校且受其统筹管理。高等学校的分校没有独立的法

① 因本条第 1 款中，"高等专科学校、高等本科学校的校长"和"独立学院、大学的理经理"是并列关系，为方便下文叙述，统称为"校长"。——译者注

人资格，设立于与高等学校本部不同的省市，受其所在地省级人民委员会的管理。

2. 高等学校的分校根据校长的调动实施任务，向校长报告分校的运行情况，向所在地省级人民委员会报告地方授权管理的相关活动情况。

3. 高等学校分校的设立须符合本法第 22 条的各项规定，并由教育与培训部部长决定设立或者批准设立。

第二节 高等学校的设立、合并、分立和解散；批准、停止教学活动

第 22 条 高等学校的设立或批准设立的条件

1. 高等学校的设立或者批准设立必须满足下列所有条件：

（1）具有已通过的符合经济社会发展规划和高等学校网络规划的设立草案；

（2）具有高等学校本部所在地省级人民委员会出具的关于设立高等学校的书面同意和土地租赁证明；

（3）具有由政府授权的有关部门出具的关于设立高等学校的财政能力证明；

（4）对于外资高等学校，还须具有政府授权的有关部门出具的投资许可证明。

2. 自设立或者批准设立的决定生效之日起 4 年后，如高等学校不被批准实施教学活动，则设立或者批准设立的决定无效。

第 23 条 实施教学活动的批准条件

1. 高等学校教学活动必须满足下列所有条件才能获得批准：

（1）具有设立或者批准设立高等学校的决定。

（2）有土地、设施、设备、学生宿舍、体育设施，以满足教学的需求；根据项目的承诺条款，建造的地点需保证学生、教师和其他员工的教学活动和安全环境。

（3）有培养计划、教材和教学材料，按规定进行学习。

（4）有数量充足、结构统一且达到专业和业务标准的专职教师和管理人员队伍。

（5）具有规定的充足财政能力以保证高等教育机构的可持续运行和发展。

（6）具有高等学校的组织和运行制度。

2. 自批准教学活动的决定生效之日起 3 年后，如高等学校不实施教学活动，则批准教学活动的决定无效。

第 24 条 高等学校的合并、分立

高等学校的合并、分立须符合以下要求：

1. 符合高等学校网络规划；

2. 满足经济社会发展的需求；

3. 保证教师、职员、其他员工和学生的权利；

4. 有助于提高高等教育的质量和效果。

第 25 条　停止高等学校的教学活动

1. 有下列情节之一的，高等学校将被停止教学活动：

（1）为设立或批准设立高校、批准设立教学活动，实施有欺诈行为的；

（2）不符合本法第 23 条第 1 款规定的条件之一的；

（3）教学活动的批准人未获得授权的；

（4）违法教育法规定被处以停止活动的行政处罚的；

（5）法律规定的其他情节。

2. 停止教学活动的决定要确定停止原因、停止期限，并采取措施保护教师、其他员工和学生的合法权益。停止教学活动的决定必须在大众媒体公布。

3. 停止期满后，如果停止原因得到克服，则授权决定停止的人可决定高等学校继续实施教学活动。

第 26 条　高等学校的解散

1. 有下列情节之一的，高等学校将被解散：

（1）严重违反法律规定的；

（2）停止期满后仍不能克服造成其被停止的原因的；

（3）设立或批准设立高等学校的决定的活动内容和目标不再符合经济社会发展需求的；

（4）高等学校的设立组织、个人提议解散的；

（5）自设立或者批准设立的决定生效之日起 5 年之后，不能实现项目的承诺条款的。

2. 解散高等学校的决定要确定解散原因，并采取措施保护教师、其他员工和学生的合法权益。解散高等学校的决定必须在大众媒体公布。

第 27 条　设立或者批准设立高等学校、批准教学活动、停止教学活动以及合并、分立、解散高等学校的程序和授权

1. 高等本科学校、独立学院、大学和外资高等学校的设立或者批准设立、批准其教学活动、停止其教学活动以及合并、分立、解散由政府总理具体规定。

高等专科学校的设立或者批准设立、批准其教学活动、停止其教学活动以及合并、分立、解散由教育与培训部部长具体规定。

2. 政府总理决定设立大学、独立学院、公立高等本科学校、私立高等本科学校和外资高等学校。

教育与培训部部长决定设立公立高等专科学校、私立高等专科学校。

3. 获得授权决定设立或批准设立高等学校的人有权决定该高等学校的合并、分立、解散。

4. 由教育与培训部部长决定批准和停止高等专科学校、高等本科学校、独立学院、具有博士生培养资格的科学研究院和外资高等学校的教学活动。

第三章　高等学校的职责和权限

第 28 条　高等专科学校、高等本科学校、独立学院的职责和权限

1. 制定高等学校的发展战略和计划。

2. 实施教学、科学技术、国际合作活动,保证高等教育质量。

3. 根据确立的目标制定培养计划,确保培养计划和学历层次的连接。

4. 设立组织机构;招聘、管理、建设和培养教师、管理人员、职员、其他员工队伍。

5. 管理学生;保证教师、职员、员工、管理人员和学生的合法权利和利益;根据社会政策对社会政策享受者、少数民族、经济社会条件特别困难地区人民等对象进行资助;确保教学环境。

6. 对教学质量进行自我评估并接受教学质量评估。

7. 使用国家划拨或者出租的土地、设施;依法享受税款减免。

8. 调动、管理和使用资源;建设和改善设施,购置设备。

9. 与国内外经济、教育、文化、体育、医疗、科学研究等领域的组织开展合作。

10. 遵循信息和报告制度,按规定接受教育与培训部、其他相关部委和所在地省级人民委员会的监督与检查。

11. 法律规定的其他职责与权限。

第 29 条　大学的职责和权限

1. 大学的职责和权限

(1)制定大学的发展战略和计划。

(2)管理、运营、组织大学的教学活动。

(3)调动、管理、使用资源,分享大学的资源和设施。

(4)遵循信息和报告制度,按规定接受教育与培训部、政府检察人员、其他相关部委和所在地省级人民委员会的监督与检查。

(5)在教学、科学研究、技术、财政、国际关系、组织机构等方面具有高度的自主权。

(6)法律规定的其他职责和权限。

2. 政府总理颁行国家大学及其附属高等学校的组织和运行制度；教育与培训部部长颁行地区性大学及其附属高等学校的组织和运行制度。

第 30 条　具有博士生培养资格的科学研究院的职责和权限

1. 根据博士生培养计划履行职责与权限。

2. 须有系、办、处等职能单位，对博士生进行组织和管理。

第 31 条　外资高等学校的职责和权限

1. 制定和实施教学、科学研究的目标、计划和内容；建设师资队伍，发展物资设施设备、教材、教辅资料、学习资料；保证教学质量，实施高等教育质量评估；依法组织教学活动，颁发学历证书和结业证书。

2. 根据批准设立和批准实施教学活动的决定进行组织和运行。

3. 公开提供教学质量保证，公开资源和财政。

4. 接受教育与培训部的教育管理。根据教育与培训部、其他相关部委、政府授权的有关部门和所在地省级人民委员会的要求就外资高等学校的运行情况做报告。

5. 即使是提前停止或者被迫停止运行的情况下，也须保障学生、教师和其他员工的合法权益。

6. 尊重越南的法律、风俗习惯。

7. 其合法权利和利益受越南法律和越南社会主义共和国缔结的国际条约的保护。

8. 履行法律规定的其他职责和权限。

第 32 条　高等学校的自主权

1. 高等学校在组织与人事、财政与财产、教学、科学技术、国际合作等方面的主要活动享有自主权，保证高等教育质量。高等学校根据自身能力、排名和教育质量评估结果，享有较高的自主权。

2. 高等学校不再具有刑事自主权的能力或者行使自主权有违法行为的，视情节轻重，依照法律规定处理。

第四章　教学活动

第 33 条　培养专业的开设

1. 高等学校开设专科、本科、硕士生、博士生各学历层次的专业条件有：

（1）登记的培养专业需符合地方、地区、国家以及各个领域的经济社会发展对人力资源的需求；

（2）具有在数量、质量、水平和结构方面有保证的专职教师、科研人员队伍；

（3）有确保教学需求的设施、设备、图书馆、教材；

（4）制定培养计划，以保证学生毕业后知识和技能水平，满足其他学历层次和培养计划的连接教育的要求。

2. 教育与培训部部长对开设或停止专科、本科、硕士生、博士生学历层次专业的条件、程序和手续作出决定，并决定是否批准开设专科、本科、硕士生、博士生学历层次专业或者停止其活动。

国家大学以及达到国家级标准的高等学校可根据已批准属于本校培养领域的培养专业目录，在符合规定的条件时可自主开设专科、本科、硕士生、博士生学历层次的专业并对其负责。

第 34 条　招生指标和招生组织

1. 招生指标

（1）招生指标是在经济社会的发展需求和人力资源发展规划的基础上确定的，在教师队伍的数量和质量、设施设备方面满足相应条件；

（2）高等学校自主确定招生指标，负责公布招生指标、教学质量和教学质量保障条件；

（3）高等学校违反招生指标规定的，视情节轻重，依照法律规定处理。

2. 招生组织

（1）招生方式包括：招生考试、审核招生、招生考试与审核招生相结合。

（2）高等学校自主决定招生方式并对招生工作负责。

3. 教育与培训部部长对招生指标作出决定，并颁行招生制度。

第 35 条　修业年限

1. 实施正规教育的各高等教育学历层次的修业年限规定于《教育法》第 38 条。

2. 学分制教育的修业年限是在各培养计划和学历层次规定的累计学分的基础上确定的。

高等学校的校长对各培养计划和学历层次的累计学分数量作出决定。

3. 继续教育形式的高等学校各学历层次的修业年限比正规教育形式的修业年限至少长 1 年。

第 36 条　高等教育培养计划和教材

1. 培养计划

（1）专科、本科的培养计划包括：培养目标、学生毕业后的知识和技能水平；各个学科和专业的培养内容和评估方式；教学水平；满足其他学历层次和培养计划的连接教育的要求。

（2）硕士生、博士生的培养计划包括：培养目标、学员和研究生毕业后知识和技能水平；知识水平、硕士生和博士生学历层次的培养课程结构、学位论文。

（3）高等学校可采用外国高等学校经质量评估和认证的培养计划，以实施各高等教育学历层次的培养。

（4）高等学校独立负责制定、审定、颁行针对专科、本科、硕士生、博士生的培养计划。

（5）外资高等学校独立负责制定和执行越南教育质量评估单位评估通过的培养计划，保证其不对国防安全、公共利益造成损害，不歪曲历史，对文化、道德、淳朴风俗、越南民族大团结、世界和平与安全造成不良影响，且不能传播宗教。

（6）继续教育与正规教育两种形式的培养计划内容相同。

2. 高等教育教材

（1）高等教育的教材将各学科和专业培养计划中的知识和技能要求具体化，以实现各高等教育学历层次的目标。

（2）教育与培训部组织编写高等学校在政治理论、国防安全相关学科教学使用的教材。

（3）高等学校的校长根据其组织设立的教材审定委员会的评议，组织编写、选择和批准高等教育教学使用的教材。

（4）高等学校在使用教材和公布科学研究项目时要遵守知识产权和著作权的相关规定。

3. 教育与培训部部长规定各高等教育学历层次的学生毕业后需达到的最低知识水平和能力要求，制定专科、本科、硕士生、博士生等学历层次的培养计划的制定、审定和颁行规程，规定外资高等学校的各学历层次培养计划中必修课程，并对高等教育教学材料和教材的编写或选择、审定、批准和使用作出规定。

第37条　教学的组织与管理

1. 教学的组织和管理实行学年制或学分制。

2. 高等学校自主按学年和学期组织和管理教学，实施各学历层次与培养形式的培养计划和制度。

3. 可实施联合培养的高等学校在教学环境、设施、设备、图书馆和管理人员等方面达到要求的条件下，只能以继续教育的形式与高等本科学校、高等专科学校、中等专业学校、省级继续教育中心以及隶属于国家机关、政治组织、政治社会组织、人民武装力量的学校实施专科、本科学历层次的联合培养。

4. 教育与培训部部长颁行培养与联合培养制度。

第 38 条　高等教育学历证书

1. 高等教育学历证书是指颁发给从某形式的学历层次毕业的学生的高等教育学历证书，包括专科毕业证书、本科毕业证书、硕士学历证书和博士学历证书。

（1）学生完成专科培养计划且合格的，可参加毕业考试或者进行论文答辩，完成毕业论文，如达到要求或者修满规定学分，且符合高等学校设置的标准的，可获得高等学校校长颁发的专科毕业证书；

（2）学生完成本科培养计划且合格的，可参加毕业考试或者进行论文答辩，完成毕业论文，如达到要求或者修满规定学分，且符合高等学校设置的标准的，可获得高等学校校长颁发的本科毕业证书；

（3）学生完成硕士生培养计划且合格的，可进行论文答辩，如达到要求，可获得高等学校校长颁发的硕士学历证书；

（4）研究生完成博士生培养计划且合格的，可进行论文答辩，如达到要求，可获得高等学校校长颁发的博士学历证书。

2. 高等学校印制并颁发学历证书给学生，并在本校网站上公布学生学历证书的相关信息。

3. 教育与培训部部长制定高等教育学历证书的格式，规定高等教育学历证书的印制、管理、颁发、召回、注销事宜，规定越南高等学校与国外高等学校的联合培养关于颁发高等教育学历证书的职责与权限，规定外资高等学校在越南颁发高等教育学历证书的职责，负责与各个国家和国际组织签订学历证书相互承认协定，并规定国外高等学校颁发的学历证书的认证程序、手续问题。

4. 教育与培训部部长会同其他部级机关部长、首长就向一些特殊专业毕业的大学学生颁发实践和应用能力认证证书作出规定。

第五章　科学技术活动

第 39 条　科学技术活动的目标

1. 提高教师、研究员、管理人员、职员的高等教育质量、研究和应用科学技术的能力。

2. 培养和开发学生的科学研究能力，发现和培养人才，满足高层次人才的需求。

3. 为科学与教育的发展创造新的解决方案、知识和技术，促进经济社会发展，保障国防安全。

第 40 条　科学技术活动的内容

1. 进行基础科学、社会与人文科学，教育科学、科学技术方面的研究，创造新知识和新产品。

2. 将各项研究成果、技术转让应用于生活和生产实践。

3. 设立实验室和研究机构，为教学与科学研究服务，建立技术开发基地，将技术开发与新产品相结合。

4. 参加募集、咨询、评审和履行各项关于科学技术的任务和合同，以及既定的常规任务。

第 41 条　高等学校在科学技术活动中的职责与权限

1. 制定和实施科学技术的发展计划和战略。

2. 开展科学技术研究以提高教学质量。

3. 开展科学研究和技术转让以创造新的知识、技术和解决方案，在符合学校的科学技术能力的基础上促进经济社会的发展。

4. 独立负责签署科学技术合同；开展各项科学技术任务；登记参加科学技术任务的选择和履行。

5. 使用资金、财产、知识财产和其他合法收入来开展各项科学技术、生产、经商活动。

6. 设立研发机构、科学技术服务机构和科学技术企业。

7. 知识产权得到保护；有权转让科学技术成果；公布科学技术成果。

8. 保护国家和社会的利益；保护组织、个人在科学技术活动中的合法权益；保护法律规定的科学技术秘密。

9. 法律规定的其他职责和权限。

第 42 条　国家对科学技术发展的责任

1. 政府规定投资发展潜力，鼓励高等学校开展科学技术活动，优先发展在科学技术的研究和应用型人才方面具有巨大潜力的高等学校。

2. 科学与技术部主导会同教育与培训部、计划与投资部、财政部制定关于高等学校科学技术的优先投资发展政策。

3. 教育与培训部主导会同科学与技术部和其他相关部门对高等学校的科学技术活动作出规定。

第六章　国际合作活动

第 43 条　国家合作活动的目标

1. 提高面向现代化的高等教育质量，获取地区和世界的先进高等教育。

2. 为高等学校的稳定发展创造条件，培养为国家的工业化、现代化事业服务的高层次人才。

第 44 条　高等学校的国际合作形式

1. 联合培养。

2. 在越南设立外国高等学校的代表处。

3. 联合开展科学研究和技术转让活动，组织科学会议和研讨会。

4. 咨询、赞助、投资发展设施、设备。

5. 培养和交换教师、研究院、研究人员和学生。

6. 共享图书馆，交换教学、科学技术活动信息；提供培养计划；交换教学、科学技术活动的印刷品、材料和成果。

7. 参加教育、科学组织和地区与国际专业会议。

8. 在国外设立越南高等学校的代表处。

9. 法律规定的其他合作形式。

第 45 条　国内外联合培养

1. 国内外联合培养是越南高等学校与国外教育机构制定和实施的联合培养计划，旨在获得学历证书或证书，但不形成新的法人。

2. 国内外联合培养计划是外国的计划或者是由双方共同制定的计划。培养计划在越南全部在越南实施或者部分在越南实施，部分在外国实施。

3. 国内外联合培养的高等学校要满足教师队伍、设施设备、教学计划与内容、法理资格、由外国或教育与培训部认证的质量评估证书、联合培养许可证等条件。

4. 教育与培训部部长批准专科、本科、硕士生、博士生学历层次的国内外联合培养计划。

大学经理批准在大学开展的专科、本科、硕士生、博士生学历层次的国内外联合培养计划。

5. 如国内外联合培养计划被停止招生或者由于不符合本条第 3 款规定的条件被停止活动，高等学校要保护教师、学生和其他员工的合法权益；返还学生的经费，结算授课劳务费，保障劳动合同或者集体合同中教师和其他员工的其他权利，还清税收债务和其他债务（如有）。

6. 高等学校要在本校网站和其他大众媒体上公布国内外联合培养的相关信息。

第 46 条　代表处

1. 外国高等学校的代表处代表外国高等学校。

2. 代表处有下列职责与权限：

（1）通过促进制定高等教育的合作计划和项目，以推动与越南高等学校的合作；

（2）组织高等教育的信息交流、咨询、研讨会、展览等活动，推广外国的高等学校；

（3）监督、促进与越南高等学校签署的各项高等教育合作协议；

（4）不能在越南实施直接营利的高等教育活动，且不能在越南设立外国高等学校代表处的直属机构。

3. 在具有下列所有条件的情况下，外国高等学校可获准在越南设立代表处：

（1）具有法人资格；

（2）在所在国高等教育教学活动的运行时间在5年以上；

（3）具有明确的制度、宗旨和目的；

（4）具有符合越南法律规定的在越南设立代表处的组织和运行制度。

4. 由教育与培训部部长颁发外国高等学校设立代表处许可证。

5. 有下列情况之一的，外国高等学校的代表处将被终止活动：

（1）许可证过期的；

（2）外国高等学校设立的代表处的提议终止活动的；

（3）自许可证首次颁发之日起6个月内或者办理许可证延期之日起3个月以内不实施教学活动的，许可证将被召回；

（4）被发现在申请设立代表处许可证的过程中提供虚假资料的；

（5）开展与许可证内容不相符的活动；

（6）违法越南法律的其他规定。

第47条　高等学校在国际合作活动中的职责和权限

1. 实施本法第44条规定的国际合作形式。

2. 遵守越南法律和越南社会主义共和国缔结的国际条约。

3. 合法权利和利益受越南法律和越南社会主义共和国缔结的国际条约的保护。

第48条　国家对国际合作的责任

1. 政府采取适当的措施落实双方或多方协议，促进高等学校的国际合作，以满足国家对经济社会发展的需求，符合高等教育的发展战略和规划；加强对国内外联合办学和联合培养的管理。

2. 政府总理制定投资政策和待遇制度，以吸引在国外的越南科学家和越南人参与赞助、教学、科学研究和技术转让；政府总理还对本法第44条、第45条和第46条规定的关于国际合作的条件、程序作出具体规定。

3. 教育与培训部部长规定鼓励高等学校投资和拓展与外国在教学、教学、科学研究和技术转让等方面的交流与合作；对外国高等学校在越南的运行以及对越南高等学校与外国高等学校的联合培养的管理工作作出规定。

第七章　高等教育质量的保障和评估

第 49 条　高等教育质量评估的目标、原则和对象

1. 高等教育质量评估的目标

（1）保障和提高高等教育质量；

（2）确定高等学校和培养方案在各阶段高等教育目标的实施情况；

（3）作为高等学校向政府授权的有关部门和社会说明其实际教学质量的依据；

（4）为学生选择高等学校和培养计划，以及招聘者的人事招聘提供基础。

2. 高等教育质量评估的原则

（1）独立、客观、合法；

（2）真实、公开、清楚；

（3）公平、强制、定期。

3. 高等教育质量评估的对象：

（1）高等学校；

（2）各高等教育学历层次的培养计划。

第 50 条　高等学校对保障高等教育质量的责任

1. 设立保障高等教育质量的专门机构。

2. 制定和实施保证高等教育质量的计划。

3. 自我评价、改进和提高高等教育质量；定期登记对培养计划和高等学校进行评估。

4. 保持和发展保障教学质量的条件，包括：

（1）教师、管理人员队伍和其他员工；

（2）培养计划、教材、教学材料；

（3）教师、办公室、图书馆、信息技术系统、实验室、实习中心、宿舍和其他服务设施；

（4）财政资源。

5. 在教育与培训部、高等学校和大众媒体网站上公布关于保障高等教育质量的各项条件、教学和科学研究成果、高等教育质量的评估结果。

第 51 条　高等学校对高等教育质量评估的职责和权限

1. 应国家教育管理机关的要求进行教育质量评估。

2. 实施对高等教育质量评估结果的信息和报告制度。

3. 有权在教育与培训部认证的教育质量评估机构中选择其中之一，对高等学校质量

和培养计划质量进行评估。

4. 对高等教育质量评估的组织、个人的决定、结论和违法行为，高等学校可向政府授权的有关部门提起申诉和控告。

第 52 条　教育质量评估机构

1. 教育质量评估机构对高等学校和培养计划是否达到高等教育质量的标准进行评价和认证。

教育质量评估机构具有法人资格，对高等教育质量评估活动承担法律责任。

2. 在提出符合教育质量评估机构网络规划的设立提案时，可设立新的教育质量评估机构；在具有设施、设备、财政和达到从事高等教育质量评估活动要求的评估人员队伍时，教育质量评估机构可开展教育质量评估活动。

3. 教育与培训部部长公布高等学校的国家标准，规定高等教育质量的评价标准、培养计划的最低实施要求、高等教育质量评估的规程和周期，规定活动原则和从事教育质量评估的组织、个人的条件、标准，规定教育质量评估证明的发放与召回，决定设立或批准设立高等教育质量评估组织，批准教育质量评估活动的开展。

第 53 条　高等教育质量评估结果的使用

高等教育质量的评估结果可作为确定高等教育质量、高等学校的地位和信誉的依据，作为高等学校自主负责、国家对其投资支持和任务分配的依据，以及作为国家和社会监督高等学校的依据。

第八章　教师

第 54 条　教师

1. 高等学校教师有清楚的背景、良好的道德品质，身体健康需达到职业要求，且需达到《教育法》第 77 条第 1 款第 6 项规定的专业和业务水平。

2. 高等学校教师的职务设助教、讲师、副教授、教授。

3. 除了教育与培训部部长指定的一些特殊专业外，高等学校教师要具备硕士及以上学历。

高等学校校长优先聘任具备硕士及以上学历的人为高等学校教师。

4. 教育与培训部部长颁行教学业务培养计划，并规定高等学校教师的培养和聘任。

第 55 条　教师的职责和权利

1. 根据培养计划、目标进行教学，充分有效地实施培养计划。

2. 研究、发展应用科学和技术转让，保障教学质量。

3. 定期学习、培养提高政治理论、专业、业务水平，改进教学方法。

4. 保持教师的品质、信誉和名声。

5. 尊重学生的人格，公平对待学生，保护学生的正当权利和利益。

6. 参与高等学校的管理和监督，参加党的活动、集体活动和其他活动。

7. 依法与其他高等学校、科学研究机构签署客座教师聘任协议和科学研究合同。

8. 有权被任命为高等学校的教师，被授予“人民教师”“优秀教师”称号，依法获得表彰。

9. 法律规定的其他职责和权利。

第 56 条　对教师的政策

1. 高等学校教师被派遣学习以提高专业和业务水平；享受优惠的薪资、岗位津贴、资历工资和政府规定的其他补助。

2. 经济社会条件特别困难地区的高等学校教师可享受住宿优惠、津贴制度和政府规定的其他优惠政策。

3. 国家有调派高等学校教师到经济社会条件特别困难地区的高等学校任教的政策，鼓励高等学校教师到经济社会条件特别困难地区的高等学校任教，并为教师在该地区安心任教创造条件。

4. 具有博士学位或具有教授、副教授职称的高等学校教师在达到退休年龄后，如身体状况允许、自愿延长工作期限且高等学校有需求，可延长工作年限。

5. 高等学校的政策由政府总理具体规定。

第 57 条　客座教师和报告员

1. 关于高等学校的客座教师的条款规定于教育法第 74 条。

根据客座教师与高等学校校长之间签订的聘用合同，客座教师享有和履行该合同规定的权利和义务。

2. 高等学校有权邀请国内外专家、科学家、企业家、艺术家作为客座教授和报告员。

3. 客座教师和报告员由教育与培训部部长作出具体规定。

第 58 条　教师被禁止的行为

1. 侵犯学生和他人的名誉、人格和身体权。

2. 在教学、科学研究活动中实施欺诈行为。

3. 利用教师名义和教学活动实施违法行为。

第九章　学生

第 59 条　学生

学生是指正在高等学校学习和开展科学研究的人，包括专科、本科培养计划的大学生，硕士生培养计划的学员，博士生培养计划的研究生。

第 60 条　学生的责任和权利

1. 按规定进行学习、科学研究、训练。

2. 尊重高等学校教师、管理人员、职员和其他员工。在学习和训练过程中团结互助。

3. 参与劳动、社会活动和环境保护活动，保护安全秩序，预防和打击不当行为，预防学习和考试中的作弊行为，预防和打击犯罪和社会丑恶现象。

4. 无论性别、民族、宗教信仰、出身，学生都会得到尊重和平等对待，获取学习和训练的充足信息。

5. 享受参与科学技术活动、文化体育活动和学习所需的便利条件。

6. 提出意见并参与教育活动和教育质量保障条件的管理和监督。

7. 学生享受优先政策和社会优惠政策。

8. 法律规定的其他责任和权利。

第 61 条　学生被禁止的行为

1. 侵犯教师、教育管理人员、其他员工、学生和其他人的人格、名誉和身体权。

2. 在学习、检查、考试和招生过程中实施欺诈行为。

3. 在高等学校或者公共场所参与社会丑恶活动和其他违法行为，对安全秩序造成混乱。

4. 组织或者参加违法行为。

第 62 条　对学生的政策

1. 根据《教育法》第 89 条、第 90 条、第 91 条和第 92 条，大学生享受奖学金与社会资助、保送制度、教学信用、减免公共服务费的政策。

2. 为符合社会经济、国防安全发展需求的特殊专业学生免除学费，优先考虑奖学金和社会资助。

3. 政府具体制定学生享受的优先政策和社会优惠政策。

第 63 条　国家调动的义务工作期限

1. 大学生如享有国家资助或者越南国家与外国签署协议资助的奖学金和培养费用，毕业后须服从国家的工作调动且工作期限至少为享受奖学金和培养费用时间的两倍，如果不接受调动则须返还奖学金和培养费用。

2. 在学生正式毕业后的12个月之内，政府授权的有关部门负责为毕业生分配工作。超过上述期限后，如学生没有收到工作分配，则不需返还学费和培养费用。

3. 返还学费和培养费用由政府具体规定。

第十章　高等学校的财政、财产

第64条　高等学校的财政来源

高等学校的财政来源包括：

（1）国家预算（如有）；

（2）学费和报名费；

（3）联合培养、科学技术、生产、经商和服务活动的收费；

（4）来自国内外的个人、组织的赞助、援助、礼品和礼物；

（5）来自国内外的个人、组织的投资；

（6）法律规定的其他合法收入来源。

第65条　学费、报名费

1. 学费、报名费是学生必须向高等学校缴纳的费用，用于弥补教学支出费用。

2. 政府规定公立高等学校收取学费、报名费金额的内容和方法，规定学费和报名费的收费标准。

3. 公立高等学校有权在政府规定的学费和报名费框架内，自主制定和决定学费、报名费的收费金额。

4. 私立高等学校、外资高等学校有权依法自主制定和决定学费、报名费的收费金额。

5. 学费、报名费的收费金额应当和招生通报同时公布。

6. 实施高质量培养计划的高等学校可收取与教学质量相当的学费。

教育与培训部部长规定高质量培养计划的确定标准，负责管理、监督学费金额是否与教学质量相一致。

第66条　高等学校的财政管理

1. 高等学校依法实施财政、会计、审计、税务和财政公开制度。

2. 使用国家预算的高等学校由国家分配的任务，以按照国家预算法的规定负责管理和使用国家预算。

3. 私立高等学校在教学、科学研究活动中收入与支出的财政差额作如下使用：

（1）至少留出25%用于投资发展高等学校和教育活动，修建设施，购置设备，培训和培养为学生的学习和生活服务的教师、教育管理人员和其他员工，或者用于慈善，履行社会责任。该部分免税。

(2)如把剩余部分分发给投资者或者高等学校的员工须根据税法的规定纳税。

4. 私立高等学校在运行过程中积累的财产和其获得的赞助、资助、赠与的财产是不可分配的公共财产，根据保护和发展的原则进行管理。

5. 私立高等学校资金的撤回和转让根据政府总理的决定实施，保证高等学校的稳定和发展。

6. 政府规定对高等学校的国家预算的分配指标和方法，并对外资高等学校开展教育活动的财政作出规定。

7. 教育与培训部、各政府部门、部级机关、省级人民委员会对高等学校财政的管理和使用情况进行检查。

第 67 条　管理和使用高等学校的财产

1. 根据关于管理和使用国有财产的法律规定，高等学校管理和使用来源于国家预算的财产；自主负责管理和使用除国家预算以外的其他来源的财产。

2. 国家交由私立高等学校管理的财产和土地，以及高等学校获得的赞助、资助和赠与的财产，必须妥善使用，不能改变其使用目的，且不能以任何形式转变为私人所有。

3. 外资高等学校的财产受越南法律和越南社会主义共和国缔结的国际条约的保护。

4. 教育与培训部、各政府部门、部级机关、省级人民委员会根据政府规定，对高等学校的国有财产管理和使用情况进行检查。

第十一章　国家对高等教育的管理

第 68 条　国家对高等教育的管理内容

1. 制定和指导实施发展高等教育事业的战略、规划、计划和政策。

2. 颁行和组织实施高等教育的规范性法律文件。

3. 规定培养计划的内容与结构、学生毕业的最低能力水平和教师标准；规定高等学校设施设备的标准；规定教材、教学材料的编撰、出版、印刷和发行；制定关于考试、颁发学历证书和结业证书的制度。

4. 对高等教育的质量保障、高等教育质量的评价标准、高等学校的国家标准、各高等教育学历层次的培养计划标准、完成培养计划的最低要求、高等教育评估的规程和周期、高等教育质量评估进行国家管理。

5. 对高等教育的组织和运行进行统计并提供信息。

6. 组织高等教育管理机制。

7. 组织和指导高等学校教师及教育管理人员的培训、培养、管理工作。

8. 调动、管理、使用发展高等教育的资源。

9. 组织、管理高等学校的研究、科学技术应用、生产、经商活动。

10. 组织、管理关于高等教育的国际合作活动。

11. 对为高等教育事业有着重大贡献的人颁发荣誉称号作出规定。

12. 检查执法情况，解决申诉和控告，严肃处理高等教育的违法行为。

第 69 条　高等教育的国家管理机关

1. 政府统一管理高等教育事业。

2. 教育与培训部管理高等教育事业，并对政府负责。

3. 各政府部门、部级机关会同教育与培训部部长根据职权实行对高等教育的国家管理。

4. 省级人民委员会在职责与权限范围内，按照政府的分级授权对高等教育进行管理；检查地方高等学校教育活动遵守法律的情况；实现高等教育社会化；扩大规模，提高地方高等教育质量和效果。

第 70 条　检查

1. 对高等教育活动的检查，包括：

（1）检查对高等教育对法律和政策的实施情况；

（2）根据职权发现、阻止和严肃处理高等教育活动的违法行为或建议政府授权的有关部门处理；

（3）对政府授权的有关部门解决有关高等教育的申诉和控告进行查实和建议。

2. 教育与培训部的检察员对高等教育进行行政检查和专业检查。

3. 教育与培训部部长指示、引导和组织高等教育的检查工作。各政府部门、部级机关、省级人民委员会会同教育与培训部根据政府的分工和分级授权，对高等教育进行检查。

4. 高等学校依法进行自查。高等学校的校长为高等学校的检查活动负责。

第 71 条　违法处理

任何组织和个人有以下情节之一的，依据违法程度、性质处以纪律处罚、行政处罚；对个人还可追究其刑事责任；如造成严重损失必须依法赔偿：

1. 违法设立高等学校或者高等教育活动组织的。

2. 违反高等学校的组织和运行制度规定的。

3. 违法出版、印刷和发行材料的。

4. 制作假档案，违反招生、考试、学历证书和结业证书发放制度的。

5. 侵犯教师和教育管理人员的人格、身体权的；虐待学生。

6. 违反关于高等教育质量保障和评估的规定的。

7. 对高等学校的安全、秩序造成混乱的。

8. 造成资金流失，利用高等教育活动非法收费或者牟取私利的。

9. 对高等学校的设施造成损害的。

10. 违反高等教育法的其他违法行为。

第十二章　施行条款

第72条　施行效力

本法自2013年1月1日起生效。

第73条　细节规定和施行指导

政府、政府授权的有关部门对本法各项条款作出细节规定和施行指导。

越南社会主义共和国信仰、宗教法*

根据《越南社会主义共和国宪法》，国会颁布《信仰、宗教法》。

第一章　总则

第 1 条　调整范围与适用对象

1. 本法规定信仰自由、宗教自由、信仰活动、宗教活动、宗教组织以及与信仰活动、宗教活动相关的机关、组织和个人的权利和义务。

2. 本法适用于保障和实现信仰自由和宗教自由的机关、组织和个人。

第 2 条　词语解释

本法中，以下词语解释如下：

1. 信仰是指人们通过举行与传统风俗习惯密切相关的仪式体现出的信念，为个人和社会带来精神上的安定。

2. 信仰活动是指祭拜祖先与神灵、怀念和尊崇对国家和社会有功人士的活动以及关于历史、文化和社会公德的具有代表性的民间仪式。

3. 信仰节日是指按照传统仪式举行的集体信仰活动，旨在满足社会的精神需要。

4. 信仰活动场所是指用于开展信仰活动的寺院、庙宇、家族祠堂及其他类似场所。

5. 宗教是人们对崇拜对象、教义、教法、仪式和组织等活动和观念体系的信念。

6. 信徒是信仰、跟随某个宗教并得到该宗教组织承认的人。

7. 修行者是指出家的信徒，常将教义、教法和宗教组织的规定作为个人生活方式的人。

8. 职敕是指由宗教组织册封或者推选出来在宗教组织里任职的人。

9. 执事是指宗教组织、直属宗教组织、持有宗教活动登记证书的组织任命、选举或者推选的在宗教组织里任职的人。

10. 宗教实践是宗教信念的表达，是对教义、教法和宗教仪式的践行活动。

---

* 本文译者：龚敏，系北京外国语大学亚非学院博士研究生。

11. 宗教活动是指传播宗教、宗教实践和管理宗教组织等活动。

12. 宗教组织是指以特定组织结构将某个宗教的信徒、职敕、执事、修行者组织起来并经过国家认证的宗教活动机构。

13. 直属宗教组织是隶属于宗教组织的组织，根据宗教组织的宪章、条例、规定成立。

14. 宗教活动场所包括寺庙、教堂、祈祷室、圣室、圣堂、宗教组织事务所及其他合法机构。

15. 合法地点是指组织或个人根据法律规定拥有合法使用权的土地、房屋和工程设施。

16. 代表人是指代表某个宗教组织并对本组织开展的信仰活动、集体宗教实践、小组或组织的宗教活动承担法律责任的人。

第 3 条　国家对保障信仰自由和宗教自由的责任

1. 国家尊重和保护任何个人的信仰自由和宗教自由，保障各宗教在法律上的平等。

2. 国家尊重和保护关于信仰、宗教、祭祀祖先的传统、尊崇对国家和社会的有功人士等活动的文化和美德，满足人民的精神需求。

3. 国家保护信仰活动场所、宗教活动场所及其所属合法财产。

第 4 条　越南祖国阵线的责任

1. 团结有信仰、信教的同胞和无信仰、不信教的同胞，建设全民族大团结，建设和保卫祖国。

2. 及时向主管国家机关反映人民对信仰和宗教相关问题的意见、愿望和建议。

3. 参与制定关于信仰和宗教的规范法律文本，并根据法律规定向社会论证与信仰活动宗教相关的规范法律文件以及国家经济社会发展的规划、计划、项目和草案。

4. 参与宣传和动员职敕、执事、修行者、信徒、有信仰的人、信教的人、宗教组织和人民遵守《信仰、宗教法》。

5. 监督机关、组织、民选代表和干部、公职人员对信仰和宗教相关政策和法律的践行情况。

第 5 条　严格禁止的行为

1. 以信仰、宗教为由区别对待或歧视。

2. 强迫、收买或者妨碍他人跟随或不跟随信仰、宗教。

3. 亵渎信仰、宗教。

4. 信仰活动、宗教活动：

（1）危害国防安全，侵犯国家主权，破坏社会安全与秩序，污染环境；

(2)违反社会道德，侵犯他人的身体权、健康权、生命权和财产权，侵犯他人名誉权和人格尊严；

(3)妨碍公民行使权利和履行义务；

(4)破坏民族团结，制造宗教分裂，在有信仰、信教的人与无信仰、不信教的人之间，以及不同信仰、宗教的人之间制造分裂；

(5)利用信仰活动、宗教活动牟利。

第二章　信仰、宗教自由权

第6条　个人的信仰、宗教自由权

1. 任何个人都有信仰、宗教自由权，有权选择信仰或者不信仰宗教。

2. 任何个人都有权表达对信仰、宗教的信念，践行信仰、宗教仪式，参加节日，学习和遵循教义、宗教法。

3. 任何个人有权进入宗教活动场所修行，有权在宗教培训场所、宗教组织的培训班学习。未成年人进入宗教活动场所修行，在宗教活动场所学习须获得父母或者监护人的同意。

4. 职敕、执事、修行者有权在宗教活动场所或者其他合法地点举行宗教仪式，开展讲道、传教活动。

5. 被先行羁押的根据先行拘留的相关法律规定，正在服刑的罪犯以及正接受强制性教养措施、强制隔离戒毒治疗的人员有权使用宗教书籍，表达对信仰、宗教的信念。

6. 政府对本条第5款作出具体规定。

第7条　宗教组织、直属宗教组织的权利

1. 根据宗教组织的宪章、条例或规定同等内容的规范文本(以下统称“宪章”)开展宗教活动。

2. 组织宗教实践活动。

3. 出版宗教书籍和其他宗教出版物。

4. 生产、出口、进口宗教文化产品、宗教用品。

5. 修缮、升级、新建宗教活动场所。

6. 接收国内外组织和个人自愿赠与的合法财产。

7. 本法和其他相关法律规定的其他权利。

第8条　在越南合法居住的外国人的信仰和宗教自由权

1. 国家尊重和保护在越南合法居住的外国人的信仰和宗教自由权。

2. 在越南合法居住的外国人有权：

（1）宗教实践，参与信仰活动和宗教活动。

（2）在合法地点开展集体宗教实践活动。

（3）邀请越南籍的职敕、执事、修行者举行宗教仪式，开展讲道活动；邀请外国籍的职敕、修行者开展讲道活动。

（4）进入宗教活动场所修行，在宗教培训场所和越南宗教组织的宗教培训班学习。

（5）携带符合越南法律规定的宗教实践所需的宗教出版物、宗教用品。

3. 在越南合法居住的外国籍职敕、修行者允许在越南的宗教活动场所或者其他合法地点开展讲道活动。

第 9 条　组织、个人行使信仰和宗教自由权的义务

1. 参与信仰活动和宗教活动的组织、个人须遵守宪法、本法和其他相关法律规定。

2. 信仰活动场所的职敕、执事、修行者、代表人、管理委员会有责任引导信徒、信仰活动和宗教活动参与者遵守法律关于信仰活动、宗教活动的相关规定。

第三章　信仰活动

第 10 条　信仰活动的组织原则

1. 信仰活动、信仰节日必须坚持和弘扬民族的优秀传统文化。

2. 举办信仰活动、信仰节日必须保证社会的安全与秩序，倡导节俭，保护环境。

第 11 条　信仰活动场所的代表人、管理委员会

1. 信仰活动场所须有代表人或管理委员会为在信仰活动场所举办的活动承担法律责任。

2. 信仰活动场所的代表人或管理委员会成员须是常住越南的越南公民，有完全民事行为能力且受到居民群体的信任。

3. 信仰活动场所所在地的乡级人民委员会会同同级越南祖国战线组织当地居民选举代表人或者管理委员会成员。根据选举结果和本条第 2 款规定的条件，乡级人民委员会须自选举之日起 5 日之内将信仰活动场所的管理人或者管理委员会成员选举结果予以公示。

4. 对于被列入了历史文化名胜遗迹的信仰活动场所，其代表人的选举或管理委员会的设立适用《文化遗产法》相关法律的规定。

5. 选举家族祠堂的代表人或设立管理委员会不需遵守本条第 3 款的规定。

第 12 条　登记信仰活动

1. 除家族祠堂以外，信仰活动场所的信仰活动必须登记。

2. 除本法第 14 条规定的情形以外，信仰活动场所的代表人或者管理委员会必须在信仰活动开展前至少 30 日将登记材料递交给所在地的乡级人民委员会。

登记材料须详细说明信仰活动的主题、活动项目、内容、规模以及组织的时间和地点。

乡级人民委员会须在接到符合规定的登记材料之日起 15 日内给出书面批复，如不予登记应说明理由。

3. 对已获批准的登记材料中漏报的信仰活动项目，信仰活动场所的代表人或者管理委员会必须按照本条第 2 款的规定在信仰活动开展 20 日前进行补充登记。

第 13 条　举办定期信仰节日

1. 在定期信仰节日举办前至少 20 日，信仰活动场所的代表人或者管理委员会必须按照以下规定书面报告给主管国家机关：

（1）在乡、坊、镇（以下统称“乡”）范围内举办的信仰节日向节日组织地所在的乡级人民委员会递交书面报告；

（2）在同一市区县、市镇、省级市或直辖市（以下统称“县”）的多个乡共同举办的信仰节日向节日组织地所在的县级人民委员会递交书面报告；

（3）在同一省或直辖市（以下统称“省”）的多个县共同举办的信仰节日向节日组织地所在的省级人民委员会递交书面报告。

2. 报告须详细说明信仰节日名称、内容、规模、组织时间与地点、组织委员会成员初步名单以及其他保障节日举办期间社会安全、秩序和保护环境的措施。

3. 对于被列入了历史文化名胜遗迹的信仰节日，开展节日活动适用《文化遗产法》相关法律的规定。

4. 本条第 1 款规定的主管国家机关必须保证相关信仰节日按照报告内容举办。

第 14 条　举办新的信仰节日、恢复举办的信仰节日或者有变动的定期信仰节日

1. 在举办新的信仰节日、间隔一段时间又恢复举办的信仰节日或者在规模、内容、时间、地点方面有变动的定期信仰节日之前，信仰活动场所的代表人或者管理委员会必须向所在地省级人民委员会递交登记材料。

登记材料须详细说明信仰节日名称、节日内容（或者变动后的节日内容）、规模、组织时间与地点、组织委员会成员初步名单以及其他保障节日举办期间社会安全、秩序和保护环境的措施。

2. 省级人民委员会须在接到符合规定的登记材料之日起30日内给出书面批复，如不予登记应说明理由。

第15条　举办信仰节日收款的管理和使用

1. 信仰活动场所的代表人或管理委员会负责合理、公开透明地管理和使用举办信仰节日获得的收款。

2. 在节日结束后20日内，代表人或管理委员会必须向本法第13条第1款规定的主管国家机关书面报告收款情况及其使用目的。

第四章　登记集体宗教实践和宗教活动

第16条　登记集体宗教实践的条件

1. 在符合下列条件的情况下，宗教组织可为尚未成立直属宗教组织的地方信徒登记集体宗教实践活动，持有宗教活动登记证书的组织可为本组织成员进行集体宗教实践登记：

（1）有宗教实践的合法地点；

（2）宗教实践小组的代表人须是常住越南的越南公民，具有完全民事行为能力，非因信仰、宗教问题正在受到行政处罚，没有犯罪记录或者不是依据《刑事诉讼法》正被定罪的人；

（3）宗教实践的内容不属于本法第5条规定的情形。

2. 不属于本条第1款规定情形的信教人员，登记集体宗教实践除了须完全符合本条第1款规定的条件以外，还须符合下列条件：

（1）有教义、教法；

（2）宗教实践小组的名称不能与其他宗教组织、持有宗教活动登记证书的组织、政治组织、政治社会组织的名称以及名人、民族英雄的姓名相同。

第17条　集体宗教实践登记的程序、手续和审批

1. 宗教组织、持有宗教活动登记证书的组织或者本法第16条第2款规定的宗教小组的代表人向宗教实践地点所在地的乡级人民委员会递交集体宗教实践登记材料。

2. 登记材料包括：

（1）登记文件详细说明登记组织的名称、宗教名称、代表人的姓名与居住地、参加人数以及宗教实践的内容、地点和时间；

（2）证明宗教实践地点是合法地点的证明材料；

（3）集体宗教实践小组代表人的个人简历；

（4）本法第 16 条第 2 款规定情形的教义、教法概要。

3. 乡级人民委员会须在接到符合规定的登记材料之日起 20 日内给出书面批复，如不予登记应说明理由。

第 18 条　授予宗教活动登记证书的条件

被授予宗教活动登记证书的组织须符合下列条件：

1. 有教义、教法、仪式；

2. 具有合法的宗旨、目标、活动规范；

3. 组织的名称不能与其他宗教组织、持有宗教活动登记证书的组织、政治组织、政治社会组织的名称以及名人、民族英雄的姓名相同；

4. 组织的代表人、领导须是常住越南的越南公民，具有完全民事行为能力，非因信仰、宗教问题正在受到行政处罚，没有犯罪记录或者不是依据《刑事诉讼法》正被定罪的人；

5. 有设立办事处的合法地点；

6. 宗教活动的内容不属于本法第 5 条规定的情形。

第 19 条　宗教活动登记证书的登记程序、手续和审批

1. 符合本法第 18 条规定条件的组织向本条第 3 款规定的主管国家机关递交登记材料。

2. 登记材料包括：

（1）登记文件详细说明登记组织的名称、宗教名称、宗旨、目标、活动的内容与地点、在越南的产生背景和发展历程、组织代表人的姓名、信仰人数、组织结构以及初步确定的办事处设立地点；

（2）组织的代表人和初步确定的领导人的名单、个人简历、司法记录证明以及在参与的宗教活动概要；

（3）教义、教法和仪式概要；

（4）组织的活动规范；

（5）拥有合法地点作为办事处的证明材料。

3. 宗教活动登记证书的审批：

（1）对在一个省范围内开展活动的组织，省级人民委员会主管信仰、宗教事务的专门机关（以下统称“省级信仰宗教专门机关”）必须在接到符合规定的登记材料之日起 60 日内作出是否授予宗教活动登记证书的批复，如拒绝授予登记证书应说明理由；

（2）对在多省开展活动的组织，主管信仰、宗教事务的中央国家机关必须在接到符合规定的登记材料之日起60日内作出是否授予宗教活动登记证书的批复，如拒绝授予登记证书应说明理由。

第20条　关于组织被授予宗教活动登记证书后的安排

1. 组织被授予宗教活动登记证书后，可开展下列活动：

（1）组织宗教仪式、宗教实践、讲道、讲授教义；

（2）任命、选举、推选执事；

（3）修缮、改造办事处；

（4）参加慈善活动、人道活动；

（5）根据宪章组织大会。

2. 在开展本条第1款规定的活动时，组织应遵守本法和其他相关法律的规定。

第五章　宗教组织

第一节　宗教组织的认证；直属宗教组织的设立、新设分立、派生分立、吸收合并、新设合并

第21条　宗教组织的认证条件

持有宗教活动登记证书的组织在符合下列条件的情况下可以被认证为宗教组织：

1. 自被授予宗教活动登记证书之日起稳定、连续活动5年以上；

2. 有符合本法第23条规定的宪章；

3. 组织的代表人、领导须是常住越南的越南公民，具有完全民事行为能力，非因信仰、宗教问题正在受到行政处罚，没有犯罪记录或者不是依据《刑事诉讼法》正被定罪的人；

4. 有符合宪章规定的组织机构；

5. 拥有独立于个人、其他组织的财产，以组织的财产承担责任；

6. 以组织的名义独立参与法律关系。

第22条　宗教组织的申请程序、手续和审批

1. 符合本法第21条规定的所有条件的组织可向本条第3款规定的主管国家机关递交宗教组织认证申请。

2. 申请材料包括：

（1）申请文件详细说明申请认证的组织名称、对外交流名称（如有）、宗教名称、组织代表人姓名、申请时组织的信徒数量与活动范围、组织结构、办事处；

（2）组织自被授予宗教活动登记证书之日起的活动历程概要；

（3）组织的代表人和初步确定的领导人的名单、个人简历、司法记录证明以及在参与的宗教活动概要；

（4）教义、教法和仪式概要；

（5）组织宪章；

（6）组织的合法财产登记表；

（7）拥有合法地点作为办事处的证明材料。

3. 宗教组织认证的审批：

（1）对在一个省范围内开展活动的组织，省级人民委员会须在接到符合规定的材料之日起 60 日内作出是否准予认证为宗教组织的批复，如拒绝认证应说明理由；

（2）对在多省开展活动的组织，主管信仰、宗教事务的中央国家机关必须在接到符合规定的材料之日起 60 日内作出是否准予认证为宗教组织的批复，如拒绝认证应说明理由。

第 23 条　宗教组织的宪章

宗教组织的宪章包括下列基本内容：

1. 组织的名称；

2. 活动的宗旨、目标和活动原则；

3. 活动范围，主要办事处；

4. 财政、财产；

5. 法定代表人，印章；

6. 宗教组织、直属宗教组织的职能、任务、权限和组织结构；

7. 宗教组织、直属宗教组织的领导队伍的任务、权限；

8. 关于任命、选举、推选、调动、撤职、罢免职敕、执事和修行者的条件、标准、权力和方式；

9. 解散宗教组织以及设立、新设分立、派生分立、吸收合并、新设合并、解散直属宗教组织的条件、权力和方式；

10. 会议和大会的组织程序、决议通过的程序、修改与补充宪章的程序以及解决组织内部分歧的原则和方式；

11. 宗教组织和直属宗教组织的关系以及宗教组织与其他相关组织、个人之间的关系。

第 24 条　宪章修改

1. 宗教组织修改宪章必须向本法第 22 条第 3 款规定的主管国家机关登记。登记文件详细说明宗教组织的名称、代表人、内容、修改理由，并附上修改后的宪章。

2. 主管国家机关须在接到符合规定的登记材料之日起30日内给出书面批复，如不予登记应说明理由。

3. 宗教组织自主管国家机关批准修改之日起根据修改后的宪章开展活动。

第25条　宗教组织的名称

1. 宗教组织要有越南语名称。

2. 宗教组织的名称不能与其他宗教组织、持有宗教活动登记证书的组织、政治组织、政治社会组织的名称以及名人、民族英雄的姓名相同。

3. 宗教组织在与其他组织、个人的关系中使用其名称。

4. 宗教组织的名称受法律承认和保护。

5. 宗教组织更改名称须报请本法第22条第3款规定的主管国家机关批准。

6. 直属宗教机构更改名称须由宗教组织报请本法第29条第3款规定的主管国家机关批准。

第26条　宗教组织办事处的迁移

1. 迁移宗教组织办事处须报请新办事处所在地的省级人民委员会的批准，并且书面上报给本法第22条第3款规定的主管国家机关。

2. 迁移直属宗教组织的办事处须报请新办事处所在地的省级人民委员会的批准，并且书面上报给本法第29条第3款规定的主管国家机关。

第27条　直属宗教组织的设立、新设分立、派生分立、吸收合并、新设合并

1. 宗教组织、直属宗教组织可设立直属宗教组织；一个直属宗教组织分立成多个新的直属宗教组织；直属宗教组织被吸收进另一个直属宗教组织；多个直属宗教组织合并为一个新的直属宗教组织。

2. 新设分立以后，分立前的直属宗教组织消灭，其权利、义务由分立后的直属宗教组织承继。

3. 派生分立以后，派生分立出去的新直属宗教组织与未派生分立出去的直属宗教组织按照活动目的享有和承担各自的权利和义务。

4. 吸收合并以后，被吸收合并的直属宗教组织消失，其权利和义务由吸收该组织的直属宗教组织承继。

5. 新设合并以后，旧的直属宗教组织自新的直属宗教组织成立之日起消失，其权利和义务由新成立的直属宗教组织承继。

第 28 条　直属宗教组织的设立、新设分立、派生分立、吸收合并、新设合并的条件

宗教组织、直属宗教组织进行直属宗教组织的设立、新设分立、派生分立、吸收合并、新设合并必须满足下列条件：

1. 宗教组织的宪章有规定关于直属宗教组织的设立、新设分立、派生分立、吸收合并、新设合并办法；

2. 设立、新设分立、派生分立、吸收合并、新设合并前的直属宗教组织的活动不属于本法第 5 条规定的情形；

3. 有设立办事处的合法地点。

第 29 条　直属宗教组织的设立、新设分立、派生分立、吸收合并、新设合并的申请程序、手续、审批

1. 在进行直属宗教组织的设立、新设分立、派生分立、吸收合并、新设合并之前，宗教组织、直属宗教组织必须向本条第 3 款规定的主管国家机关递交申请材料。

2. 申请材料包括：

（1）申请文件详细说明理由、申请组织名称、申请设立的直属宗教组织名称，写明新设分立、派生分立、吸收合并、新设合并前后的组织名称和代表人，注明在设立之时的活动范围与信徒数量或新设分立、派生分立、吸收合并、新设合并前后的活动范围与信徒数量，并说明设立、新设分立、派生分立、吸收合并、新设合并后直属宗教组织的组织结构以及初步确定的办事处设立地点；

（2）新设分立、派生分立、吸收合并、新设合并前的直属宗教组织的活动历程概要文件；

（3）直属宗教组织的代表人和初步确定的领导人的名单、个人简历、司法记录证明以及在参与的宗教活动概要；

（4）直属宗教机构的宪章（如有）；

（5）直属宗教组织的合法财产登记表；

（6）拥有合法地点作为办事处的证明材料。

3. 直属宗教组织的设立、新设分立、派生分立、吸收合并、新设合并的审批：

（1）对在一个省范围内开展活动的直属宗教组织，省级人民委员会须在接到符合规定的材料之日起 60 日内作出是否准予设立、新设分立、派生分立、吸收合并、新设合并的批复，如不批准应说明理由；

（2）对在多省开展活动的直属宗教组织，主管信仰、宗教事务的中央国家机关必须在接到符合规定的材料之日起 60 日内作出是否准予设立、新设分立、派生分立、吸收合并、新设合并的批复，如不批准应说明理由。

4. 在获得主管国家机关的批准之后，宗教组织、直属宗教组织将会接到准予设立、新设分立、派生分立、吸收合并、新设合并直属宗教组织的文件。

主管国家机关的批准之日起批准文件有效期为一年，如果宗教组织、直属宗教组织在一年内不设立、新设分立、派生分立、吸收合并、新设合并直属宗教组织，则该文件失效。

第 30 条　宗教组织、直属宗教组织的法人资格

1. 宗教组织自主管国家机关认证之日起具有非商业性法人资格。

2. 直属宗教组织在符合本法第 21 条第 5 款规定的情况下，宗教组织报请本法第 29 条第 3 款规定的主管国家机关为其进行非商业性法人登记。

3. 政府对直属宗教组织法人登记的程序、手续作出具体规定。

第 31 条　宗教组织、直属宗教组织的解散

1. 如产生下列情形之一，宗教组织、直属宗教组织解散：

（1）宪章规定解散的情形；

（2）自主管国家机关认证或批准设立、新设分立、派生分立、吸收合并、新设合并之日起超过一年未开展宗教活动，连续一年以上不开展宗教活动；

（3）勒令停止一切宗教活动期满尚未能解决造成其停止活动的问题。

2. 主管国家机关有职责对宗教组织是否有权解散进行认证。

宗教组织、直属宗教组织有权解散直属宗教组织。在产生本条第 1 款第 2 项和第 3 项规定的情形时，本法第 29 条第 3 款规定的主管国家机关有权解散或者要求宗教组织、直属宗教组织解散直属宗教组织。

3. 解散之前，宗教组织、直属宗教组织必须履行全部债务。宗教组织、直属宗教组织解散后的财产根据民法规定处理。

宗教组织、直属宗教组织须自直属宗教组织解散之日起 20 日内上报给本法第 29 条第 3 款规定的主管国家机关。

4. 政府对宗教组织、直属宗教组织的解散程序、手续作出具体规定。

第二节　任命、选举、推选、调动、撤职、罢免职敕、执事和修行者

第 32 条　任命、选举、推选职敕和执事

1. 宗教组织、直属宗教组织根据宪章进行任命、选举、推选。

2. 被任命、选举、推选的人具有完全民事行为能力，非因信仰、宗教问题正在受到行

政处罚，没有犯罪记录或者不是依据《刑事诉讼法》正被定罪的人。

3. 具有涉外因素的任命、选举、推选适用本法第 51 条的规定。

第 33 条　职敕的任命、推选上报

1. 宗教组织须自任命、推选之日起 20 日内向主管信仰、宗教事务的中央国家机关书面上报被任命、推选为下列职位的宗教教职人员：越南佛教的和尚、上座、尼长、尼师；福音组织的牧师；高台圣教的配师以上的职位；越南静度居士佛会讲师以上的职位；其他宗教组织的同级职位。

2. 对本条第 1 款规定以外的其他职务的任命和推选，宗教组织须自任命、推选之日起 20 日内书面上报给职敕居住地和宗教活动开展地所在的省级信仰宗教专门机关。

3. 上报材料详细说明宗教组织的名称、姓名、职位、活动范围、宗教活动、参与的宗教活动概要，并附上职敕的个人简历、司法记录证明。

4. 如被任命和推选的职敕不符合本法第 32 条第 2 款的规定，主管国家机关应书面要求宗教组织撤销职敕的任命和推选结果。

在接到撤销任命和推选的文件之日起 20 日内，宗教组织有责任撤销职敕的任命和推选结果，并将处理结果上报给本条第 1 款和第 2 款规定的主管国家机关。

第 34 条　任命、选举和推选教职人员的登记

1. 宗教组织在任命、选举和推选下列执事之前，须将相关人员的登记材料递交给主管信仰、宗教事务的中央国家机关：

（1）在多省开展活动的宗教组织的领导队伍；

（2）在多省开展活动的直属宗教组织的负责人；

（3）宗教培训场所的负责人。

2. 对本条第 1 款规定以外的其他教职人员，宗教组织、直属宗教组织须在任命、选举、推选之前向执事居住地和宗教活动开展地所在的省级信仰宗教专门机关递交登记材料。

3. 持有宗教活动登记证书的组织须在任命、选举、推选执事之前向本法第 19 条第 3 款规定的主管国家机关递交登记材料。

4. 登记材料包括：

（1）登记材料详细说明拟定任命、选举、推选者的姓名及其在任命、选举、推选前后的职位、职务和负责区域；

（2）拟定任命、选举、推选者的个人简历、司法记录证明；

（3）拟定任命、选举、推选者参与的宗教活动概要。

5. 本条第 1 款、第 2 款、第 3 款规定的主管国家机关必须在接到符合规定的材料之日起20日内作出书面批复，如不予登记应说明理由。

6. 宗教组织、直属宗教组织、持有宗教活动登记证书的组织须自任命、选举、推选之日起20日内将任命、选举、推选的人员名单书面上报给本条第1款、第2款和本法第19条第3款规定的主管国家机关。

7. 对本法第19条、第22条、第29条、第38条规定的初步确定的宗教领导，在获得主管国家机关批准之后，须根据本条第6款的规定上报任命、选举、推选的人员名单。

第35条　职敕、执事、修行者的职位调动

1. 宗教组织、直属宗教组织须自调动职敕、执事、修行者的职位前至少20日向调出地和调入地的省级信仰宗教专门机关递交上报材料。

上报材料详细说明上报组织名称、调动人员的姓名、职位、职务、调动原因以及其调动前后的活动区域。

2. 在调动职敕、执事、修行者之前，发现其正被定罪或者尚未消除犯罪记录，宗教组织、直属宗教组织应将登记材料递交给调入地的省级人民委员会。

登记材料详细说明上报组织名称、调动人员的姓名、职位、职务、调动原因以及其调动前后的活动区域。

省级人民委员会必须在接到符合规定的登记材料之日起30日内作出书面批复，如不予登记应说明理由。

第36条　职敕、执事的撤职、罢免

1. 宗教组织、直属宗教组织根据宪章进行职敕、执事的撤职、罢免。

2. 自职敕、执事的撤职、罢免文件出来的20日以内，宗教组织、直属宗教组织必须书面上报给本法第33条第1款、第2款和第34条第1款、第2款规定的主管国家机关。

上报材料详细说明被撤职、罢免人员的姓名、职位、职务、被撤职或罢免原因，并附上宗教组织、直属宗教组织的撤职、罢免文件。

3. 持有宗教活动登记证书的组织须按照本条第2款的规定书面上报给本法第19条第3款规定的主管国家机关。

第三节　宗教培训场所、宗教培训班

第37条　宗教培训场所的设立条件

宗教组织设立宗教培训场所须满足下列条件：

1. 有保证培训活动的物质基础；

2. 有设立培训场所的合法地点；

3. 制定了培训方案和内容，且培训方案有开设越南历史和越南法律课程；

4. 具有满足培训需求的管理人员和教师。

第 38 条　设立宗教培训场所的申请程序、手续和审批

1. 在设立宗教培训场所之前，宗教组织须向主管信仰、宗教事务的中央国家机关递交申请材料。

2. 申请材料包括：

（1）申请设立宗教培训场所的文件须详细说明宗教组织名称、培训场所名称、培训场所代表人姓名以及设立培训场所的必要性。

（2）培训场所的代表人和初步确定的领导人的名单、个人简历、司法记录证明以及在参与的宗教活动概要。

（3）培训场所的组织与活动规范草案，包括以下基本内容：培训组织名称、办事处地点、职能、任务、组织结构、人事架构、培训层次、培训类型、教学方案和内容、各培训层次的培训方式、财政与财产。

（4）培训场所的招生规范草案。

（5）拥有保障培训顺利进行的合法地点和物质基础的相关证明，省级人民委员会对宗教培训场所设立地点的批准意见。

3. 主管信仰、宗教事务的中央国家机关必须在接到符合规定的材料之日起 60 日内作出是否准予设立宗教培训组织的批复，如不批准应说明理由。

4. 在主管国家机关批准后，宗教组织将接到准予设立宗教培训场所的文件。

主管国家机关的批准之日起批准文件有效期为 3 年，如果宗教组织在 3 年内不设立培训场所，则该文件失效。

5. 宗教培训场所不属于国民教育体系。

第 39 条　宗教培训场所的活动

1. 宗教培训组织开始活动前至少 20 日，宗教培训场所的代表人须向主管信仰、宗教事务的中央国家机关递交关于宗教培训组织活动的书面材料，同时附上设立宗教培训场所的批准文件、组织与活动规范、招生规范、领导名单、保障活动顺利开展的财政资源与物质基础报告。

2. 宗教培训场所的培训、招生工作按照已上报的组织与活动规范、招生规范开展。

3. 宗教培训组织修改组织与活动规范、招生规范须向主管信仰、宗教事务的中央国家机关递交登记材料。登记材料详细说明修改理由和修改内容，并附上修改后的规范文件。

主管国家机关必须在接到符合规定的登记材料之日起 45 日内作出书面批复，如不予登记应说明理由。

宗教培训场所自主管国家机关批准修改之日起根据修改后的规范开展活动。

4. 宗教培训场所需自每学年结束后20日内向主管信仰、宗教事务的中央国家机关书面上报年度培训结果。上报材料详细说明宗教培训场所的名称、培训学年、毕业学员人数。

5. 外国学员在越南宗教培训场所学习适用本法第49条的规定。

第40条　越南历史和越南法律

主管信仰、宗教事务的中央国家机关主持、配合教育与培训部、司法部等相关部门开展越南历史和越南法律学科的教学引导工作。

第41条　宗教培训班的开办

1. 宗教组织、直属宗教组织开办培训班培养专门从事宗教活动的人须向省级宗教信仰专门机关递交登记材料。登记材料须详细说明培训班名称、地点、理由、学习时间、内容、方案、参加人员、教师名单。

省级宗教信仰专门机关必须在接到符合规定的登记材料之日起30日内作出书面批复，如不予登记应说明理由。

2. 宗教组织、直属宗教组织开办的宗教培训班不符合本条第1款规定的，必须自开讲前至少20日上报给培训班所在地的县级人民委员会。上报材料须详细说明培训班名称、地点、理由、学习时间、内容、方案、参加人员、教师名单。

如果开办的宗教培训班有本法第5条规定的行为，县级人民委员会有权书面要求宗教组织、直属宗教组织不开办或者停止培训班的活动。

第42条　宗教培训场所的解散

1. 如产生下列情形之一，宗教培训场所解散：

（1）根据宗教组织的决议；

（2）在主管国家机关批准设立之日起超过3年宗教培训场所尚未开展培训活动的；

（3）勒令停止宗教培训活动期满尚未能解决造成其停止活动的问题。

2. 宗教组织有权解散宗教培训场所。在产生本条第1款第2项和第3项规定的情形时，主管信仰、宗教事务的中央国家机关有权解散或者要求宗教组织解散宗教培训场所。

宗教组织须自直属宗教培训场所解散之日起20日内上报给主管信仰、宗教事务的中央国家机关。

3. 政府对宗教培训场所解体的程序、手续作出具体规定。

第六章 宗教活动和宗教组织的出版、教育、医疗、社会保障、慈善、人道主义活动

第一节 宗教活动

第 43 条 宗教活动项目的上报

1. 宗教组织、直属宗教组织、持有宗教活动登记证书的组织须自被认证、被批准设立或被批准取得宗教活动登记证书之日起 30 日内须对年度宗教活动项目按下列规定进行书面上报：

（1）在一个乡范围内开展活动的组织上报给乡级人民委员会；

（2）多个乡范围内开展活动的组织上报给县级人民委员会；

（3）在多个县范围内开展活动的组织上报给省级信仰宗教专门机关；

（4）在多个省范围内开展活动的组织上报给主管信仰、宗教事务的重要国家机关。

2. 上报材料详细说明组织名称、宗教活动项目名称以及活动举行的时间、地点。

3. 宗教活动项目一年上报一次。对不属于已上报宗教活动项目中的宗教活动，宗教组织的代表人须自活动开展前至少 20 日根据本条第 1 款和第 2 款的规定进行补充上报。

第 44 条 宗教组织、直属宗教组织的会议

1. 宗教组织、直属宗教组织召开年度会议须自会议召开前至少 20 日上报给本法第 45 条第 3 款规定的主管国家机关。

上报材料详细说明组织名称、预计参会成员与人数以及会议的内容、流程、时间和召开地点。

2. 宗教组织、直属宗教组织召开宗教联合会议、具有涉外因素的会议须向主管信仰、宗教事务的中央国家机关递交申请材料。申请材料详细说明组织名称、召开理由、预计参会成员与人数以及会议的内容、流程、时间和召开地点。

主管信仰、宗教的中央国家机关必须在接到符合规定的登记材料之日起 45 日内作出书面批复，如不予登记应说明理由。

第 45 条 宗教组织、直属宗教组织、持有宗教活动登记证书的组织的大会

1. 宗教组织、直属宗教组织、持有宗教活动登记证书的组织在举行大会前必须向本条第 3 款规定的主管国家机关递交申请材料。

2. 登记材料包括：

（1）登记文件详细说明组织名称、召开理由、预计参会成员与人数以及会议的内容、

流程、时间和召开地点；

（2）组织的活动总结报告；

（3）宪章草案或者宪章修改草案（如有）。

3. 大会的审批：

（1）对在一个县范围内开展活动的直属宗教组织申请召开大会，县级人民委员会须在接到符合规定的材料之日起 25 日内作出书面批复，如不予批准应说明理由；

（2）对在多个县范围内开展活动的宗教组织、直属宗教组织、持有宗教活动登记证书的组织申请召开大会，省级信仰宗教专门机关须在接到符合规定的材料之日起 30 日内作出书面批复，如不予批准应说明理由；

（3）对本条第 3 款第 1 项和第 2 项规定以外的申请组织大会的情形，省级信仰宗教专门机关须在接到符合规定的材料之日起 45 日内作出书面批复，如不予批准应说明理由。

第 46 条　在宗教活动场所、合法地点以外的地方举行仪式和讲道活动

1. 在已登记的宗教活动场所、合法地点以外的地方举行仪式和讲道活动前，宗教组织、直属宗教组织、持有宗教活动登记证书的组织须向本条第 3 款规定的主管国家机关递交申请材料。

登记材料详细说明申请组织名称、仪式名称、主持人以及仪式的内容、流程、时间、召开地点、参与人员。

2. 在已登记的负责区域、宗教活动场所、合法地点以外的地方讲道前，职敕、执事、修行者须向本条第 3 款规定的主管国家机关递交申请材料。

申请材料须详细说明申请人姓名、内容、理由、方案、时间、地点、参与人员。

3. 在宗教活动场所、合法地点以外的地方举行仪式和讲道活动的审批

（1）对在一个县范围内开展的仪式、讲道活动，县级人民委员会须在接到符合规定的材料之日起 25 日内作出书面批复，如不予批准应说明理由；

（2）对在多个县范围内开展的仪式、讲道活动，仪式、讲道活动以及举行地的省级信仰宗教专门机关须在接到符合规定的材料之日起 30 日内作出书面批复，如不予批准应说明理由。

4. 仪式、讲道活动以及举行地的主管国家机关有责任协助保障仪式、讲道活动举行过程中的安全与秩序。

第二节　具有社会因素的宗教活动

第 47 条　在越南合法居住的外国人的集体宗教实践

1. 在越南合法居住的外国人参与宗教活动场所或其他合法地点的集体宗教实践，须向宗教活动场所或者集体宗教实践活动计划开展地所在的省级人民委员会递交申请材料。

2. 申请材料包括：

（1）申请文件详细说明代表人的姓名、国籍和宗教，说明参与集体宗教实践的理由、时间、内容以及参与人数、宗教活动场所或集体宗教实践活动计划开展地；

（2）经核实的外国人在越南合法居住的证明材料复印件；

（3）宗教活动场所代表人的批准书或者有开展集体宗教实践活动的合法地点的证明材料。

3. 省级人民委员会须在接到符合规定的材料之日起 30 日内作出书面批复，如不予批准应说明理由。

第 48 条　外国组织和个人在越南参与宗教活动、宗教国际关系活动

1. 宗教组织、直属宗教组织在邀请外国组织和个人到越南参与宗教活动、宗教国际关系活动前须向本条第 3 款规定的主管国家机关递交申请材料。

2. 申请材料包括：

（1）申请文件详细说明邀请组织的名称、受邀的组织名称与个人姓名、活动的目标与内容、受邀人员名单、初步确定的流程、时间和举行地点；

（2）外国组织和个人参与的主要宗教活动的简要介绍；

（3）受邀人员的宗教活动职称证明文件。

3. 外国组织和个人在越南开展宗教活动、宗教国际关系活动的审批：

（1）邀请外国组织和个人到越南参与在一个省范围内举办的宗教活动，省级人民委员会须在接到符合规定的材料之日起 30 日内作出书面批复，如不批准应说明理由；

（2）邀请外国组织和个人到越南参与在多个省范围内举办的宗教活动或者宗教国际关系活动，主管信仰、宗教事务的中央国家机关须在接到符合规定的材料之日起 45 日内作出书面批复，如不批准应说明理由。

4. 持有宗教活动登记证书的组织邀请外国籍的职敕、修行者来讲道须按本条第 2 款和第 3 款规定向主管国家机关递交申请材料。

5. 外国集体宗教实践小组邀请外国籍的职敕、修行者来讲道须向主管信仰、宗教事务

的中央国家机关递交符合本条第2款规定的申请材料。

主管信仰、宗教事务的中央国家机关须在接到符合规定的材料之日起45日内作出书面批复，如不批准应说明理由。

6. 在讲道过程中，外国籍的职敕、修行者须尊重越南宗教组织、直属宗教组织、持有宗教活动登记证书的组织的规定，遵守越南法律规定。

第49条　外国人在越南宗教培训场所学习

1. 在越南宗教培训场所学习的外国人须是在越南合法居住的人，遵守越南法律，自愿登记学习并经培训场所将申请材料递交给主管信仰、宗教事务的中央国家机关。

2. 申请材料包括：

（1）申请文件详细说明宗教培训场所的名称、登记学习人员的姓名与国籍、学年、学习时间；

（2）经公证的登记学习人员户口的越南语译本；

（3）主管信仰、宗教事务的中央国家机关须在接到符合规定的材料之日起45日内作出书面批复，如不批准应说明理由。

第50条　赴外国参加宗教活动、宗教培训活动

1. 宗教组织、直属宗教组织在派职敕、执事、修行者、信徒赴国外参加宗教活动、宗教培训活动前须向主管信仰、宗教事务的中央国家机关递交登记材料。

2. 登记材料包括：

（1）申请文件详细说明组织名称以及国外宗教活动、宗教培训活动举行的目标、方案、时间、地点；

（2）外国宗教组织发出的关于宗教活动、宗教培训活动的邀请函或接收函。

3. 主管信仰、宗教事务的中央国家机关须在接到符合规定的材料之日起45日内作出书面批复，如不批准应说明理由。

第51条　具有涉外因素的册封、任命、选举、推选

1. 具有涉外因素的册封、任命、选举、推选包括下列情形：

（1）越南宗教组织册封或推选在越南合法居住的外国人担任宗教职位；

（2）外国宗教组织册封、任命、选举、推选常住越南的越南公民担任宗教职位。

2. 被册封、任命、选举、推选的人须符合本法第32条第2款规定的条件。对越南宗教组织申请册封或推选的在越南合法居住的外国人，还需符合下列条件：

（1）在越南的宗教培训场所接受宗教培训；

（2）遵守越南法律。

3. 本条第 1 款规定的具有涉外因素的册封、任命、选举、推选须得到主管信仰、宗教事务的中央国家机关的批准。

4. 对获得外国宗教组织册封、任命、选举、推选在国外担任宗教职位的越南公民回国担任职敕、执事，对其直接管理的宗教组织、直属宗教组织必须向负责信仰、宗教事务的中央国家机关登记。

5. 政府对本条规定的具有涉外因素的册封、任命、选举、推选的程序、批准手续和登记作出具体规定。

第 52 条　宗教组织、直属宗教组织、职敕、执事、修行者、信徒的国际关系活动

1. 宗教组织、直属宗教组织、职敕、执事、修行者、信徒根据符合越南法律规定的宗教组织宪章开展国际关系活动。

2. 开展国际关系活动时，宗教组织、直属宗教组织、职敕、执事、修行者、信徒必须遵守越南法律和其他相关法律。

第 53 条　加入外国宗教组织

1. 在加入外国宗教组织前，宗教组织须向主管信仰、宗教事物的中央国家机关递交申请材料。

2. 申请材料包括：

（1）中请文件详细说明宗教组织名称、加入的目的和时间以及外国组织的名称、宪章、宗旨、活动目标、主要办事处；

（2）外国宗教组织的接收函或者邀请函。

3. 主管信仰、宗教事务的中央国家机关须在接到符合规定的材料之日起 60 日内作出书面批复，如不批准应说明理由。

4. 如分立出外国宗教组织，宗教组织须自分立之日起 20 日内书面上报给主管信仰、宗教事务的中央国家机关。

上报材料详细说明宗教组织的名称、已加入的外国宗教组织名称、分立理由、分立时间。

第三节　出版、教育、医疗、社会保障、慈善、人道主义领域的活动

第 54 条　出版、生产、出口、进口文化产品

可根据出颁法和其他法律规定出版宗教书籍和关于信仰、宗教的其他出版物，牛产、出口、进口关于信仰、宗教的文化产品、宗教物品。

第 55 条　教育、医疗、社会保障、慈善、人道主义活动

可根据相关法律规定参与教育、培训、医疗、社会保障、慈善、人道主义活动。

第七章　信仰活动场所、宗教组织的财产

第56条　信仰活动场所、宗教组织财产的管理和使用

1. 信仰活动场所、宗教组织的财产包括组织成员缴纳的资金以及组织、个人或其他形式捐赠的合法财产。

2. 信仰活动场所、宗教组织的财产要根据法律规定合理的管理和使用。

3. 信仰活动场所、宗教组织根据风俗习惯成立，由组织成员共同出资、捐资，获取到旨在满足组织成员的信仰宗教需求的公共捐赠或其他合法资金，这些资金属于组织的共同财产。

4. 财产的变动、转让、赠与、出租、抵押、以土地使用权出资适用相关法律规定。

5. 政府对宗教组织、直属宗教组织接收和管理国外组织与个人的资助，以及信仰活动场所、宗教组织、直属宗教组织的捐赠事宜作出具体规定。

第57条　信仰活动场所和宗教活动场所的土地

信仰活动场所和宗教活动场所的土地根据土地法的规定进行管理。

第58条　修缮、升级、新建信仰活动设施、宗教活动设施

1. 修缮、升级、新建信仰活动设施、宗教活动设施须遵守《建筑法》的规定。

2. 修缮、升级、新建信仰活动场所和宗教活动场所的附属设施参照适用《建筑法》关于在城市、社区中心、保护区、历史文化革命遗址区建造工程、居民房的相关规定。

3. 信仰活动场所、宗教活动场所的修缮、修复被主管国家机关列入历史文化名胜遗迹，修缮、升级、新建信仰活动场所和宗教活动场所的附属设施须遵守《文化遗产法》和《建筑法》的规定。

第59条　迁移信仰建筑、宗教建筑

为国防、安全、经济社会发展目的，为了国家和社会利益，可根据《土地法》和《建筑法》的规定迁移信仰建筑、宗教建筑。

第八章　信仰、宗教领域的国家管理和犯罪处罚

第一节　信仰、宗教领域的国家管理

第60条　信仰、宗教的国家管理内容

1. 制定信仰、宗教的相关政策，颁布关于信仰、宗教的法律规范文件；

2. 规定信仰、宗教事务的国家管理机关；

3. 组织落实信仰、宗教的相关政策和法律；

4. 普及、教育关于信仰、宗教的法律；

5. 开展关于信仰、宗教领域的研究，培养从事信仰、宗教工作的干部、公职人员；

6. 监察、检查和解决信仰、宗教领域的投诉、控告和违法处理；

7. 信仰、宗教领域的国际关系活动。

第 61 条 信仰、宗教领域的国家管理责任

1. 政府统一管理全国范围内的宗教信仰事务。

2. 主管宗教信仰事务的中央国家机关对信仰宗教事务进行国家管理，对政府负责。

3. 部委、部级机关、各级人民委员会在其任务、权限范围内对信仰宗教事务进行国家管理。

对未设立乡、镇行政单位的县，县级人民委员会同时承担本法规定的乡级人民委员会的任务、权限。

第 62 条 对信仰宗教事务的专业监察

1. 对信仰宗教事务的专业监察是主管国家机关对于机关、组织、个人执行信仰、宗教相关法律的监察活动。

主管信仰宗教事务的主管国家机关负责指导、组织开展全国范围内信仰宗教事务的专业监察。

2. 信仰宗教事务的专业监察进行以下任务：

（1）监察各级人民委员会对信仰、宗教相关的政策、法律的执行情况；

（2）监察疑似违反《信仰、宗教法》的事务。

第 63 条 关于信仰宗教问题的投诉、控告、起诉

1. 信仰活动场所、宗教组织、直属宗教组织的代表人和管理委员会、职敕、执事、修行者、信徒和其他有权利和义务关系的组织与个人有权投诉，有权提起行政诉讼和民事诉讼，要求通过法院解决民事纠纷，依法保护自己的合法权利和利益。

2. 个人有权控告违反《信仰、宗教法》的行为。关于违反《信仰、宗教法》控告的处理适用《控告法》的规定。

第二节 信仰、宗教领域的违法处理

第 64 条 信仰、宗教的违法处理

1. 组织、个人有违反《信仰、宗教法》的行为或者利用信仰、宗教进行违法活动，根据情节、违法程度处以行政处罚或追究其刑事责任，如造成损害须依法赔偿。

2. 根据本法和《行政处罚法》，政府对信仰宗教领域的行政违法行为、处罚形式、处罚程度、行政违法判决的补救措施、处罚的审批、具体的处罚程度、行政违法行为记录的审批、行政处罚措施的适用制度作出规定。

第 65 条 对干部和公务人员执行公务时违反《信仰、宗教法》的处罚

干部和公务人员执行公务时违反《信仰、宗教法》，根据情节、违法程度依法处以纪律处罚或追究其刑事责任，具体违法行为包括：

1. 利用职务、权限之便而做出违法本法和其他相关法律规定的行为；

2. 因玩忽职守而引起违反《信仰、宗教法》行为；

3. 违反对信仰活动、宗教活动的国家管理中关于行政程序、手续的规定。

第九章 施行条款

第 66 条 施行效力

1. 本法自 2018 年 1 月 1 日起生效。

2.21/2004/UBTVQH11 号《信仰、宗教法令》自本法生效时废止。

第 67 条 过渡条款

1. 在本法生效之前已经批准登记的集体宗教实践、已持有宗教活动登记证书的组织、已认证的宗教组织不需根据本法第 17 条、第 19 条和第 22 条的规定重新登记和认证。

2. 在本法生效之前已经进行设立、新设分立、派生分立、吸收合并、新设合并的直属宗教组织以及已登记的宗教协会、修行组织不需根据本法第 29 条和第 38 条重新申请和登记。

3. 在本法生效之前已持有宗教活动登记证书的组织，其被认证为宗教组织的时限适用本法第 21 条第 1 款规定，自被授予宗教活动登记证书之日起算。

4. 在本法生效之前已被认证的宗教组织在本法生效之日起变更为非商业性法人。各宗教组织须在最近的一次大会上根据第 23 条的规定修改宪章，并根据本法第 24 条的规定进行修改宪章的登记。

5. 在本法生效之日起 30 日内，在本法生效之前已认证的宗教组织、已设立的直属宗教组织、已持有宗教活动登记证书的组织须按照本法第 43 条第 1 款和第 2 款的规定向主管国家机关上报年度宗教活动项目。

6. 在本法生效之日起 30 日内，在本法生效之前已上报年度信仰活动的信仰活动场所须按本法第 12 条第 2 款规定进行信仰活动登记。

第 68 条　具体规定

政府对本法各项条款作出具体规定。

本法由越南社会主义共和国第十四届国会第二次会议于 2016 年 11 月 18 日通过。

国会主席　阮氏金银

缅甸生物多样性和生态保护区相关法*

（2018年缅甸联邦共和国议会第12号法令）

缅历1380年3月7日

2018年5月21日

联邦议会颁布了本法。

第一章 名称及释义

第1条 本法律名为生物多样性和生态保护区相关法。

第2条 本法律包含的名称和相关释义如下：

（一）生物多样性：指所有来源多种多样的生物体，这些来源包括陆地、海洋和其他水生生态系统及其所构成的生态综合体。本词中亦包括了遗传多样性、物种多样性和生态系统多样性。

（二）野生动物：指天生在某一野外地区生活繁衍的动物，或是因某一原因从长期生活的地区到另一地区生活的陆生动物、水生动物等。本词中亦包括了它们的精液、卵子、受精卵、蛋、组织、皮肤、血液及其他部分。

（三）野生植物：指天生在某一野外地区生长繁殖的乔木、灌木、亚灌木、草本植物、藤本植物、菌类、水下植物等。

（四）生态保护区：指为保护野生动物和野生植物、自然生态系统或有明显特征的地区而依据本法设立的区域。

（五）核心区：指生态保护区中为使生态系统和生物多样性长久维持而依据本法确立的区域。

（六）缓冲区：指为使核心区不受损害，生态系统及生物多样性的伤害降到最低，按照科学方法实行区域发展计划，依据本法在生态保护区内部或边界地区周围设置的保护区域。

---

* 本文译者：商雨晴，系北京外国语大学亚非学院硕士研究生。

（七）生态系统：指生物与环境构成的统一整体，在这个系统中，生物与环境之间处于相对稳定的动态平衡状态。

（八）起源地：指野生动物天生生活繁衍或野生植物天生生长繁殖的地方。

（九）动物园：指饲养各种动物并对其进行科学研究和保护、售票或免费供公众观赏休闲并对公众进行科学普及的场所。

（十）植物园：指培育各种植物并对其进行科学研究和保护、售票或免费供公众观赏休闲并对公众进行科学普及的场所。

（十一）森林保护区：指依据森林法建立的育林区和规定保护的区域。

（十二）委员会：指根据本法设立的国家级生物多样性和生态保护区监督委员会。

（十三）监督组织：指依据本法设立的动物园或植物园监督组织。

（十四）部门：指联邦政府的自然资源和环境保护部。

（十五）政府：指联邦政府。

（十六）部长：指自然资源和环境保护部部长。

（十七）局长：指林业局局长。

（十八）林业官员：指为进行本法包含的相关事业而调任的生态保护区主任或是城镇级到省邦级林业局的各级负责人。

（十九）林业公务员：指为进行本法包含的相关事业而任命的林业局的护林员至总局长级别的各级公务员。

（二十）主任：指由局长指派的管理生态保护区、动物园或植物园职责的林业官员或能胜任此职责的某位人士。

（二十一）完全保护的野生动物：指林业局规定的非常稀少并且后代也即将灭绝的野生动物，本词亦包含林业局规定的此类动物的部位及它们的衍生制品。

（二十二）一般保护的野生动物：指林业局规定的后代不会灭绝但有灭绝风险的野生动物。本词亦包含林业局规定的此类动物的部位及它们的衍生制品。

（二十三）季节性保护的野生动物：指后代未灭绝且灭绝风险极低的野生动物。因其数量丰富，自然繁殖力强，林业局仅规定在某段特定时间内对其进行保护。

（二十四）打猎：通过某种方式使野生动物受伤、将其捕捉或将其杀死。本词亦包含偷运野生动物的含义。

（二十五）公约：指将野生动物或野生植物在国际上进行交易的公约。

（二十六）标本：

（1）活着或已死亡的野生动植物；

（2）除了公约规定动植物的部位和它们的衍生物，还包括附录中的动植物及它们的部位；

（3）用附录中规定的物种、公约中包含的任意动植物的衍生制品做成的资料、标志或衍生品。

注意：附录中的物种是指除国际公约中规定的物种外在3份附加名录中包含的物种。

（二十七）国际贸易中受保护的野生动植物指：公约中规定的野生动植物。本词亦包含公约中规定的野生动植物的部位、血液和它们的衍生制品。

注意：国际贸易指对附录中的物种按照税法和其他相关规则进行进出口及再进口等。

第二章　目　标

第3条　本法目标如下：

（一）为实现国家的生物多样性相关的战略。

（二）为实现国家的生态保护区的相关战略。

（三）为遵守和践行国家在野生动物、野生植物、生态系统和随季节进行迁徙的动物进行保护方面签署的国际保护条约。

（四）对野生动物、野生植物、以它们的部位为原材料制作的商品及它们的衍生制品进行管控。

（五）对地貌特殊的地区、后代有灭绝风险的野生动物和野生植物以及它们的起源地进行保护。

（六）对自然科学方面的学科和教育学科进行扶持。

（七）通过对动物园和植物园的建设来保护野生动物和野生植物。

第三章　委员会组成及主要职责

第4条　政府

（一）部长作为主席，相关政府部门、政府组织的代表和相关的专家作为成员组成国家级别的生物多样性和生态保护区监督委员会。

（二）如需要本条（一）中所述的监督委员会，可进行筹备。

第5条　国家公务员或委员会成员有权获得政府部门规定的奖金或津贴。

第6条　委员会的职责如下：

（一）为实现本法律所规定的目标进行指导。

（二）为生物多样性相关战略和原则的确定提出建议。

（三）为生态保护区保护原则的制定提出建议。

（四）为生态保护区的确立、动物园和植物园的建立，与相关政府部门、政府组织进行讨论、对当地民众的建议进行协调执行。

（五）对生物多样性和生态保护区相关事业进行监督。

（六）对后代有灭绝风险的野生动物和野生植物的保护进行指导。

（八）自然科学相关的学科和教育事业的发展进行指导。

（九）为实践本法律所包含的各项事项时，与国内外组织、地方组织进行联络合作。

（十）根据第 15 条第（一）款，对生态保护区内以自然为基础的旅游业实行的上诉情况跟进审查。

第 7 条　省邦政府如需要生物多样性和生态保护区管理方面的帮助，可成立相关的委员会。

第四章　生态保护区的确立和动物园与植物园的建立

第 8 条　自然保护区的种类有：

（一）科学封山育林区；

（二）国家公园；

（三）国家海洋公园；

（四）自然育林区；

（五）野生动物林；

（六）特殊地貌区；

（七）地方生态保护区。

第 9 条　部门：

（一）根据政府部门的协议，为了实现本法目标，如有需要可颁布条款达到以下目的：

（1）根据自然保护区的种类确立保护区；

（2）建立动物园或植物园。

（二）在除森林保护区外的政府或某个政府组织管辖范围内如有建立自然保护区的需要，根据本条（一）款，需与其进行提前的商讨。

（三）若需在私人或私人组织其拥有种植权、持有权、使用权、获益权、继承权或转让权的土地上进行本条（一）款中的生态区建设，则根据现有法律，就土地回收与相关政府部门进行协商。

（四）无论是在何地建立本条（一）款中所述的生态保护区，应提前将建立方式和情况进行公示。

（五）为在建立本条（一）款中所述的生态保护区时民众的利益不受损害，应按照规定方法成立由当地民众和非政府组织的代表及相关专家组成审查小组进行实地考察等任务。

第10条 部门可根据政府的协议：

（一）对第9条所述的整个生态保护区或生态保护区的某个部分进行筹备、取消或更改其使用类型；

（二）对第9条所述的整个动物园或植物园或动物园及植物园的某个部分进行筹备、取消或更改类型。

第11条 部门：

（一）对每个根据第9条建立的动物园或植物园进行监督管理时可组织包括当地民众在内的监督小组来完成此项职责。

（二）如有需要，可筹备监督小组，或将其解散。

第12条 局长在处理第9条中所述土地事宜时，为使相关民众的利益不受损害，可通过签署协议的方式保证民众的相关利益。

第13条 局长通过部门的协议：

（一）依据相关规定管理生态保护区内进行的科研活动、环境考察活动和休闲活动等。

（二）为使外部环境所潜在的危险不危及生态保护区内部，制定相关的政策。

（三）组织与其他国家的野生动物和野生植物交流活动。

（四）规定由生态保护区的生态系统中产生的生态系统服务业的相关工资体系。

（五）批准能使当地居民的经济效益和生物多样性协调共同可持续发展的、当地居民能合作参与的自然保护区管理规划。

（六）制定生态保护区的内的收益和旅游行业相关的收入规则。

（七）如地区发展事业、当地人民的经济持续增长，以自然为基础的旅游业持续发展，保护核心地区环境不受损害，可设立缓冲地区。在设立的缓冲地区内，应按照相应的规则和条例批准当地组织进行森林事业、以当地基础的旅游业和海洋管理行业。

（八）进行审批、准许或驳回私人或经济组织参与在生态保护区内以自然为基础的旅游业和相关的行业的申请。

第14条 局长在批准第13条第（八）款的自然环境保护区内以自然为基础的旅游

行业相关的行业时应同时给予其需要遵守的条例和规则。

第 15 条

（一）申请参与第 13 条第（八）款所述的生态保护区内以自然为基础的行业和相关的行业时被驳回时，如有不满，可在 30 日内到委员会处进行申诉。

（二）根据本条第（一）款，当有人进行申诉时，委员会的决定即为最后决定。

第 16 条 局长：

（一）为保证在生态保护区内，野生动物和野生植物长久存在，比例适中合理，品种纯正不受污染等，可安排对动物的捕杀育种等等。

（二）制定针对根据第 9 条第（一）款第（2）项中所述的动物园和植物园内进行参观休闲活动的规则并向民众公布。

（三）为对根据第 9 条第（一）款建立的生态保护区、动物园或植物园进行管理，需将合适的人士任命为林业官员。

第 17 条 林业部的委员会或部长等需按相关规则完成下述相关事业：

（一）保护对科学育林园中的自然进程变化进行的研究。

（二）准许保护国家公园内生态系统和自然环境不受损害的科研活动，准许民众的游览休闲行为。

（三）对海洋公园内生活繁衍的动物和它们的起源地及附近珊瑚暗礁、蕨类植物、藓苔、水下植物；沿岸和河口繁衍的野生动物及它们的起源地进行保护。

（四）对自然育林园中特殊的野生植物和自然形成的生态系统长久维持进行保护，使其长久维持。

（五）保护野生动物林中的野生动物可不受侵扰的猎食生活，按季节进行迁徙的鸟类的到来、休息、繁衍的地方进行保护。与国内或国外的政府、国际组织、非政府组织共同努力。

（六）对地貌特殊的地区内特殊的环境和民俗特殊的地区进行保护。

（七）协定商议各省邦管理当地生态保护区的相关方法。

第 18 条 局长的职责如下：

（一）需要承担每日的管理安排任务。

（二）保证现行法律法规有效运行。

（三）对生态保护区、动物园或植物园中的野生动物和植物的生长进程进行考察和记录。

（四）合作参与向公众进行生物多样性和生态保护区保护相关的教育普及的行业。

（五）以为使生态保护区的核心区不受损害而建立的缓冲区中的居民的利益持续发展而进行有效管理规划。

（六）若出现土地使用争端和其他争端，需逐层向上级汇报。

（七）管理规划生态保护区内的缓冲区以自然为基础的行业的发展。

（八）为当地民众共同合作参与的生态保护区管理，给予方法的技能。

第五章 保护野生动物和野生植物

第19条 林业局根据政府部门的协议：

（一）根据国家需要，保护后代有灭绝风险的野生动物，按以下方法进行划分：

（1）完全保护的野生动物；

（2）一般保护的野生动物；

（3）按季节保护的野生动物。

（二）可对第（一）款规定的保护中的野生动物按需要进行等级修改。

（三）因后代有灭绝危险而被保护的野生植物，国家根据需要，可规定它们的名称和地点。

（四）为使野生动物和野生植物的后代无灭绝风险且长久存在，国家可需规定保护等级，再适时进行公布。

（五）向公众公布公约内包含的物种名录。

（六）制定针对后代有灭绝危险的野生动物进行保护的方案计划。

（七）如其他部门有针对后代有灭绝危险的野生动物的管理规划，应与其及其他政府组织进行共同商议。

第20条 部长根据政府组织的协议，保护后代有灭绝危险的野生动物时，为遵守公约：

（一）任命局长为执行公约中规定的缅甸联邦的相关任务的管理人员。

（二）任命一人或一人以上的合适人选为公约中规定的缅甸的科技相关的人士。

第21条 局长依据部门的协议：

（一）为对完全保护的野生动物或在国际贸易中受管控的野生动物等的科研调查，可赋予有调查权的国内或国外政府部门、政府部门组织、非政府组织捕捉权、运输权或持有权。

（二）为使有科研调查权的人对受保护的野生植物进行调查、繁殖等科学试验，可给予其在生态保护区的采样权、运输权或持有权。

（三）对后代有灭绝风险而受到保护的野生动物和野生植物、它们的部位和它们的衍生制品进行研究，用科学手段进行种类划分，可给予相关政府部门、政府组织或非政府组织携带权或运输权。

（四）为对国外野生动物物种进行科学研究，可按规定给予有研究权的国内或国外政府部门、政府组织、非政府组织或个人运输权或持有权。

（五）为对国外野生植物物种进行科学研究，可按规定给予有研究权的国内或国外政府部门、政府组织、非政府组织或个人运输权或持有权。

第 22 条 局长：

（一）应向公众公布因后代有灭绝危险而保护的野生动物和野生植物中为经济效益而可饲养的品种和种植的植物名字。

（二）应通过颁布规定来规定本条第（一）款中向公众公布的能饲养的野生动物和种植的野生植物的捕捉权、收集权、饲养权、种植权或交换权。

（三）颁布规定准许按照传统或个人兴趣进行一般保护的野生动物及按季节保护的野生动物的饲养。

（四）如有需要，可就生态保护区及周边地区的动植物健康无病、品种纯正而对动物饲养员或植物种植员安排合理的指导计划。

（五）对国外品种的野生动物和野生植物出于经济效益、观赏或饲养种植目的都应依据相关规则赋予相关人员引进权、饲养权、种植权、繁殖或交换权。

（六）须派遣林业官员或自然学科方面的人士负责检查和登记本条第（二）款及第（五）款中提到的事宜。

（七）进入国内的外来野生动物、植物，或者变异的动植物，如果被发现不能排除有传染病的可能，携带可能会造成危害的病菌以及可能会影响国内物种的品种与繁衍，可能影响自然环境和民众健康的情况，将不允许其被携带入境，或对其进行暂时控制、遣返 或直接处理。

第 23 条

（一）根据部门协议，为了经济效益局长应对养育繁殖的野生动物、种植的野生植物、它们的部位及衍生制品的出口给予支持。

（二）根据部门协议，局长应对在国际贸易中保护管控的野生动物和野生植物、它们的部位、它们的衍生制品，向国外出口、国内进口或再出口等行为进行支持。

（三）从事本条第（一）款或第（二）款的规定的相应事业的个人，如需得到帮助，可根据林业局的规定提交检验费、许可费及其他费用。

（四）局长可准许调任的林业官员将可进行打猎、收集、为经济利益而饲养种植的野生动物、野生植物、它们的部位及它们的衍生制品进行转移。

（五）有许可给予权的政府部门或政府组织，可根据本条第（二）款向已获支持的个人颁发许可，许可其对国际贸易中受到管控的野生动物和野生植物和它们的器官及繁殖物向国内进口或国外出口或再出口。

第六章　打猎

第 24 条　局长可颁发许可，许可个人对除生态保护区内的野生动物、完全保护的野生动物和一般保护的野生动物外其他的野生动物可以进行打猎。

第 25 条　拥有打猎许可的人：

（一）需缴纳规定的打猎许可费。

（二）需遵守打猎许可的规定。

（三）需接受林业局的检查。

第七章　动物园和植物园的建立权

第 26 条　部门根据政府协议：

（一）为国家的经济利益，政府、其他个人或经济组织对第 9 条第（一）款所述的动物园和植物园进行合营、个人或经济组织独自运行动物园或植物园时，可根据规定的方法进行申请。

（二）私人动物园或植物园如果需要建立，应按相应的办法和规定进行申请。

第 27 条　部门：

（一）对根据第 26 条第（一）款建立的动物园或植物园进行监督时如有需要，可建立监督组织，赋予其相应职责。

（二）对于监督组织，如果有需要可以进行改组或取消。

第 28 条　有权建立第 26 条所述的动物园或植物园的相关人士，为获得许可应按相应方法向局长进行申请。

第 29 条　局长根据政府部门的协议：

（一）对提交植物园或动物园建立申请的申请情况进行审查，审查其材料是否真实，并给予其许可。

（二）拥有行业许可的人如违反需要遵守的规定，其行业许可将在一定时间内被限制或直接被取消。

第 30 条 拥有建立动物园或植物园许可的人：

（一）应遵守局长制定的行业许可规定。

（二）行业许可相关的税费需按照规定用缅币或其他外币进行缴纳。

（三）如拥有许可的人在许可尚未到期前死亡，则由其法定继承人按规定向局长进行申请继承许可。

第八章 登记

第 31 条

（一）保护野生动物和野生植物和生态保护区法（国家恢复法律与秩序委员第 6/94 号法令）尚未生效前，将完全保护的野生动物的器官作为纪念品或根据相关风俗习惯持有野生动物的部位或穿戴野生动物皮毛者，需依据规定在相关镇区的林业局进行登记。

（二）除依据继承传统，从本条第（一）款中所述的人手中进行继承外，通过其他方式获得物品的人需要按部门规定的方法到相关镇区的林业局进行登记。

（三）本法生效后，为进行完全保护的野生动物的研究，第 21 条第（一）款所述的有捕捉权、持有权的国内外政府、政府组织、非政府组织或个人，如需将野生动物的部分做研究、做成纪念品需根据相应的方法到政府部门进行登记。

（四）第 22 条第（二）款中规定的有准许证的人为饲养野生动物或种植野生植物需要应，依据相应的方法向林业局进行登记。

（五）本条第（四）款中所述的获得许可的人应向林业局缴纳相应的登记费。

（六）为进行本条第（四）款所述的登记事项，应向林业局检验费、执照费、和其他费用。

第 32 条 局长任命的负责登记事务的林业官员：

（一）可按相关条例颁布或收回第 31 条中所述的登记执照。

（二）根据本条第（一）款，被收回执照的人可在执照被收回 30 日内向局长进行申诉。局长会对林业官员的决定进行确认或驳回。局长的决定即为最终决定。

第九章 根据管理方法制定的惩罚

第 33 条 林业官员或主任根据管理办法进行惩罚，应按照管理相关方法寻找证据、收集证物。

第 34 条 在生态保护区内、政府组织的管理下或政府组织的集团出资建立的动物园或植物园，如有违反下列事项者，主任有权对其处以最低 1 万元，最多 3 万元的罚款：

（一）未按规定进入民众游览区域。

（二）除准许民众参观游览的地方外，未经准许进入不准参观游览的地方。

（三）将家养动物带入园内觅食，遛弯。

（四）对保护动物进行惊吓或故意进行骚扰。

（五）对野生植物和人工种植的植物进行损毁、私自采摘、折断或带走。

第35条 生态保护区内或政府管控的注资的动物园或植物园中，如有下述不当行为者，主任有权对其进行最低3万元，最高10万元的罚款。

（一）未经准许进入完全禁止进入的区域。

（二）未经准许拍摄电影或DV。

（三）挖地、耕地种植或进行某种事业。

（四）对野生植物或人工种植的植物进行摘取、收集或砍伐。

第36条 林业官员有权对未经准许在禁地捕杀按季节保护的野生动物、打猎、弄伤动物或为了经济利益而进行饲养动物的人处以最低7万元，最高20万元的罚款。

第37条 主任：

（一）在制定管理相关的制度时，生态保护区或政府管控或政府控股的动物园或植物园中的产物将作为国家财产收归国有。

（二）作为收归国有的财产应按相关办法进行管理。

第十章　上诉

第38条

（一）对林业官员或主任制定的管理规定如有不满，可从其发布开始的30日内向局长进行上诉。

（二）局长可对林业官员或主任制定的法令承认或废除或进行修改。

（三）局长的决定即为最终决定。

第十一章　罪责和惩罚

第39条 无论何人有下列违法行为，将被处以3年以下有期徒刑或最低20万最高50万的罚款或同时承担上述两种惩罚：

（一）没有许可而进行打猎。

（二）违反打猎许可条例。

（三）为经济利益未经允许而饲养后代有灭绝危险而对其进行保护的野生动物。

（四）对生态保护区内的土壤资源、水资源、空气资源故意造成破坏；在水中投放毒物；切断电力；使用化学易燃易爆物品。

（五）私自持有生态保护区内产生的毒物、金属废料或将其随手丢弃。

（六）未获得执照建立动物园或植物园。

（七）有公约管理权的人，对相关负责人提交的材料、标志、资料或数据通过不正当方式进行篡改、填写或作假。

（八）对国际贸易中受管控的动物、植物及它们的标本的标志进行篡改或损坏。

（九）未经准许进口、饲养、种植、持有国外野生动物或野生植物、它们的部位及它们的衍生产物。

第 40 条 有任何违反下列情况者，将处以 5 年以下的有期徒刑或最低罚款 30 万元最高罚款 100 万元，或同时承担两项惩罚：

（一）对一般保护的野生动物进行猎杀或买卖。未经允许持有、运输或交换野生动物、野生动物的部位。

（二）在规定的野生植物保护区内，未经准许进行采摘或损坏。

（三）未经允许私自闯入生态保护区或对生态保护区内的生态环境进行破坏。

（四）未经允许对生态保护区的边界范围、政府组织管理或控股的动物园或植物园边界范围进行改变、移动、破坏或改变形状。

第 41 条 有任何违反下列情况者，将被判处最低 3 年最高 10 年的有期徒刑及相应罚款：

（一）捕杀、打猎、打伤完全保护的野生动物或在国际贸易中管控的野生动物。在无准许的情况下私自持有或运输它们的部位、血液或它们的衍生产物。

（二）未经允许对完全保护的野生植物或国际贸易中受管控的野生植物进行采摘、收集或破坏；收集、持有、买卖、运输、或通过某种方式交易它们的部位、它们的衍生产物。

（三）在未获第 23 条第（一）款和第（二）款中提供的支持而进行国际贸易中受管控的野生动物或植物进行进口、出口或再出口。

第 42 条 有任何违反下列情况者，将被判处最高 3 年有期徒刑或最低 10 万元最高 30 万元的罚款，或同时承担两项惩罚：

（一）依据本法在申请获得支持、准许、执照或许可证时虚报信息。

（二）根据本法在获得的支持、准许、执照或许可证上对信息进行篡改。

第 43 条 任何人违反根据本法律所制定的禁止条例时，将被判处一年以下的有期徒刑或最低 7 万元最高 20 万元罚款，或同时承担两种惩罚。

第44条 任何人在本法中所述的犯罪行为中，对违反者进行帮助、出谋划策、鼓励，则同样根据颁布的制度进行处罚。

第45条 法院在依据本法进行案件裁定时，如遇到案件性质恶劣的情况，除对其处罚外，还：

（一）在犯罪时造成林业局损失者，需向支付相应赔偿金。

（二）其非法所得的野生动物野生植物或它们的衍生产物将作为国家财产上交至林业局。

（三）没收其作案时作用的工具及相关物品。

（四）与侵入生态保护区、进行非法作业相关的人、树木、经济作物、动物、建筑物、动产及不动产都应在30日移除生态保护区。

第十二章 赦免权

第46条 第30条第（一）款或第31条第（一）款的规定不适用于：

（一）经许可将一般保护的野生动物或按季节保护的野生动物的部位做成纪念品、依照习俗进行保留或穿戴等。

（二）拥有第32条第（一）项中的登记证明而对完全保护的野生动物的部位进行持有或穿戴。

（三）依法将因后代有灭绝风险而进行保护的野生动物或野生植物的部位制作成药物或日用品并持有、使用、买卖、运输或交换。

第十三章 其他

第47条 根据1936年野生动物保护法规定的野生动物保护林、野生动物、野生植物保护和环保法（1994年）规定的自然保护区，依据本法规定为生态保护区。

第48条 依据本法进行相关处罚或被起诉的犯罪者在被逮捕时的物证需通过正规手段进行公示。

第49条 林业官员在完成自己相应职责时如遇困难可向缅甸军队求助，军队有义务进行帮助。

第50条 林业局在依据本法进行土地税务征收。部门应依照现有法律派遣税务官完成本项事业。

第51条 根据本法制定的条例、公告、命令、指令和工作方法未颁布前，应继续遵守1994年野生动植物和自然保护区法中与本法内容不相违背的条例、公告、命令、指令和通告

第 52 条　在实现本法的相关规定时：

（一）可颁布部门相关条例、法规或规则。

（二）可颁布林业局公告、指导意见或办事方法。

第 53 条　此法颁布时，同时废止野生动物和野生植物及自然保护区法（国家恢复法律与秩序委员第 6/94 号法令）。

根据缅甸联邦共和国宪法，我签署该法令。

温敏（印）

缅甸联邦共和国总统

缅甸联邦共和国议会管理小组法*

（2018年缅甸联邦共和国议会第4号法令）

缅历1379年11月23日

2018年2月8日

联邦议会颁布了本法。

第一章　名称及释义

第1条　这部法律的名称为缅甸议会管理小组法。

第2条　这部法律中包含的词语具有如下释义：

（一）宪法：指缅甸联邦宪法。

（二）议会：指根据宪法建立的缅甸联邦议会。

（三）人民院：指依据宪法建立的人民院。

（四）民族院：指依据宪法建立的民族院。

（五）省或邦议院：指根据宪法建立的省或邦议院。

（六）议会：指联邦议会、人民院、民族院、省或邦议院。

（七）议会管理小组：指根据本法建立的议会管理小组。

（八）主席：指担任联邦议会主席的民族院议长或人民院议长。

（九）副主席：指担任联邦议会副主席的民族副院议长或人民院副议长。

（十）议长：指各院的主席。

（十一）议员：指包括议会各院的议长、副议长、秘书等在内的各位议员。

（十二）议会管理小组办公室：指根据本法建立的缅甸议会管理小组办公室。

（十三）办公室主任：指议会管理小组办公室主任。

（十四）会议：指议会小组的会议。

* 本文译者：商雨晴，系北京外国语大学亚非学院硕士研究生。

第二章　目标

第 3 条　本法律目标如下：

（一）为各议院办事方法正确可靠，办事能力稳步提升而与相关组织共同合作努力；

（二）为议会之间交流经验与水平提升而共同合作努力；

（三）与制定国际法的各组织、目标相同的各国家组织、政府组织和非政府组织共同努力；

（四）与包括国际议会组织和东盟议会在内的各国家和地区内的相关议会组织共同努力。

第三章　议会组成、任期和会议举行

组成

第 4 条　缅甸联邦议会的议会管理小组由下列人员组成：

（一）议长 （联邦议会）	主席
（二）议长 （民族议院或人民议院）	副主席
（三）副议长 （民族议院或人民议院）	议员
（四）众议长 （省邦议院）	众议员
（五）副议长 （联邦议会）	秘书

第 5 条　联邦议会办公室的司长按照职位高低任命为议会管理小组办公室主任。

任期

第 6 条　议会管理小组的任期和联邦议会的任期相同。

会议举办

第 7 条

（一）小组会议在 1 年内需至少举办 1 次。

（二）如主席认为有必要召开特殊会议，或半数以上小组成员认为有必要召开特殊会议，则主席可召集成员召开特殊会议。

（三）会议须在主席规定的日期、时间、地点召开。

（四）会议召开时，有超过半数以上的成员参会，则会议有效。

（五）当作为议员的省邦议会主席无法参加会议时，副主席可作为其代表代替出席。

（六）若会议未能成功举办，则主席可要求各成员将提案或建议以书面形式上交。

（七）办公室主任需在议会管理小组会议中作为仪式负责人参与。

第四章　议会管理小组的职责

第8条　议会组织的职责包括下述几点：

（一）实现本法的目标。

（二）共同商议包括宪法颁布、议会相关法修订及法律审议通过等相关事务。

（三）协商联邦与各省邦地区联络交流相关事务。

（四）为议会管理小组的发展、议会代表与其他工作人员的能力提升进行讨论商议、派遣相关人员参加国内国外培训班、研讨会及会议等。

（五）议会小组如需要相关组织可按照需要进行组建。

（六）负责进行包括议会组织和国际上的议会组织、东盟议会在内的国际上和地区性质的组织机构间进行交往联络；向小组人员、相关组织、国民传达这些组织机构的宗旨、决议等事宜。

（七）向国际上的议会组织告知缅甸联邦议会的发展情况。

第9条　议会管理小组的秘书：

（一）负责进行举行会议等相关安排。

（二）将管理小组的工作情况在会议上进行汇报。

（三）协助制定议会管理小组的年度计划并在会议上进行汇报。

（四）执行主席交由的其他任务。

第五章　小组成员的权利和责任

第10条　小组成员应为实现议会管理小组的目标和职责而努力。

第11条　小组成员应执行议会的协商决议，执行决议的情况需向议会管理小组进行上报。

第12条　小组成员在会议中遇到与议会相关的困难时，有权为能与其他成员共同进行商议提出申请。

第 13 条 小组成员有权利知晓管理小组发布的消息。

第六章 其他

第 14 条 本法未颁布前成立的缅甸联邦议会相关小组依据本法更名为缅甸议会管理小组。

第 15 条 议会管理小组秘书需将议会管理小组的工作报告上报联邦议会，也需提交给其他相关议会。

第 16 条 如省或邦的议会主席认为第 15 条提到的报告需在省或邦中的议会中提交，则可选在其最近的会议中进行提交。

第 17 条 议会管理小组的工作和管理事宜全权由议会办公室进行管理。

第 18 条 议会管理小组的经费及支出方式由议会办公室负责管理和支出。

根据缅甸联邦共和国宪法，我签署该法令。

廷觉（印）

缅甸联邦共和国总统

印度尼西亚共和国高等教育法

（2012年第12号）

印度尼西亚共和国国家公报[①]

2012年第158号

至高无上真主的恩泽

印度尼西亚共和国总统

鉴于：

一、印度尼西亚共和国1945年宪法要求印度尼西亚共和国政府构建国家教育体系，以坚持宗教理念和民族团结为基础，增强信仰、敬畏真主的信念，培养品德，教育国民，发展科技文化，促进文明进步，增进人类福祉。

二、作为国家教育体系的一部分，高等教育注重并践行人文价值理念，推动印度尼西亚民族文明可持续建设和发展，在提高生活智慧化水平、发展科技文化方面发挥着战略性作用。

三、为提升民族竞争力，应对各领域全球化，需要发展高等教育，推动科技文化发展，培养知识分子、科学家以及有学识、有创造力，具有包容、民主、坚定性格，勇于为国家利益捍卫真理的专业人才。

四、为解决高等教育的可负担性问题，促进高质量且与民众利益相关的高等教育均等公平，推动国家进步、自强，增进社会福祉，在考虑人口和地理等问题的基础上，需要以有计划、有针对性、可持续的方式规范高等教育。

五、为保证高等教育的开展，需要制定相关规定作为法律基础。

六、基于上述考虑，有必要制定高等教育法。

---

* 本文译者：王丹丹，系北京外国语大学亚非学院讲师，北京外国语大学中国—印尼人文交流研究中心研究员。

考虑：

印度尼西亚共和国 1945 年宪法第 20 条、第 21 条和第 31 条规定。

在取得印度尼西亚共和国国会和印度尼西亚共和国总统批准后

决定

制定：高等教育法

第一章　总　则

第 1 条

本法所述之名词解释：

一、教育是一项有目的、有计划的工作，旨在营造学习氛围，实现学习过程，使受教育者积极发挥自身潜能，获取宗教上的精神力量，培养自控能力，培育个性，锻炼智力，加强品德修养，掌握自身、社会、民族和国家所需要的技能。

二、高等教育是指继中等教育后的教育阶段，是由高等院校基于印度尼西亚民族文化，组织开展的包括专科项目、学士项目、硕士项目、博士项目、专业项目、专家项目在内的教育。

三、科学知识是指使用特定的方法系统地探索、编写和开发的系列知识，用科学的方法来揭示某些自然和 / 或社会现象。

四、技术是指各学科知识的应用和利用，能够为满足人类需求和生存、提高生活质量创造价值。

五、人文学科是一门研究人类内在价值的学科。

六、高等院校是指组织开展高等教育的教育单位。

七、国立高等院校是指由政府建立和 / 或管理的高等院校。

八、私立高等院校是指由社会建立和 / 或管理的高等院校。

九、高等院校三项责任是指高等院校有开展教育、研究和服务社会的三项责任。

十、研究是指根据科学原理和方法系统地开展活动，以获得有助于理解或测试某科学技术知识相关的信息、数据和解释。

十一、服务社会是指学术群体利用科学技术知识增进社会福祉、提高生活智慧化水平的活动。

十二、学习是指大学生在学习环境中与讲师和学习资源互动的过程。

十三、学术群体是指由讲师和大学生组成的学术团体。

十四、讲师是指专业的教育工作者和知识分子，其主要任务是通过教育、研究和服务社会来改造、发展和传播科学技术知识。

十五、大学生是指在高等教育阶段的受教育者。

十六、社会是指由关心高等教育并在其中发挥作用的印度尼西亚公民组成的非政府组织。

十七、学习项目是指教育和学习的统一体，在某种学术教育、专业教育和/或职业教育中具有特定的课程和学习方法。

十八、高等教育国家标准是指包括国家教育标准、研究标准和社会服务标准在内的一项标准。

十九、根据印度尼西亚共和国1945年宪法规定，中央政府（以下简称政府）由印度尼西亚共和国总统执政。

二十、地方政府管理元素包括省长、县长或市长以及地方机构。

二十一、部委是指负责教育事务的政府机构。

二十二、其他部委是指负责除教育事务外其他事务的政府机构。

二十三、非部委政府机构是指履行特定政府职责的中央政府机构。

二十四、部长是指负责教育领域政府事务的部长。

第2条

高等教育要以"潘查希拉""1945年印度尼西亚共和国宪法""统一的印度尼西亚共和国"和"求同存异、殊途同归"为基石。

第3条

高等教育要遵循以下原则：

①科学真理；

②理智；

③诚实；

④公平；

⑤有益；

⑥美德；

⑦负责；

⑧多元；

⑨可负担。

第4条

高等教育的功能：

①发挥才能，培育高尚品德和优秀的国家文明，以提高生活智慧化水平。

②通过履行高等院校三项责任，培养创新、负责、富有创造力、掌握技能本领、有竞争力和合作精神的学术群体。

③发展科学技术知识，同时注重并践行人文价值理念。

第 5 条

高等教育的目标：

①发挥大学生潜力，使其成为对国家有用的人：信仰并敬畏真主、具有高尚品德、健康、有学识、有文化、有本领、有能力、富有创造力、独立自主、技能娴熟。

②培养掌握某项科学文化知识和 / 或某项技术的毕业生，满足国家利益需要，提高国家竞争力。

③在注重并践行人文价值理念的基础上，通过研究获得对国家进步、文明发展以及人类福祉有益的科学技术知识。

④以有利于增进公共福祉和提升生活智慧化水平的推理和研究成果为基础，服务社会。

第二章　开展高等教育

第一部分　开展高等教育的原则与责任

第 6 条

高等教育按以下原则开展：

①学术群体追寻科学真理；

②民主、公正、不歧视，尊重人权、认同不同的宗教和文化价值观念、尊崇多元化、维护国家统一和民族团结；

③学术群体要发展学术文化、普及阅读书写活动；

④持续推动国家文化建设、增强国家发展活力；

⑤在学习过程中发挥大学生的榜样模范作用，激发其学习意愿和创造力；

⑥以大学生为中心开展学习，同时注重与环境的协调和平衡；

⑦大学生可根据其意愿、天资和才能，自由选择学习项目；

⑧高等教育是一个系统的、开放的、具有多重意义的统一体；

⑨照顾经济状况欠佳的大学生群体；

⑩发动社会各组成部分参与到高等教育的开展及其服务质量的控制中。

第7条

(1)部长对高等教育的开展负责。

(2)第(1)款所述之部长对高等教育的开展负责，包括安排、计划、监督、监测、评估以及指导和协调。

(3)部长开展高等教育的职责和权限包括：

①高等教育作为国家教育体系的一部分，部长要对高等教育制定总体指导和协调政策，以实现高等教育的目标。

②制定国家总政策并编制高等教育可持续的长期、中期和年度发展计划。

③持续提高质量保证能力、提升教育相关性和可负担性，推动受教育机会公平均等。

④强化并提高管理学术和管理高校资源的能力。

⑤除宗教类高等教育外，批准和撤销与开展高等教育有关的许可。

⑥制定总体政策，凝聚和运用一切社会力量，发展高等教育。

⑦成立有社会力量参与的理事会、议会、委员会和/或联合体，以制定发展高等教育的政策。

⑧履行其他职责，确保高等教育的发展和目标实现。

(4)关于宗教类高等教育的开展，其责任、职责、权限事宜由管理宗教领域政府事务的部长执行。

(5)关于第(2)款部长责任和第(3)款部长职责和权限的进一步规定，在政府条例中加以规范。

第二部分　发展科学技术知识

第一段　学术自由、讲坛自由以及科学自治

第8条

(1)在开展教育和发展科学技术知识中，要遵循学术自由、讲坛自由以及科学自治。

(2)第(1)款所述之发展科学技术知识，由学术群体通过学习和/或科学研究完成。其间，要尊重宗教价值理念和民族团结，促进文明进步，增进人类福祉。

(3)保证学术自由、讲坛自由以及科学自治是学术群体中每名成员的义务，必须得到高等院校领导的保护和推动。

第9条

(1)第8条第(1)款所述之学术自由是在指高等教育中，学术群体通过履行"高等院校三项责任"，本着负责的精神，可自由研究发展科学技术知识。

（2）第 8 条第（1）款所述之讲坛自由是指具有科学威信的教授和 / 或讲师有权以公开负责的方式，对某一学科或其分支学科发声。

（3）第 8 条第（1）款所述之科学自治是指学术群体根据科学原理、方法和学术文化，在某一科学技术的发现、发展、揭示以及捍卫科学真理等方面有自治权利。

第二段　科学技术丛

第 10 条

（1）科学技术丛是一个集合概念，是科学技术知识主干、枝干、分支以系统形式梳理成的一个集合。

（2）第（1）款所述之科学技术丛包括以下若干部分：

①宗教科学丛；

②人文科学丛；

③社会科学丛；

④自然科学丛；

⑤形式科学丛；

⑥应用科学丛。

（3）第（2）款所述之科学技术丛由学术群体通过履行高等院校三项责任得以演变、发展和扩散。

第三段　学术群体

第 11 条

（1）学术群体是发展学术文化、拥有科学传统的群体。

（2）第（1）款所述之学术文化是按照高等教育原则，由科学技术中的观念、设想、规范、行为和成果组成的全部体系。

（3）第（1）款所述之发展学术文化在与社会的互动中进行，这种互动不因民族、宗教、种族、派别、性别、社会地位、经济状况或政治流派而有所不同。

（4）第（3）款所述之社会互动在学习、探寻科学真理、掌握并推进科学技术以及管理高等院校的过程中进行。

（5）学术群体有义务维护、营造良好的学术文化氛围，将科学技术知识视作科研的过程和产品，并将其作为一种善举和道德范式。

第 12 条

（1）作为学术群体的一员，讲师有责任通过教学，将其掌握的科学技术知识传授给学生，使学生积极发挥潜力。

（2）作为知识分子，讲师应通过科学推论和研究，发展并传播某一学科的科学技术知识。

（3）讲师应单独或与他人合著，编纂教科书或训练册，并由高等院校和/或科学出版机构出版，以供学习、发展学术文化、普及阅读书写活动之用。

第13条

（1）作为学术群体的一员，大学生是有着自我认知的成年人，其在高等院校中应发挥自身潜力，日后成为知识分子、学者、从业者或其他专业人才。

（2）第（1）款所述之大学生应积极发挥自身潜力，研究学问、追求真理，掌握、发展并实践某学科科学技术知识，成为有文化的学者、知识分子、从业者或其他专业人才。

（3）大学生享有学术自由，同时要重视学术文化中推理能力、思想品德和责任意识的培养。

（4）大学生有权享有与自己天资、兴趣、潜力和才能匹配的教育服务。

（5）大学生可按照各自的学习速度完成教育课程，但不得超过高等院校规定的时限。

（6）大学生有义务遵守道德规范和高等教育准则，以确保高等院校三个责任的落实和学术文化的发展。

第14条

（1）大学生在接受教育过程中，通过参加共同课程和课外活动，发展自己的天资、兴趣和才能。

（2）第（1）款所述之共同课程和课外活动可通过学生组织得以实施。

（3）关于第（1）款所述之共同课程和课外活动的其他规定，在高等院校章程中加以规范。

第三部分　高等教育类型

第一段　学术教育

第15条

（1）学术教育是指本科和/或研究生项目的高等教育，旨在掌握并发展某学科科学技术知识。

（2）部委负责对学术教育的指导、协调和监督。

第二段　职业教育

第 16 条

（1）职业教育是指专科项目的高等教育，旨在帮助学生掌握某项工作实用技能或为应用型学士项目做准备。

（2）第（1）款所述之职业教育可由政府开展应用型硕士和应用型博士项目。

（3）部委负责对职业教育的指导、协调和监督。

第三段　专业教育

第 17 条

（1）专业教育是指完成本科教育后的高等教育，旨在帮助学生满足工作中的特殊技能要求。

（2）第（1）款所述之专业教育可由高等院校与部委、其他部委、非部委政府机构以及/或者负责专业服务质量的专业组织合作开展。

第四部分　高等教育项目

第一段　学士项目、硕士项目和博士项目

第 18 条

（1）学士项目是面向中等教育或同等学力的毕业生开展的学术教育，使其能够通过科学推理应用科学技术知识。

（2）第（1）款所述之学士项目使大学生成长为有文化的知识分子或学者，能够进入职场工作或创业，能够发展成为一名专业人才。

（3）学士项目的讲师至少须具备硕士或同等学力水平。

（4）学士项目的毕业生有权使用学士头衔。

（5）关于学士项目的进一步规定，在部长条例中加以规范。

第 19 条

（1）硕士项目是面向学士项目或同等学力的毕业生开展的学术教育，使其能够通过科学推理和研究应用并发展科学技术知识。

（2）第（1）款所述之硕士项目使大学生成长为有文化的知识分子或学者，能够进入职场工作或创业，能够发展成为一名专业人才。

（3）硕士项目的讲师须具备博士或同等学力水平。

（4）硕士项目的毕业生有权使用硕士头衔。

(5)关于硕士项目的进一步规定，在部长条例中加以规范。

第20条

(1)博士项目是面向硕士项目或同等学力的毕业生开展的学术教育，使其能够通过科学推理和研究进行发明和创造，为发展和应用科学技术知识做出贡献。

(2)第(1)款所述之博士项目使大学生更加明辨理智，其才能和自主能力得到提升，成长为有文化知识的哲学家、知识分子或科学家，通过全面准确的研究进而产出或发展理论，推动人类文明进步。

(3)博士项目的讲师须具备博士或同等学力水平。

(4)博士项目的毕业生有权使用博士头衔。

(5)关于博士项目的进一步规定，在部长条例中加以规范。

第二段　专科项目、应用型硕士项目和应用型博士项目

第21条

(1)专科项目是面向中等教育或同等学力的毕业生开展的职业教育，使其在应用科学技术知识中掌握技能、学习推理。

(2)第(1)款所述之专科项目帮助大学生成为熟练的从业者，根据其专长进入劳动力市场。

(3)第(2)款所述之专科项目包括：

①一年制专科；

②两年制专科；

③三年制专科；

④四年制专科或应用型学士。

(4)第(3)款所述之专科项目的讲师至少须具备硕士或同等学力水平。

(5)第(3)款所述之一年制和两年制专科项目可以聘用具备至少3年制专科项目或同等学力水平且具有经验的指导员。

(6)专科项目的毕业生有权使用专门人才或应用型学士头衔。

(7)关于专科项目的进一步规定，在部长条例中加以规范。

第22条

(1)应用型硕士项目是面向应用型学士项目或同等学力的毕业生开展的职业教育，使其能够通过科学推理和研究，发展运用科学技术知识并进行实践。

(2)第(1)款所述之应用型硕士项目使大学生成长为在其职业领域，可以应用科学

技术知识、具有高级技能的专家型人才。

（3）应用型硕士项目的讲师须具备博士或同等学力水平。

（4）应用型硕士项目的毕业生有权使用应用型硕士头衔。

（5）关于应用型硕士项目的进一步规定，在部长条例中加以规范。

第23条

（1）应用型博士项目是面向应用型硕士项目或同等学力的毕业生开展的教育项目，使其能够通过科学推理和研究进行发明和创造，为运用、发展科学技术知识及实践做出贡献。

（2）第（1）款所述之应用型博士项目使大学生更加明辨理智，其才能和自主能力得到提升，成长为专家型人才，通过全面准确的研究进而产出并发展科学技术知识应用理论，推动文明进步、增进人类福祉。

（3）应用型博士项目的讲师须具备博士或同等学力水平。

（4）应用型博士项目的毕业生有权使用应用型博士头衔。

（5）关于应用型博士项目的进一步规定，在部长条例中加以规范。

第三段　专业项目和专家项目

第24条

（1）专业项目是面向学士项目或同等学力的毕业生开展的特殊技能教育，使其能够发挥天资和才能，掌握工作中需要的本领和技能。

（2）第（1）款所述之专业项目由高等院校与部委、其他部委、非部委政府机构以及/或者负责专业服务质量的专业组织合作开展。

（3）第（2）款所述之专业项目将为社会提供专业型人才。

（4）专业项目的讲师至少须完成专业项目或硕士项目或达到同等学力水平，且具有两年以上工作经验。

（5）专业项目的毕业生有权使用专业头衔。

（6）关于专业项目的进一步规定，在政府条例中加以规范。

第25条

（1）专家项目是面向具有专业人才经验的专业项目的毕业生开展的多层次继续技能教育，使其能够发挥天资和才能，成长为专家。

（2）第（1）款所述之专家项目可由高等院校与部委、其他部委、非部委政府机构以及/或者负责专业服务质量的专业组织合作开展。

（3）第（2）款所述之专家项目将提高某些学科的专业化能力。

（4）专家项目的讲师至少须完成专家项目或博士项目或达到同等学力水平，且具有两年以上工作经验。

（5）专家项目的毕业生有权使用专家头衔。

（6）关于专家项目的进一步规定，在政府条例中加以规范。

第四段 学术学位、职业学位和专业学位

第26条

（1）学术学位由开展学术教育的高等院校授予。

（2）学术学位包括：

①学士；

②硕士；

③博士。

（3）职业学位由开展职业教育的高等院校授予。

（4）职业学位包括：

①初级技工；

②助理级技工；

③中级技工；

④应用型学士；

⑤应用型硕士；

⑥应用型博士。

（5）专业学位由开展专业教育的高等院校授予。

（6）第（5）款所述之专业学位由高等院校与部委、其他部委、非部委政府机构以及/或者负责专业服务质量的专业组织共同确定。

（7）专业学位包括：

①专业学位；

②专家学位。

（8）关于学术学位、职业学位和专业学位的进一步规定，在政府条例中加以规范。

第27条

（1）除第26条第（2）款③项所述之博士学位外，设有博士项目的高等院校有权授予在科学技术知识或人文领域做出杰出贡献的个人以名誉博士学位。

（2）关于名誉博士学位的进一步规定，在部长条例中加以规范。

第28条

（1）只有有权授予学术学位、职业学位和专业学位的高等院校的毕业生才可使用上述学位。

（2）使用学术学位、职业学位和专业学位时，其形式、首字母或缩写须与高等院校授予的学位保持一致。

（3）下述单位或部门授予学术学位和职业学位的，部长将宣布该学位无效并予以撤销：

①未经认证的高等院校或学习项目；

②无权授予学术学位和职业学位的个人、组织或高等教育开办单位。

（4）下述单位或部门授予专业学位的，部长将宣布该学位无效并予以撤销：

①未经认证的高等院校或学习项目；

②无权授予专业学位的个人、组织或其他机构。

（5）用于取得学术学位、职业学位和专业学位的科研论文如系剽窃或抄袭的，高等院校将宣布该学位无效并予以撤销。

（6）禁止无资格的个人、组织或高等教育开办单位授予学术学位、职业学位和专业学位。

（7）禁止无资格的个人使用学术学位、职业学位或专业学位。

第五部分　国家资格框架

第29条

（1）国家资格框架是根据各行业工作结构来认可工作能力，将正规、非正规、不正规教育或工作经验同等化的一种分级机制。

（2）第（1）款所述之国家资格框架是认定学术教育、职业教育和专业教育毕业生能力的主要参考。

（3）第（2）款所述之毕业生能力的认定工作由部长确定。

第六部分　宗教类高等教育

第30条

（1）政府或社会可以开展宗教类高等教育。

（2）第（1）款所述之宗教类高等教育的举办形式，可以是大学、研究院、高等学校、学院，也可采取伊斯兰学馆、印度教学堂、天主教神学院以及同种类的其他形式。

（3）关于宗教类高等教育的进一步规定，在政府条例中加以规范。

第七部分 远程教育

第31条

（1）远程教育是指通过各种通信媒介远程进行的教学过程。

（2）第（1）款所述之远程教育的目的：

①为无法以面对面或常规方式参加教育的民众提供高等教育服务；

②增加接受高等教育的途径，更加便利地享受教育服务。

（3）远程教育以各种形式和方式开展，覆盖范围广，由学习设备和学习服务以及评估系统支持，确保毕业生质量符合国家高等教育标准。

（4）关于开展远程教育的进一步规定，在部长条例中加以规范。

第八部分 特殊教育和特殊服务教育

第32条

（1）对有学习困难或潜质好、天资聪颖的学生，学习项目可通过特殊教育进行。

（2）除第（1）款所述之特殊教育外，学习项目也可通过特殊服务教育或特殊服务学习来进行。

（3）关于特殊教育和特殊服务教育或学习的进一步规定，在部长条例中加以规范。

第九部分 教育和学习过程

第一段 学习项目

第33条

（1）教育项目通过学习项目进行和开展。

（2）学习项目根据教育项目制定课程和学习方法。

（3）学习项目应在符合认证的最低要求并取得部长的许可后开展。

（4）学习项目由高等院校指定的管理单位进行管理。

（5）第（1）款所述之学习项目在取得开展许可时即得到认证。

（6）学习项目在认证期限届满时应重新认证。

（7）部长可以撤销未按第（6）款所述进行重新认证的学习项目。

（8）关于第（2）款所述之学习方法、第（3）款所述之取得部长许可以及第（7）款所述之撤销项目许可的进一步规定，在部长条例中加以规范。

第 34 条

（1）学习项目可在高等院校校内进行，也可在同一省份的其他地方进行，或在其他省份与当地高等院校合作进行。

（2）关于第（1）款所述之在高等院校校内或校外开展学习项目的进一步规定，在部长条例中加以规范。

第二段　课程

第 35 条

（1）高等教育课程是一套关于教学目标、内容和教材以及教学方法的计划和安排，对开展教学活动、实现高等教育目标有指导作用。

（2）第（1）款所述之高等教育课程由各高等院校参考高等教育国家标准，为各学习项目制定，应包含开发智力、培养品德、提升技能等内容。

（3）第（1）款所述之高等教育课程须包含以下课程：

①宗教；

②潘查希拉；

③公民身份；

④印度尼西亚语。

（4）第（1）款所述之高等教育课程通过课内活动、辅助课程和课外活动进行。

（5）第（3）款所述之课程适用于学士项目和专科项目。

第 36 条

专业教育课程由部委、其他部委、非部委政府机构以及负责专业服务质量的专业组织在参考高等教育国家标准的基础上共同确定。

第三段　授课语言

第 37 条

（1）高等院校应使用印度尼西亚官方语言——印度尼西亚语作为授课语言。

（2）在地方语言和文学的学习项目中，地方语言可作为授课语言。

（3）在高等院校中，外语可作为授课语言。

第四段　转换和对等

第 38 条

（1）大学生可以在以下方面进行转换：

①同一教育项目的学习项目之间；

②高等教育类别之间；

③高等院校之间。

（2）关于第（1）款所述之大学生转换的规定，在部长条例中加以规范。

第39条

（1）职业教育或专业教育的毕业生可以通过对等，在学术教育中继续深造。

（2）学术教育的毕业生可以通过对等，在职业教育或专业教育中继续深造。

（3）关于第（1）款和第（2）款所述之对等的进一步规定，在部长条例中加以规范。

第40条

（1）外国高等院校的毕业生可以通过对等，在印度尼西亚接受高等教育。

（2）关于第（1）款所述之外国高等院校毕业生对等事宜的规定，在部长条例中加以规范。

第五段　学习资源、设备和设施

第41条

（1）高等院校应为其开展的学习项目提供相匹配的高等教育学习资源或为学习资源的取得提供便利。

（2）第（1）款所述之学习资源可由若干高等院校共同使用。

（3）根据大学生的天资、兴趣、潜质和智力水平，高等院校应提供相关设施设备以满足教育需求。

第六段　毕业证书

第42条

（1）向学术教育和职业教育的毕业生颁发毕业证书，作为对其学习成绩和/或完成高等院校开展的某个业经认证的学习项目的认可。

（2）第（1）款所述之毕业证书由高等院校出具，其中载明该生参加的学习项目和获得的学位。

（3）用于取得毕业证书和学位的科研论文如系剽窃或抄袭的，高等院校将宣布该学位无效并予以撤销。

（4）禁止无资格的个人、组织或高等教育开办单位颁发毕业证书。

第七段　专业证书和能力证书

第 43 条

（1）专业证书颁发给由高等院校与部委、其他部委、非部委政府机构、负责专业服务质量的专业组织或其他合法单位合作举办的专业教育的毕业生，以许可其进行专业实践。

（2）第（1）款所述之专业证书由高等院校与部委、其他部委、非部委政府机构、负责专业服务质量的专业组织或其他合法单位共同出具。

（3）禁止无资格的个人、组织或高等教育开办单位颁发专业证书。

（4）关于第（1）款所述之专业证书的进一步规定，在政府条例中加以规范。

第 44 条

（1）能力证书是对毕业生成绩能力的认可，依据其在某学科方面的专业能力和 / 或在学习项目外取得的成绩而判定。

（2）高等院校与专业组织、培训机构或经认证的证明机构合作，向通过能力测试的毕业生颁发第（1）款所述之能力证书。

（3）第（2）款所述之能力证书可用于申请某项工作。

（4）禁止无资格的个人、组织或高等教育开办单位颁发能力证书。

（5）关于能力证书的进一步规定，在部长条例中加以规范。

第十部分　研究

第 45 条

（1）高等教育研究的目的是发展科学技术知识、提高社会福祉、增强国家竞争力。

（2）第（1）款所述之研究由学术群体遵照科学自治和学术文化进行。

（3）第（2）款所述之研究基于能力途径和竞争途径开展。

第 46 条

（1）研究成果用于以下方面：

①丰富科学技术知识和学习材料；

②提高高等院校质量、促进国家文明进步；

③推动国家自立、进步，提升竞争力；

④满足国家发展的战略需要；

⑤使印度尼西亚社会转变为知识型社会。

（2）除研究成果涉密、影响或危害公共利益外，高等院校应通过研讨、出版、申请专利等方式传播研究成果。

（3）学术群体的研究成果在国际期刊上发表、申请到某项工业技术专利或在某书中被用作学习材料的，政府可给予奖赏。

第十一部分　服务社会

第47条

（1）服务社会是学术群体运用和普及科学技术知识、增进公共福祉、提高生活智慧化水平的一项活动。

（2）第（1）款所述之服务社会根据学术群体的学术文化、专长、科学自治权利以及社会文化状况，以多种多样的活动形式开展。

（3）服务社会是学术群体发展科学技术知识、丰富学习材料以及学习和成熟的过程。

（4）服务社会成果在国际期刊上发表，申请到商业、工业或技术专利的，政府给予奖励。

第十二部分　合作研究与服务社会

第48条

（1）高等院校在进行研究和服务社会中，应当积极与其他高等院校或商界、工业界或社会开展合作。

（2）中央政府、地方政府和社会应将高等院校作为科学技术研究发展中心。

（3）高等院校可以使用其他部委或非部委政府机构的研究设施。

（4）政府应促进高等院校与高等院校以及高等院校与商界、工业界开展合作研究。

第十三部分　落实高等院校三项责任

第49条

（1）高等院校三项责任落实的广度、深度和具体责任组合，应根据每个高等教育项目的特点和需求进行。

（2）关于第（1）款所述之高等院校三项责任落实的广度、深度和具体责任组合的规定，在部长条例中加以规范。

第十四部分　高等教育的国际合作

第50条

（1）高等教育的国际合作是指在国际维度上学术活动的互动过程，在这一过程中，学术得到融合但又不失印度尼西亚自身特色。

（2）国际合作必须以平等和相互尊重为基础，推动科学技术知识进步、宣扬人道主义价值观念、有益于人类生活。

（3）国际合作包括教育、研究和服务社会等领域。

（4）高等教育的国际合作可通过以下方式开展：

①加强印度尼西亚高等教育机构与国外高等教育机构在开展优质教育活动方面的联系；

②在国内外高等院校设立印度尼西亚和地方文化研究中心；

③成立独立的科学团体。

（5）关于高等教育国际合作的国家政策，在部长条例中加以规范。

第三章　质量保证

第一部分　质量保证体系

第 51 条

（1）优质的高等教育将培养出能够积极发挥自身潜力的毕业生，产出对社会、民族和国家有利的科学技术知识。

（2）政府实行高等教育质量保证体系，以获得优质教育。

第 52 条

（1）高等教育质量保证是一项系统工作，是有计划、可持续地提高高等教育质量。

（2）第（1）款所述之质量保证通过制定、实施、评估、控制和提高高等教育标准等方法进行。

（3）部长制定高等教育质量保证体系和高等教育国家标准。

（4）第（3）款所述之高等教育质量保证体系以高等教育数据库为基础。

第 53 条

第 51 条第（2）款所述之高等教育质量保证体系包括：

（1）高等院校设立的内部质量保证体系；

（2）通过认证确定的外部质量保证体系。

第二部分　高等教育标准

第 54 条

（1）高等教育标准包括：

①部长根据负责起草和制定高等教育国家标准的机构的提议，确定的高等教育国家

标准；

②各高等院校参考高等教育国家标准，确定的高等教育标准。

（2）第（1）款第①项所述之高等教育国家标准包括教育国家标准、研究标准和服务社会标准。

（3）高等教育国家标准须注重学术自由、讲坛自由和科学自治，以实现高等教育的目标。

（4）第（1）款第②项所述之高等教育标准包括一系列学术和非学术领域的标准，超出了高等教育国家标准规定的范畴。

（5）在制定第（1）款第②项所述之高等教育标准中，高等院校可自行对高等教育国家标准进行补充。

（6）部长定期对高等教育标准的实施情况进行评估。

（7）部长向社会宣布高等教育标准评估的结果。

（8）关于第（6）款所述之评估的规定，在部长条例中加以规范。

第三部分　认证

第55条

（1）认证是根据高等教育国家标准规定的准则，开展的评估工作。

（2）第（1）款所述之认证，根据高等教育国家标准规定的准则进行，旨在确定高等院校的资格和学习项目的可行性。

（3）政府成立高等院校国家认证局，以健全认证体系。

（4）高等院校由高等院校国家认证局对其进行认证。

（5）学习项目的认证是对公众的负责，其认证工作由独立的认证机构完成。

（6）第（5）款所述之独立的认证机构，是由高等院校国家认证局推荐并由政府承认、由政府或社会成立的独立机构。

（7）第（6）款所述之独立的认证机构依据不同的学科集群或学科分支成立，也可依据辖区不同而成立。

（8）关于第（1）款所述之认证、第（4）款所述之高等教育国家认证局（原印度尼西亚文疑似有误，应为高等院校国家认证局）、第（5）款所述之独立的认证机构的进一步规定，在部长条例中加以规范。

第四部分　高等教育数据库

第56条

（1）高等教育数据库是全国所有高等院校开展高等教育的数据信息的集合。

（2）第（1）款所述之高等教育数据库可为以下单位提供信息：

①认证机构，以便对学习项目和高等院校进行认证；

②政府，以便对学习项目和高等院校进行安排、计划、监督、监测、评估、指导和协调；

③社会，以便知晓学习项目和高等院校相关情况。

（3）高等教育数据库由部委或部委指定的机构进行开发和管理。

（4）高等院校负责人须提交高等教育开办的相关数据和信息，并保证其真实性和准确性。

第五部分　高等教育服务机构

第 57 条

（1）高等教育服务机构是中央政府在地方设立的、旨在帮助提高高等教育质量的工作单位。

（2）第（1）款所述之高等教育服务机构由部长设立。

（3）第（1）款所述之高等教育服务机构的职责和职能由部长根据需要确定。

（4）部长定期对第（1）款所述之高等教育服务机构的工作绩效进行评估。

第四章　高等院校

第一部分　高等院校的职能和作用

第 58 条

（1）高等院校履行以下职能和作用：

①大学生和社会公众的学习场所；

②未来国家领导人的受教育场所；

③科学技术知识发展中心；

④美育和道德研究中心，以寻求发现真理；

⑤国家文明发展中心。

（2）第（1）款所述之高等院校的职能和作用在履行高等院校章程规定的高等院校三项责任中得到体现。

第二部分　高等院校的形式

第 59 条

（1）高等院校的形式包括：

①大学；

②研究院；

③高等学校；

④工艺学院；

⑤高等专科学校；

⑥社区学院。

（2）大学是指开展学术教育的高等院校。大学也可以开展各类学科职业教育。若满足相关条件，大学还可以开展专业教育。

（3）研究院是指开展学术教育的高等院校。研究院也可以开展某些学科职业教育。若满足相关条件，研究院还可以开展专业教育。

（4）高等学校是指开展学术教育的高等院校。高等学校也可以开展某一类学科职业教育。若满足相关条件，高等学校还可以开展专业教育。

（5）工艺学院是指开展各类学科职业教育的高等院校。若满足相关条件，工艺学院还可以开展专业教育。

（6）高等专科学校是指开展某一类或某几类分支学科职业教育的高等院校。

（7）社区学院是指为满足特殊需要或基于当地优势，开展一年制或两年制某一类或某几类分支学科职业教育的高等院校。

第三部分　高等院校的成立

第60条

（1）公立高等院校由政府成立。

（2）私立高等院校由社会成立，须设立非营利性质的法人管理机构，并获得部长批准。

（3）第（2）款所述之管理机构可以采用基金会、协会或其他合法形式。

（4）成立的高等院校必须符合最低认证标准。

（5）高等院校应有章程。

（6）私立高等院校许可的变更或撤销事宜，由部长根据法律规定执行。

（7）关于第（1）款至第（5）款所述之成立公立、私立高等院校和第（6）款所述之私立高等院校许可的变更或撤销的进一步规定，在政府条例中加以规范。

第四部分　高等院校管理机构

第61条

（1）管理机构是高等院校中履行高等院校三个责任、发挥资源管理职能的工作单位。

（2）第（1）款所述之管理机构至少须包括：

①政策制定者；

②学术从业者；

③质量保证和监督者；

④学术辅助设备或学习资源；

⑤行政管理者。

（3）高等院校章程对高等院校管理机构加以规范。

第五部分　高等院校管理

第62条

（1）作为高等院校三项责任的实施主体，高等院校有自主管理其机构的权利。

（2）第（1）款所述之自主管理应根据高等院校的基本原则、目标和能力进行。

（3）第（2）款所述之基本原则、目标和能力由高等院校自主评估。

（4）关于第（3）款所述之评估高等院校的基本原则、目标和能力的进一步规定，在部长条例中加以规范。

第63条

高等院校自主管理应基于以下原则：

①责任；

②透明；

③非营利；

④保证质量；

⑤有效且高效。

第64条

（1）第62条所述之高等院校自主管理既包括学术领域也包括非学术领域。

（2）第（1）款所述之学术领域的自主管理包括制定高等院校三项责任的规范标准和实施政策。

（3）第（1）款所述之非学术领域的自主管理包括制定以下事务的规范标准和实施政策：

①机构组织；

②财务；

③大学生事务；

④人力；

⑤设施设备。

第 65 条

(1)第 64 条所述之高等院校自主管理权利由部长根据对公立高等院校绩效的评估，有选择地授予采用了公共服务机构财务管理模式或设有法人的公立高等院校，以产出优质高等教育。

(2)第(1)款所述之采用了公共服务机构财务管理模式的公立高等院校享有法律规定的治理和管理权利。

(3)第(1)款所述之设有法人的公立高等院校拥有：

①除土地以外的、以国有资产形式划拨的初始财富；

②自主治理和决策的权利；

③执行问责和透明度职能的部门；

④自主、透明和负责任地管理资金的权利；

⑤任用或解雇讲师或教育从业人员的权利；

⑥成立商业实体和经营基金的权利；

⑦开展、实施、取消学习项目的权利。

(4)政府要求设有法人的公立高等院校，要开展社会可负担得起的高等教育。

(5)关于第(1)款所述之公立高等院校自主管理的规定，依照法律规定执行。

第 66 条

(1)公立高等院校的章程由部长条例确定。

(2)设有法人的公立高等院校的章程由政府条例确定。

(3)私立高等院校的章程由管理机构的决议书确定。

第 67 条

第 64 条所述之高等院校自主管理中，关于私立高等院校的相关要求由管理机构根据法律规定做出安排。

第 68 条

关于第 64 条和第 65 条所述之管理高等院校的进一步规定，在政府条例中加以规范。

第六部分　人力事宜

第一段　聘用和安排

第 69 条

(1)高等院校的人力包括：

①讲师;

②教育从业人员。

(2)第(1)款所述之讲师及教育从业人员,由政府或管理机构聘用并安排在高等院校工作。

(3)有杰出技能或成就的人,可依照法律规定,聘用为讲师。

第70条

(1)政府对讲师和教育从业人员的聘用和安排根据法律规定进行。

(2)管理机构对讲师和教育从业人员的聘用和安排,按照法律规定,根据工作合同或工作协议进行。

(3)第(2)款所述之管理机构应按照法律规定,向讲师和教育从业人员支付基本工资和津贴。

(4)部长可指派第(1)款所述之由政府聘用的、在公立高等院校工作的讲师提高高等教育质量。

(5)政府向第(4)款所述之讲师给予奖励。

(6)关于第(4)款所述之指派讲师和第(5)款所述之给予奖励的进一步规定,在政府条例中加以规范。

第71条

(1)公立高等院校的领导根据高等教育国家标准,经政府许可后,可聘用常任讲师。

(2)根据法律规定,公立高等院校向第(1)款所述之常任讲师提供基本工资和津贴。

(3)根据法律规定,政府向第(1)款所述之常任讲师发放学术职位津贴、专业津贴和/或荣誉津贴。

(4)关于公立高等院校聘用第(1)款所述之常任讲师的进一步规定,在政府条例中加以规范。

第二段　学术职位等级

第72条

(1)常任讲师的学术职位等级包括助教、普通讲师、主任讲师和教授。

(2)非常任讲师的学术职位等级由高等院校管理机构加以确定。

(3)具有10年常任讲师工作经验、曾发表科学文献、具有博士学位或同等学力水平,并满足相关要求的讲师,可申请教授学术职位。

(4)学术职位为教授的讲师,其退休年龄最高为70岁,政府向其发放专业津贴和荣誉津贴。

（5）由高等院校提议，部长可委任具有杰出能力的人才担任教授职位。

（6）关于第（1）款所述之学术职位等级、第（4）款所述之发放专业津贴和荣誉津贴以及第（5）款所述之委任具有杰出能力人才的相关规定，在部长条例中加以规范。

第七部分　大学生事务

第一段　招收新生

第73条

（1）公立高等院校可以通过全国统招或其他形式为各学习项目招收新生。

（2）准大学生参加全国统招的，相关费用由政府承担。

（3）第（2）款所述之参加全国统招的准大学生，若满足学术要求的，高等院校应予以录取。

（4）高等院校要平衡好各学习项目可参加学生人数上限与设施设备、讲师和教育从业人员数量、其他教育服务及资源之间的关系。

（5）高等院校招收新生是一项学术性选拔工作，禁止与商业目的相关联。

（6）私立高等院校为各学习项目招收新生的相关工作，由各私立高等院校自行安排，或参考公立高等院校采用全国统招模式。

（7）关于公立高等院校通过全国统招招收新生的进一步规定，在部长条例中加以规范。

第74条

（1）公立高等院校应寻找、筛选并录取具有较高学术潜力但经济状况欠佳，以及来自偏远落后地区的准大学生，这一部分的学生数量在其各个学习项目录取学生总人数中的比例至少要达到20%。

（2）接收第（1）款所述之学生的学习项目可以得到来自中央政府、地方政府、高等院校和社会的教育帮扶资金。

第75条

（1）外籍公民可被高等院校录取为大学学生。

（2）第（1）款所述之录取外籍学生须符合下列条件的相关要求：

①学术资格；

②学习项目；

③学生人数；

④高等院校地理位置。

（3）关于第（2）款所述之录取外籍学生条件的进一步规定，在部长条例中加以规范。

第二段　学生权利的实现

第76条

（1）中央政府、地方政府以及高等院校有义务维护经济状况欠佳的大学生根据学术规定完成学业的权利。

（2）第（1）款所述之大学生权利的实现，通过以下方式进行：

①向取得优异成绩的大学生颁发奖学金；

②提供教育费用资助或免除教育费用；

③提供在毕业和/或参加工作后须偿还的无息贷款。

（3）高等院校或高等院校的管理机构根据大学生、大学生家长或其资助人的经济状况，向学生收取教育费用。

（4）关于第（1）款至第（3）款所述之实现学生权利的进一步规定，在部长条例中加以规范。

第三段　学生组织

第77条

（1）大学生可以组建学生组织。

（2）学生组织应至少具有以下职能：

①组织能够锻炼和开发大学生天资、兴趣和潜力的活动；

②培养勇气、创造力、批判能力和领导能力，提升敏感度，增强国家意识；

③保障大学生的权益和福利；

④通过服务社会增强社会责任感。

（3）第（1）款所述之学生组织是高等院校的内部组织。

（4）高等院校为学生组织开展的活动提供设施、设备和资金支持。

（5）关于学生组织的其他规定，在高等院校章程中加以规范。

第八部分　高等院校责任

第78条

（1）高等院校责任是指高等院校对社会的一种责任形式，包括：

①学术责任；

②非学术责任。

（2）高等院校应在符合高等教育国家标准的基础上履行责任。

（3）高等院校责任的履行通过年度报告制度进行。

(4)高等院校的责任年度报告应向社会公布。

(5)第(3)款所述之年度报告制度根据法律规定制定。

第九部分　高等院校的发展

第一段　总则

第79条

(1)政府为校际合作、高等院校和商界、工业界、校友界、地方政府和/或其他方面的合作提供便利。

(2)政府开发高等教育信息管理系统。

(3)政府通过校际合作开发分级指导系统。

(4)政府开发可供所有学术群体使用的开放式学习资源。

(5)政府使用信息科技,编织高等院校网络。

第二段　高等院校的发展模式

第80条

(1)政府逐步建立高等院校的优势学科中心。

(2)政府至少在每一个省份开设一所公立高等院校,可以是大学、研究院或者是工艺学院。

(3)第(2)款所述之公立高等院校要以高等院校的三项责任为基础,结合地方优势,支持国家建设需要。

第81条

(1)中央政府和地方政府逐步在各县市和边境地区,至少开设一所符合当地地方优势的社区学院。

(2)第(1)款所述之社区学院要以地方需要为基础,加快社会进步,增进社会福祉。

第82条

关于第79条至第81条所述之发展高等院校的进一步规定,在部长条例中加以规范。

第五章　经费

第一部分　高等教育的责任和经费来源

第83条

(1)政府在国家收支预算中划拨高等教育经费。

（2）地方政府可以在地方收支预算中划拨相关费用，为高等教育提供资金支持。

第 84 条

（1）社会可以赞助高等教育经费。

（2）第（1）款所述之社会向高等院校赞助高等教育经费，可以通过以下形式：

①赠与；

②捐献；

③布施（伊斯兰教）；

④敬献；

⑤弥撒募捐（天主教）；

⑥施舍（印度教）；

⑦个人和 / 或公司捐助；

⑧高等教育基金；

⑨其他合法形式。

第 85 条

（1）高等院校可以通过开展合作履行高等院校三项责任，为高等教育筹措经费。

（2）根据大学生、大学生家长或其资助人的经济状况，向大学生收取的教育费用也可作为高等教育经费。

第 86 条

（1）政府应推动商界和工业界积极向高等院校提供资金支持。

（2）根据法律规定，政府对向高等院校提供资金支持或资金捐献的商界、工业界企业或社会大众予以奖励。

第 87 条

根据法律规定，为发展高等教育，中央政府和地方政府可以向高等院校授予管理国有资产的权利。

第二部分　成本和拨款

第 88 条

（1）政府在考虑到以下因素的基础上，定期确定高等教育运营成本标准：

①符合高等教育国家标准；

②学习项目类别；

③地区物价指数。

（2）第（1）款所述之高等教育运营成本标准是国家收支预算中划拨公立高等院校经

费的参考依据。

（3）第（2）款所述之运营成本标准是公立高等院校确定学生承担费用数额的参考依据。

（4）第（3）款所述之学生承担的费用须根据大学生、大学生家长或其资助人的经济状况进行调整。

（5）关于第（1）款所述之高等教育运营成本标准的进一步规定，在部长条例中加以规范。

第89条

（1）第83条所述之国家收支预算和地方收支预算划拨的高等教育经费用于：

①公立高等院校：作为运营经费、讲师和教育从业人员人事费用、投资和发展费用；

②私立高等院校：作为讲师专业津贴补助、教授荣誉津贴、投资和发展费用；

③大学生：作为接受高等教育补助费。

（2）第（1）款第①项所述之高等教育经费，以补贴或其他合法形式发放给设有法人的公立高等院校。

（3）关于设有法人的公立高等院校筹措经费的形式和机制的规定，由政府条例加以规范。

（4）第（1）款所述之地方收支预算划拨的高等教育经费，是地方政府根据各地区经济状况，向本地高等院校提供的帮扶资金。

（5）政府从教育职能预算中划拨公立高等院校运营帮扶资金。

（6）第（5）款所述之帮扶资金中，用于公立高等院校和私立高等院校研究经费的比例不得低于30%。

（7）第（6）款所述之研究经费由教育部管理。

第六章　外国机构开办高等教育

第90条

（1）外国高等院校可以按照法律规定，在印度尼西亚共和国境内开办高等教育。

（2）第（1）款所述之外国高等院校已经在其国家取得认证或被认可。

（3）政府应确定第（1）款所述之外国高等院校的位置、类别和可开办的学习项目。

（4）第（1）款所述之外国高等院校须满足以下条件：

①获得政府许可；

②遵守非营利原则；

③经政府许可，与印度尼西亚的高等院校开展合作；

④优先聘用印度尼西亚籍讲师和教育从业人员。

（5）第（1）款所述之外国高等院校须支持印度尼西亚国家利益。

（6）关于第（2）款至第（5）款所述之外国高等院校的进一步规定，在部长条例中加以规范。

第七章　社会参与

第 91 条

（1）社会参与高等教育的发展。

（2）第（1）款所述之社会参与通过以下方式进行：

①通过专业组织、商界和工业界企业确定毕业生的能力水平；

②向大学生提供奖学金或教育补助；

③通过专业组织或社会自助组织监督、维护高等教育质量；

④开办优质的私立高等院校；

⑤发挥大学生的个性、兴趣和天资；

⑥为大学生提供实习和实践场所；

⑦通过履行企业社会责任向学生提供各种帮助；

⑧支持研究活动和服务社会工作；

⑨分享资源，以履行高等院校三项责任；

⑩其他的合法参与方式。

第八章　行政制裁

第 92 条

（1）高等院校违反第 8 条第（3）款、第 18 条第（3）款、第 19 条第（3）款、第 20 条第（3）款、第 21 条第（4）款、第 22 条第（3）款、第 23 条第（3）款、第 24 条第（4）款、第 25 条第（4）款，第 28 条第（3）款、第（4）款、第（5）款、第（6）款或第（7）款，第 33 条第（6）款、第 35 条第（3）款、第 37 条第（1）款、第 41 条第（1）款、第 46 条第（2）款、第 60 条第（5）款、第 73 条第（3）款或第（5）款、第 74 条第（1）款、第 76 条第（1）款、第 78 条第（2）款或第 90 条第（5）款规定的，应予以行政制裁。

（2）第（1）款所述之行政制裁包括以下形式：

①书面警告；

②暂停政府教育费用资助；

③暂停教育活动；

④停止指导培训工作；

⑤撤销许可。

（3）关于第（2）款所述之行政制裁的进一步规定，在部长条例中加以规范。

第九章　刑事规定

第 93 条

个人、组织或高等院校管理机构违反第 28 条第（6）款或第（7）款、第 42 条第（4）款、第 43 条第（3）款、第 44 条第（4）款、第 60 条第（2）款、第 90 条第（4）款规定的，应处以最高监禁 10 年和 / 或最高罚款 10 亿印度尼西亚卢比的刑事处罚。

第十章　未尽事宜

第 94 条

其他部委和非部委政府机构管理高等院校的相关规定，在政府条例中加以规范。

第十一章　过渡性条款

第 95 条

在成立独立的认证机构前，学习项目的认证工作由高等院校国家认证局进行。

第 96 条

高等教育服务机构须在本法颁布后的两年内成立。

第 97 条

在本法生效时：

（1）业经获批的高等院校成立许可和学习项目开办许可仍旧有效。

（2）高等院校的管理工作须在两年内按照本法规定完成调整。

（3）设有法人的公立高等院校和变更为采取公共服务机构财务管理模式、由政府管理的高等院校的管理工作须在两年内按照本法规定完成调整。

（4）在本法实施细则出台前，第（3）款所述之设有法人的公立高等院校财务管理工作按照公共服务机构财务管理模式进行。

第十二章　结语

第 98 条

（1）本法的实施细则至迟应在本法颁布后两年内制定。

（2）关于设有法人的公立高等院校筹措经费的形式和机制的政府条例，至迟应在本法颁布后一年内制定。

第 99 条

在与本法规定没有矛盾的情况下，2003 年第 20 号国家教育体系法（2003 年第 78 号国家公报，第 4301 号国家公报补充）中所有关于高等教育的实施细则依然有效。

第 100 条

本法自颁布之日起施行。

为使所有人知晓本法内容，政府将其置于印度尼西亚共和国国家公报内。

2012 年 8 月 10 日

于雅加达批准

印度尼西亚共和国总统

苏西洛 · 班邦 · 尤多约诺

2012 年 8 月 10 日

于雅加达公布

印度尼西亚共和国司法人权部长

阿米尔 · 山苏丁

印度尼西亚共和国国家公报补充

第 5336 号（关于 2012 年第 158 号印度尼西亚国家公报的解释说明）

关于 2012 年第 12 号
印度尼西亚共和国高等教育法的解释说明*

总 则

印度尼西亚共和国 1945 年宪法序言中规定，统一的印度尼西亚共和国有着这样的目标："……保护印度尼西亚民族和国家，增进公共福祉，提高生活智慧化水平，参与构建以独立、永久和平和社会正义为基础的世界秩序……"

为实现上述目标，印度尼西亚共和国 1945 年宪法第 31 条第（3）款规定，政府应构建国家教育体系，用法律的形式，增强信仰敬畏至高无上真主的信念，培养品德，教育国民。此外，第 31 条第（5）款规定，政府应以坚持宗教理念和民族团结为基础，发展科技文化，促进文明进步，增进人类福祉。

2003 年第 20 号国家教育体系法为政府按照 1945 年印度尼西亚宪法规定开展国家教育提供了明确的框架，即便如此，为使高等教育在注重并践行人文价值理念、发展科学技术知识方面发挥更大作用，推动国家发展和文化建设，仍需制定相关条例和规定。

作为开展国家教育不可分割的一部分，开展高等教育不能脱离 1945 年印度尼西亚共和国宪法第 31 条第（3）款相关规定。此外，为应对全球日益重视科学知识基础这一发展趋势，高等教育在促进人类文明、增进人类福祉方面应发挥战略性作用。

在实际层面上，印度尼西亚既需要和其他国家竞争又需要和其他国家合作。因此，为提升印度尼西亚在全球化时代的国家竞争力和合作力，需要有能够完成教育职责的高等教育，即培养知识分子、专家以及有学识、有创造力，具有包容、民主、坚定性格，勇于为国家和人类利益捍卫真理的专业人才。为履行科研和服务社会的职责，需要有能够在科学技术知识学科中作出服务于民族、国家和人类科研成果的高等教育。

* 本文译者：王丹丹，系北京外国语大学亚非学院讲师，北京外国语大学中国—印尼人文交流研究中心研究员。

作为开展高等教育研究和服务社会的机构，高等院校在管理自身方面必须拥有自主权。这样，高等院校在发展科学技术知识中，才能实现学术自由、讲坛自由和科学自治，学术群体才能在高等院校发展学术文化中具有权威性，才能在国际交往和互动中维护印度尼西亚国家尊严、提升印度尼西亚国家地位。

作为提升生活智慧化水平的先锋，高等院校应通过发展科学技术知识，为印度尼西亚人民增进公共福祉、促进社会公正做贡献。

第 1 条　足够清楚。

第 2 条　足够清楚。

第 3 条

第①项　科学真理原则是指探索、观察、发现、传播和发展的科学技术知识，其真实性要通过科学方法进行验证。

第②项　理智原理是指在探索、观察、发现、传播和发展科学技术知识中，要强调思考的作用。

第③项　诚实原则是指高等教育要强调讲师和学生的学术道德，在科学技术知识中始终根据事实提出数据和信息。

第④项　公平原则是指所有印度尼西亚公民都有同等机会接受高等教育，不因民族、宗教、种族、派别、社会地位或经济状况而有所不同。

第⑤项　有益原则是指高等教育要始终以推动文明进步和增进人类福祉为导向。

第⑥项　美德原则是指高等教育应为学术群体、社会、民族和国家带来美好、健康和福祉。

第⑦项　负责原则是指学术群体在履行高等院校三项责任，实现学术自由、讲坛自由和科学自治时，要尊重宗教价值理念和国家统一，并遵守相关法律法规。

第⑧项　多元原则是指高等教育在各个学科中开展，且重视并尊重统一的印度尼西亚共和国社会的多样性。

第⑨项　可负担原则是指由大学生承担的教育费用要根据大学生、大学生家长或其资助人的经济状况确定，确保有学术潜力和才能的公民不因经济原因不能接受高等教育。

第 4 条　足够清楚。

第 5 条

第①项　足够清楚。

第②项　足够清楚。

第③项 足够清楚。

第④项 研究成果包括能够提高生活水平、推动国家步入发达国家行列的科学技术知识的发明和创新。

第6条

第①项 足够清楚。

第②项 足够清楚。

第③项 足够清楚。

第④项 足够清楚。

第⑤项 足够清楚。

第⑥项 足够清楚。

第⑦项 足够清楚。

第⑧项 开放是指高等教育在讲授方法、项目选择、项目完成时间、跨部门合作、教育途径和类别上具有灵活性。

多重意义是指教育要以普及文化、提高能力、培养品性和掌握生活技能为导向。

第⑨项 足够清楚。

第⑩项 足够清楚。

第7条 足够清楚。

第8条

第(1)款学术自由和讲坛自由中的“学术”是指高等教育中具有科学或理论性质、不受实际政治影响的一种学问。

第(2)款 足够清楚。

第(3)款 足够清楚。

第9条

第(1)款 足够清楚。

第(2)款 具有科学威信、有权以公开负责的方式,对某一学科或其分支学科发声的讲师指的是取得博士学位或同等学力的讲师。

教授在高等院校中学术职位最高,有权辅导准博士生。

第(3)款 足够清楚。

第10条

第(1)款 足够清楚。

第(2)款

第①项　宗教科学丛是指研究神道或一神论以及宗教经文的学科集合，包括伊斯兰基础学、伊斯兰教教律学、伊斯兰教文化学、伊斯兰传教学、伊斯兰教育学、伊斯兰哲学和思维、伊斯兰经济学、印度教教育学、印度教教义、印度教哲学、佛教教育学、佛教教义、佛教哲学、基督教教育学、天主教教育学、神学、传教学、牧灵辅导和孔教教育学等。

第②项　人文科学丛是指研究人类价值观和人类思想的学科集合，包括哲学、历史学、语言学、文学、舞台艺术和美术等。

第③项　社会科学丛是指研究人与人之间关系和各种社会现象的学科集合，包括社会学、心理学、人类学、政治学、考古学、地区科学、文化科学、经济学和地理学等。

第④项　自然科学丛是指研究大自然的学科集合，包括太空科学、地球科学、生物学、化学和物理学等。

第⑤项　形式科学丛是指研究理论形式体系的学科集合，包括计算机科学、逻辑学、数学、统计学和系统学等。

第⑥项　应用科学丛指研究在人类生活中运用科学知识的学科集合，包括农学、建筑规划学、商学、教育学、工艺学、林业环境学、家庭消费学、卫生学、体育学、新闻学、传媒通信学、法学、图书博物馆学、军事学、公共管理学、社会工作学和交通学等。

第(3)款　足够清楚。

第11条　足够清楚。

第12条　足够清楚。

第13条　足够清楚。

第14条　足够清楚。

第15条

第(1)款　足够清楚。

第(2)款　宗教知识的学术教育，由管理宗教政府事务的部长和教育部长负责。

第16条

第(1)款　职业教育是指帮助学生成为掌握高级技能/工作能力的专业人才的教育。

职业教育课程由社会专业人员和负责专业服务质量的专业组织共同提供，以使学生们的专业能力达标。

因此，职业教育已包含专业教育。

第(2)款　足够清楚。

第(3)款　足够清楚。

第17条

第(1)款　足够清楚。

第(2)款　高等院校与部委、其他部委、非部委政府机构以及/或者专业组织的合作内容，包括制定能力标准、制定毕业条件、编排课程、使用学习资源和组织能力测试等。

第18条

第(1)款　足够清楚。

第(2)款　有文化是指态度和行为始终以知识学术的价值、规范和准则体系为基础，尊重宗教价值理念、维护国家统一。

第(3)款　足够清楚。

第(4)款　足够清楚。

第(5)款　足够清楚。

第19条　足够清楚。

第20条

第(1)款　硕士项目的学生在学习一年硕士课程后，若能力突出的，可直接攻读博士项目，不必先从硕士项目毕业。

第(2)款　足够清楚。

第(3)款　足够清楚。

第(4)款　足够清楚。

第(5)款　足够清楚。

第21条

第(1)款　足够清楚。

第(2)款　足够清楚。

第(3)款　足够清楚。

第(4)款　同等学力水平是指参照印度尼西亚国家资格框架确定的能力水平。

第(5)款　足够清楚。

第(6)款　足够清楚。

第(7)款　足够清楚。

第22条　足够清楚。

第23条

第(1)款　应用型硕士项目的学生在学习一年硕士课程后，若能力突出的，可直接攻读应用型博士项目，不必先从应用型硕士项目毕业。

第(2)款　足够清楚。

第(3)款　足够清楚。

第(4)款　足够清楚。

第(5)款　足够清楚。

第24条

第(1)款　足够清楚。

第(2)款　专业项目是教育部、其他部委、非部委政府机构以及/或者负责专业服务质量的专业组织的职责和权限。因此，高等院校只有与教育部、其他部委、非部委政府机构以及/或者专业组织合作，才能开展专业项目。

专业项目可以使用其他同级别且符合教育部、其他部委、非部委政府机构以及/或者负责专业服务质量的专业组织规定的名称，如医生专业项目、工程师专业项目、药剂师专业项目、公证员专业项目、心理学家专业项目、教师/教育工作者专业项目和记者专业项目等。

第(3)款　足够清楚。

第(4)款　足够清楚。

第(5)款　足够清楚。

第(6)款　足够清楚。

第25条

第(1)款　足够清楚。

第(2)款　专家项目可以使用其他同级别且分层级、并符合教育部、其他部委、非部委政府机构以及/或者负责专业服务质量的专业组织规定的名称，如专科医生和亚专科医生项目、初级、中级和高级专业工程师项目等。

第(3)款　足够清楚。

第(4)款　足够清楚。

第(5)款　足够清楚。

第(6)款　足够清楚。

第26条

第(1)款　足够清楚。

第(2)款　足够清楚。

第(3)款　足够清楚。

第(4)款　足够清楚。

第(5)款　专业学位包括医生专业学位、药剂师专业学位、会计师专业学位等。

第(6)款　足够清楚。

第(7)款　足够清楚。

第(8)款　足够清楚。

第27条　足够清楚。

第28条　足够清楚。

第29条　足够清楚。

第30条　足够清楚。

第31条　足够清楚。

第32条　足够清楚。

第33条

第(1)款　足够清楚。

第(2)款　足够清楚。

第(3)款　与宗教学科相关的学习项目，其许可由管理宗教政府事务的部长授予。

第(4)款　足够清楚。

第(5)款　足够清楚。

第(6)款　足够清楚。

第(7)款　与宗教学科相关的学习项目，其许可的撤销事宜由管理宗教政府事务的部长决定。

第(8)款　足够清楚。

第34条　足够清楚。

第35条

第(1)款　足够清楚。

第(2)款　足够清楚。

第(3)款

第①项　宗教课程是指培养学生成为信仰并敬畏至高无上真主、有高尚品德的人的教育。

第②项　潘查希拉课程是指使学生理解和领会印度尼西亚民族意识形态的教育。

第③项　公民身份课程是指培养学生成为有国家意识、热爱祖国的国家公民的教育，内容包括潘查希拉、1945年印度尼西亚共和国宪法、统一的印度尼西亚共和国和殊途同归等。

第④项　足够清楚。

第（4）款

课内活动是指为实现学习项目目标而开展的一系列结构化活动。

辅助课程是指大学生在讲师的指导下开展的活动，这些活动作为课程的一部分，每学期可占1—2个学分的权重。

课外活动是指大学生开展的活动，作为辅助课程的一部分，每学期可占1—2个学分的权重。

第（5）款　足够清楚。

第36条　足够清楚。

第37条　足够清楚。

第38条　足够清楚。

第39条　足够清楚。

第40条　足够清楚。

第41条

第（1）款　学习资源形式包括大自然、立法、执法和司法机构，具有教育性质的医院、实验室、图书馆、博物馆、工作室、维修厂、车站和广播站等。

第（2）款　足够清楚。

第（3）款　足够清楚。

第42条　足够清楚。

第43条

第（1）款　专业证书包括根据相关教师法规定，由政府确定的可开展教育从业人员培养项目的高等院校出具的教育从业人员证书。

第（2）款　足够清楚。

第（3）款　足够清楚。

第（4）款　足够清楚。

第44条

第（1）款　在某学科方面的专业能力是指某人被社会认可的某项实用技能，如理发、平面设计、机械维修或其他实用技能。

在学习项目外取得的成绩是指与学习项目没有直接关系的技能，如医科学生获得游泳冠军、机械工程科学生擅长新闻或摄影等。

第（2）款　足够清楚。

第(3)款　足够清楚。

第(4)款　足够清楚。

第(5)款　足够清楚。

第45条

第(1)款　足够清楚。

第(2)款　足够清楚。

第(3)款　基于能力途径开展研究是指无须通过竞争,将研究工作交与获得博士学位的讲师。

基于竞争途径开展研究是指通过择优的方式,将研究工作交与优秀的讲师。

第46条

第(1)款　足够清楚。

第(2)款　应传播研究成果的研究项目是指由中央政府或地方政府资助的研究项目。

涉密、影响或危害公共利益的研究成果是指研究项目的性质和成果涉密或关系到国家安全,以致不可由未被授权方知晓、拥有和使用。

出版是指将研究成果刊载于业经认证的科学期刊或由高等院校及其他出版社出版的图书中,且图书需具有国际标准书号。

第(3)款　足够清楚。

第47条　足够清楚。

第48条　足够清楚。

第49条　足够清楚。

第50条　足够清楚。

第51条　足够清楚。

第52条　足够清楚。

第53条　足够清楚。

第54条　足够清楚。

第55条　足够清楚。

第56条　足够清楚。

第57条

第(1)款　足够清楚。

第(2)款　足够清楚。

第（3）款　根据需要是指基于某地高等院校的具体特征或情况而产生的需要。

第（4）款　足够清楚。

第 58 条　足够清楚。

第 59 条　足够清楚。

第 60 条

第（1）款　足够清楚。

第（2）款　成立开展宗教教育的私立高等院校，需得到管理宗教领域政府事务部长的批准。

非营利原则是指活动不以营利为目的，活动的一切盈余须投回高等院校，以提高教育服务质量和 / 或能力。

第（3）款　足够清楚。

第（4）款　足够清楚。

第（5）款　足够清楚。

第（6）款　足够清楚。

第（7）款　足够清楚。

第 61 条　足够清楚。

第 62 条　足够清楚。

第 63 条

第①项　责任原则是指根据法律规定，对高等院校开展的一切活动向所有利益相关方负责的一种能力和承诺。责任可以通过学生和讲师比例、设施设备的充足性、教育质量和毕业生能力等方面进行衡量。

第②项　透明原则是指根据法律规定，向利益相关方精准提供相关信息的一种能力和公开原则。

第③项　非营利原则是指活动不以营利为目的，活动的一切盈余须投回高等院校，以提高教育服务质量和 / 或能力。

第④项　保证质量原则是指提供的高等教育服务要达到或超过高等教育国家标准，且持续提升教育服务质量。

第⑤项　有效且高效原则是指在开展高等教育中利用资源切中目标且不浪费。

第 64 条　足够清楚。

第 65 条

第（1）款　足够清楚。

第(2)款　足够清楚。

第(3)款

第①项　设有法人的公立高等院校可以使用土地财富取得收益，其收益所得归学校所有。

土地财富不可转让或向其他方抵押担保。

第②项　足够清楚。

第③项　足够清楚。

第④项　足够清楚。

第⑤项　足够清楚。

第⑥项　足够清楚。

第⑦项　足够清楚。

第(4)款　设有法人的公立高等院校完全由国家所有，不得向个人或非官方单位转让。为替部委履行高等教育职责，设有法人的公立高等院校支出了相关费用的，政府应向其进行补偿或承担部分费用。

第(5)款　足够清楚。

第66条　足够清楚。

第67条　足够清楚。

第68条　足够清楚。

第69条

第(1)款

第①项　讲师包括常任讲师和非常任讲师。

第②项　教育从业人员是指投身于高等教育或受聘支持高等教育工作的社会成员，包括图书管理员、行政人员、实验室和技术人员以及信息工程人员。

第(2)款　足够清楚。

第(3)款　聘用有杰出技能或成就的人担任讲师，是为了满足高等教育各学习项目特别是一年制和两年制专科项目对讲师的需求

法律规定是指规范教师和讲师事宜的相关法律的规定。

第70条

第(1)款　足够清楚。

第(2)款　工作合同或工作协议载明基本工资、工资固有收入、其他收入、社会福利津贴以及教师和讲师相关法律规定的额外福利。

第(3)款　足够清楚。

第(4)款　足够清楚。

第(5)款　足够清楚。

第(6)款　足够清楚。

第71条

第(1)款　常任讲师指不是由政府任命的讲师(非国家公务员/非政府官员)。

第(2)款　足够清楚。

第(3)款　足够清楚。

第(4)款　足够清楚。

第72条　足够清楚。

第73条

第(1)款　全国统招或其他招收新生模式仅适用于本科和专科项目。其他形式是指高等院校自主招生。

第(2)款　足够清楚。

第(3)款　足够清楚。

第(4)款　足够清楚。

第(5)款　足够清楚。

第(6)款　足够清楚。

第(7)款　足够清楚。

第74条　足够清楚

第75条　足够清楚。

第76条

第(1)款　足够清楚。

第(2)款

第①项　奖学金是指以学习成绩和/或学术潜力为主要考虑因素，向大学生提供的教育费用支持，以供其接受和/或完成高等教育。

第②项　教育费用资助是指以经济能力有限为主要考虑因素，向大学生提供的教育费用支持，以供其接受和/或完成高等教育。

第③项　无息贷款是指向学生发放的无息贷款，以供其接受和/或完成高等教育，学生有义务在毕业取得足够的收入后进行偿还。

第(3)款　足够清楚。

第(4)款　足够清楚。

第77条　足够清楚。

第78条　足够清楚。

第79条　足够清楚。

第80条　足够清楚。

第81条　足够清楚。

第82条　足够清楚。

第83条　足够清楚。

第84条　足够清楚。

第85条　足够清楚。

第86条　足够清楚。

第87条　管理国有资产的权利包括管理耕地、海洋、矿区、种植园、森林和博物馆的权利。

第88条

第(1)款　运营成本标准是指除投资和发展外，开展高等教育的成本。投资成本包括提供设施设备和学习资源产生的费用。

第(2)款　足够清楚。

第(3)款　足够清楚。

第(4)款　足够清楚。

第(5)款　足够清楚。

第89条

第(1)款

第①项　依照法律规定，公立高等院校预算由中央政府在国家收支预算中划拨和/或由地方政府在地方收支预算中划拨。

第②项　依照法律规定，私立高等院校预算由中央政府在国家收支预算中划拨和/或由地方政府在地方收支预算中划拨，拨款形式包括赠与、教育活动项目资助、研究资助、服务社会资助等。

除获取资助外，私立高等院校还可以在讲师人力方面获得政府的帮助。

第③项　大学生接受高等教育补助费可通过奖学金、资助或免除教育费用以及/或者无息贷款的形式进行。

第(2)款　足够清楚。

第（3）款　足够清楚。

第（4）款　足够清楚。

第（5）款　运营帮扶资金是指国家收支预算中划拨给部委用于资助高等院校履行三项责任的资金（不是国家非税收入）。

第（6）款　足够清楚。

第（7）款　足够清楚。

第 90 条　足够清楚。

第 91 条　足够清楚。

第 92 条　足够清楚。

第 93 条　足够清楚。

第 94 条　足够清楚。

第 95 条　足够清楚。

第 96 条　足够清楚。

第 97 条　足够清楚。

第 98 条　足够清楚。

第 99 条　足够清楚。

第 100 条　足够清楚。

印度尼西亚共和国反恐怖主义犯罪法*

印度尼西亚在2002年10月18日颁布了《关于反恐怖主义犯罪的代替法律的政府条例》,并在2003年4月4日颁布2003年第15号法案,其全称为《关于将2002年第1号关于反恐怖主义犯罪的代替法律的政府条例转变为法律的法案》,意味着印度尼西亚反恐法的正式颁行。随着反恐形势的严峻,2018年6月22日,印度尼西亚人民代表会议通过了2018年第5号法案,也就是《关于关于将2002年第1号关于反恐怖主义犯罪的代替法律的政府条例转变为法律的2003年第15号法案的修正案》。通过对修正案和原法律文本的梳理整合,印度尼西亚《反恐怖主义犯罪法》的全文如下:

第Ⅰ章　总则

第1条①

定义:

1. 恐怖主义犯罪是任何符合本法规定的刑事犯罪要件的行为。

2. 恐怖主义是出于意识形态、政治或危害安全的动机,使用暴力或以暴力相威胁,引起大范围的恐慌或恐惧氛围,并造成大量人员伤亡,或者造成具有战略意义的重要地点、生活环境、公共场所或国际场所破坏与损毁的行为。

3. 暴力是指在违法的情况下使用或不使用器械,滥用武力,对人的身体、精神和自由造成危害,包括让人失去意识或失去力量的各项行为。

4. 暴力威胁是指在违法的情况下,以言语、文章、图片、标志或行为,无论是否使用器械,通过电子或非电子的形式,使人或社会产生害怕情绪或限制某人或社会的自由。

5. 爆炸物是指所有能够引起爆炸的材料,所有类型的火药、炸弹、燃烧弹、地雷、手榴弹或所有能够引起爆炸的化学材料或其他材料。

6. 财物是指所有动产或不动产,无论是有形的还是无形的。

* 本文译者:孙云霄,北京外国语大学法学院博士研究生,印度尼西亚加查马达大学访问学者。

① 此条在2018年6月22日印度尼西亚人民代表会议通过的2018年第5号法案中修改,此为修改后版本。

7. 具有战略意义的重要地点是指区域、地点、位置、建筑物或装置满足如下条件：

a. 关系到人民的生计，国家的声誉和尊严；

b. 国家收入来源，具有政治、经济、社会和文化价值；或

c. 高度关系到国防和安全。

8. 公共场所是指用于社会公共利益的地方。

9. 任何人包括个人和机构。

10. 机构是指经组织发展的人和 / 或财物的集合体，无论是否是法人实体。

11. 恐怖主义犯罪行为的受害者，以下简称为受害者，是指由于恐怖主义犯罪行为而在身体或精神上受到伤害，且 / 或遭受财物损失的主体。

12. 印度尼西亚共和国政府是指印度尼西亚共和国政府和国外的印度尼西亚共和国政府的代表。

13. 外国代表是指外交代表和领事及其工作人员。

14. 国际组织是指联合国所属机构、联合国之外的其他国际组织，或代表联合国执行任务的其他机构。

第 2 条

本法规定的根除恐怖主义犯罪，是指在高度坚持法治和人权的原则下，摒弃民族、宗教、种族及其内部的歧视，出台加强公共秩序和公共安全的政策和战略步骤。

第 II 章　管辖范围

第 3 条

（1）本法对在印度尼西亚共和国领域内实施或意图实施恐怖主义犯罪的任何人拥有管辖权，其他国家亦享有管辖权并对上述实施者提出起诉要求。

（2）第（1）款所载明的其他国家拥有管辖权的情况如下：

a. 由相关国家公民实施的犯罪；

b. 针对相关国家的公民实施犯罪；

c. 上述犯罪亦在相关国家实施；

d. 针对某国或相关国家在国外的政府设施实施的犯罪，包括相关国家的外交代表或外交或领事官员的住所；

e. 以暴力或暴力相威胁胁迫相关国家做某事或不做某事；

f. 针对相关国家政府管理的飞机实施犯罪；

g. 犯罪行为发生在标有上述国家标志的船舶上或根据相关国家法律注册的飞机上。

第4条

本法对以下恐怖主义犯罪亦享有管辖权：

a. 印度尼西亚共和国领域外的印度尼西亚共和国公民；

b. 在国外的印度尼西亚共和国设施，包括印度尼西亚共和国外交和领事官员的住所；

c. 以暴力或暴力相威胁胁迫印度尼西亚共和国政府做某事或不做某事；

d. 胁迫在印度尼西亚的国际组织做某事或不做某事；

e. 在标有印度尼西亚共和国标志的船舶或根据印度尼西亚共和国法律注册的飞机上实施犯罪；

f. 无国籍但居住在印度尼西亚共和国领域内的任何人。

第5条[①]

本法规定的恐怖主义犯罪行为不应被视为政治犯罪，不能根据法律法规要求引渡或司法协助。

第6条[②]

任何人故意使用暴力或以暴力相威胁引起大范围的恐慌或恐惧氛围，通过控制人身自由或夺取他人生命和自由的方式造成大量人员伤亡，或者造成具有战略意义的重要地点、生活环境、公共场所或国际场所的破坏与损毁，将被处以5年以上20年以下的有期徒刑、无期徒刑或死刑。

第Ⅲ章　恐怖主义犯罪

第7条

任何人故意使用暴力或以暴力相威胁，意图制造大范围的恐怖或恐惧氛围，造成大规模人员伤亡，剥夺他人的自由、生命或财产，造成具有战略意义的重要地点、生活环境或公共场所、国际场所的损坏，将被处以刑罚，最高为无期徒刑。

第8条

第6条所载明的因为实施恐怖主义犯罪被处以刑罚的所有人，其行为如下：

a. 摧毁空中交通工具，使其无法乘坐，或损坏确保空中交通安全的建筑，或破坏确保上述建筑安全的相关工作；

b. 破坏空中交通工具，使其无法乘坐，或损坏确保空中交通安全的建筑，或破坏确保上述建筑安全的相关工作；

① 此条在2018年6月22日印度尼西亚人民代表会议通过的2018年第5号法案中修改，此为修改后版本。

② 此条在2018年6月22日印度尼西亚人民代表会议通过的2018年第5号法案中修改，此为修改后版本。

c. 故意违法，摧毁、破坏、带走或移动确保飞行安全的标志或工具，或破坏上述标志或工具的正常工作，或安装错误的标志或工具；

d. 因其疏忽导致了确保飞行安全的标志或工具的摧毁、破坏、带走或移动，或导致了错误安装确保飞行安全的标志或工具；

e. 故意或违法摧毁他人飞机的全部或一部分，或使其无法乘坐；

f. 故意违法损坏、摧毁飞机，使其无法乘坐或变为废墟；

g. 因其疏忽导致了飞机的损坏、摧毁、无法乘坐或变为废墟；

h. 为了自己或他人的利益，违法造成保险公司的起火或爆炸、破坏或摧毁、损坏，使已经受保意外险、货物险、货物运输险或货物重要险的飞机无法乘坐；

i. 飞机飞行途中，在飞机内违法抢夺或控制飞机；

j. 飞机飞行途中，在飞机内使用暴力或以暴力相威胁，或以其他形式相威胁，抢夺或控制飞机；

k. 以剥夺或持续剥夺他人自由为目的，有预谋、有计划地伤害他人、破坏飞机，以至于危及飞机的正常飞行的行为；

l. 在飞机飞行途中，在飞机内故意违法对某人实施暴力行为，并危及到了飞机的安全；

m. 在飞机飞行途中，故意违法摧毁飞机，破坏飞机使其不能飞行或危及飞行安全；

n. 在飞机飞行途中，无论通过何种方式，故意违法放置能够破坏飞机的工具或材料，使其不能飞行或危及飞行安全；

o. 两人或两人以上，有预谋、有计划地实施第 i 项、第 m 项和第 n 项所阐明的行为，给他人造成严重伤害；

p. 在飞机飞行途中，提供虚假信息并危及飞行安全；

q. 在飞机飞行途中，在飞机内做出会危及飞机安全的行为；

r. 在飞机飞行途中，在飞机内做出会扰乱秩序的行为。

第 9 条

任何人以实施恐怖主义犯罪为目的，违法进入印度尼西亚领土，制造、接受、试图获得、提供或试图提供、控制、携带、储藏或持有、保存、运输、藏匿、使用或从印度尼西亚进出枪支、弹药、爆炸物和其他带有危险性的材料，将被处以死刑、无期徒刑，或 3 年以上 20 年以下有期徒刑。

第 10 条

任何人故意使用化学武器、生物武器、放射物、微生物或其组件，制造大范围恐怖或恐惧氛围，造成大规模人员伤亡，危及健康，扰乱生活和安全秩序，侵犯人民权利，或造成具有战略意义的重要地点、生活场所、公共场所或国际场所的损害，将按照第 6 条所载明的刑罚予以处罚。

第 10A 条[①]

（1）任何人以实施恐怖主义犯罪为目的，违法进入统一的印度尼西亚共和国领土，创造、接受、获取、传播、控制、携带、持有或储存、运输、藏匿、输送化学武器、生物武器、放射物、微生物、核或其组件，将被处以 3 年以上 20 年以下有期徒刑、无期徒刑或死刑。

（2）任何人以实施第 9 条和第 10 条所载明的恐怖主义犯罪为目的，故意交易爆炸物的潜在材料，或交易化学武器、生物武器、放射物、微生物、核或其组件，将被处以 2 年以上 7 年以下有期徒刑。

（3）第（2）款所载明的潜在材料或组件，被证明用于恐怖主义犯罪，将被处以 4 年以上 15 年以下有期徒刑。

（4）任何人进入和 / 或离开统一的印度尼西亚共和国领土，携带第（1）款和第（2）款所载明的能够用于实施恐怖主义犯罪的物件，将被处以 3 年以上 12 年以下有期徒刑。

第 11 条

任何人故意准备或筹集资金，以实施或有明显意图实施第 6 条、第 7 条、第 8 条、第 9 条和第 10 条所载明的全部或部分恐怖主义犯罪，将被处以 3 年以上 15 年以下有期徒刑。

第 12 条

任何人故意准备或筹集资金，以实施或有明显意图实施以下行为，将被处以 3 年以上 15 年以下有期徒刑，行为如下：

a. 违法接受、持有、使用、提供、改变、丢弃核材料、化学武器、生物武器、放射物、微生物或其组件，造成，或可能造成死亡、重伤或财产损失的结果；

b. 偷窃或抢劫核材料、化学武器、生物武器、放射物、微生物或其组件；

c. 侵占或非法获取核材料、化学武器、生物武器、放射物、微生物或其组件；

d. 通过强迫、暴力威胁或其他形式的恐吓索取核材料、化学武器、生物武器、放射物、微生物或其组件；

e. 威胁：

1）使用核材料、化学武器、生物武器、放射物、微生物或其组件，造成死亡、重伤或财产损失；或

2）以强迫其他人、国际组织或其他国家做某事或不做某事为目的，实施第 b 项所载

① 此条为 2018 年 6 月 22 日印度尼西亚人民代表会议通过的 2018 年第 5 号法案中增加的条款。

明的刑事犯罪。

f. 试图实施第 a 项、第 b 项、第 c 项所载明的刑事犯罪；以及

g. 加入第 a 项至第 f 项所载明的刑事犯罪。

第 12A 条①

（1）任何人以在统一的印度尼西亚共和国领土或其他国家实施恐怖主义犯罪为目的，与在国内和 / 或国外或其他国家的人一起，计划、煽动或组织恐怖主义犯罪，将被处以 3 年以上 12 年以下有期徒刑。

（2）任何人故意加入或招募别人加入经法庭确定或裁定为恐怖主义组织的组织，将被处以 2 年以上 7 年以下有期徒刑。

（3）第（2）款所载明的恐怖主义组织的创办者、领导者、管理者或控制者，将被处以 3 年以上 12 年以下有期徒刑。

第 12B 条②

（1）任何人以计划、准备或实施恐怖主义犯罪为意图，在国内或国外故意组织、提供或参加军事训练、准军事训练或其他训练，和 / 或在国外参加恐怖主义战争，将被处以 4 年以上 15 年以下有期徒刑。

（2）任何人故意招募、收留或输送人员参加第（1）款所载明的训练，将被处以 4 年以上 15 年以下有期徒刑。

（3）任何人故意制造、收集和 / 或传播实施第（1）款所载明的训练的文章或文档，无论是电子形式还是非电子形式，将被处以 3 年以上 12 年以下有期徒刑。

（4）印度尼西亚共和国的任何公民，参与了第（1）款至第（3）款所载明的恐怖主义犯罪，将受到没收护照和跨境证件的附加刑罚，最高期限 5 年。

（5）第（4）款所载明的附加刑罚在主刑服刑完成后开始计算刑期。

第 13 条

任何人故意为恐怖主义犯罪提供帮助或便利：

a. 为恐怖主义犯罪分子提供或借出资金、物件或其他形式的财物；

b. 藏匿恐怖主义犯罪分子；或

c. 隐瞒恐怖主义犯罪相关信息，将被处以 3 年以上 15 年以下有期徒刑。

第 13A 条③

任何人与恐怖主义组织有联系，故意以语言、态度或行为、文章的形式传播或表现出

① 此条为 2018 年 6 月 22 日印度尼西亚人民代表会议通过的 2018 年第 5 号法案中增加的条款。

② 此条为 2018 年 6 月 22 日印度尼西亚人民代表会议通过的 2018 年第 5 号法案中增加的条款。

③ 此条为 2018 年 6 月 22 日印度尼西亚人民代表会议通过的 2018 年第 5 号法案中增加的条款。

煽动或组织人们实施能够产生恐怖主义犯罪结果的暴力或暴力威胁，将被处以5年以下有期徒刑。

第14条①

任何人故意协助其他人实施第6条、第7条、第8条、第9条、第10条、第10A条、第12条、第12A条、第12B条、第13条第b项和第c项以及第13A条所载明的恐怖主义犯罪，将按照第6条、第7条、第8条、第9条、第10条、第10A条、第12条、第12A条、第12B条、第13条第b项和第c项以及第13A条规定的相应的刑罚予以处置。

第15条②

任何人以实施第6条、第7条、第8条、第9条、第10条、第10A条、第12条、第12A条、第12B条、第13条第b项和第c项以及第13A条所载明的恐怖主义犯罪为目的，恶意实施策划、准备、尝试或合作等行为，将按照第6条、第7条、第8条、第9条、第10条、第10A条、第12条、第12A条、第12B条、第13条第b项和第c项以及第13A条规定的相应的刑罚予以处置。

第16条

在印度尼西亚领土外的任何人，为恐怖主义犯罪提供帮助、便利、设备或信息，将按照第6条、第7条、第8条、第9条、第10条、第11条和第12条所载明的相应行为的刑罚予以处罚

第16A条③

任何人与儿童一同实施恐怖主义犯罪，其刑罚增加1/3。

第17条

（1）以企业名义实施恐怖主义犯罪的情况下，将对该企业及/或其组织者进行刑事起诉和处罚。

（2）由企业实施的恐怖主义犯罪，是指基于工作或其他联系而组成的群体来实施恐怖主义犯罪，无论是单独行动还是共同行动。

（3）针对企业进行的刑事诉讼，由该企业的管理者作为代表应诉。

第18条

（1）针对企业进行的刑事诉讼，将去管理者的住处或办公处当面传唤或将传唤书送达管理者的住处或办公处。

（2）对企业的主要处罚只能是最高1万亿印度尼西亚卢比的罚款。

---

① 此条在2018年6月22日印度尼西亚人民代表会议通过的2018年第5号法案中修改，此为修改后版本。

② 此条在2018年6月22日印度尼西亚人民代表会议通过的2018年第5号法案中修改，此为修改后版本。

③ 此条为2018年6月22日印度尼西亚人民代表会议通过的2018年第5号法案中增加的条款。

（3）对涉及恐怖主义犯罪的企业，可以暂停或撤销，以及宣布其为禁止的公司。

第 19 条

第 6 条、第 8 条、第 9 条、第 10 条、第 11 条、第 12 条、第 13 条、第 15 条、第 16 条所载明的关于最低刑罚的特别规定，以及第 14 条所载明的死刑或无期徒刑，不适用于 18 周岁以下的恐怖主义实施者。

第Ⅳ章　与恐怖主义犯罪相关的其他犯罪

第 20 条

任何人使用暴力或以暴力相威胁恐吓恐怖主义犯罪的调查者、警察、检察官、法律顾问和 / 或法官，扰乱司法程序，将被处以 3 年以上 15 年以下有期徒刑。

第 21 条

任何人提供虚假证言、虚假证据或虚假证物，在法庭上非法影响证人，或攻击证人，包括恐怖主义犯罪案件中的法院工作人员，将被处以 3 年以上 15 年以下有期徒刑。

第 22 条

任何人直接或间接地故意防止、阻碍或扰乱恐怖主义犯罪的调查、起诉和审判，将被处以 2 年以上 7 年以下有期徒刑。

第 23 条

任何证人或其他人违法第 32 条第（2）款所载明的规定，将被处以 1 年以下有期徒刑。

第 24 条

第 20 条、第 21 条和第 22 条所载明的关于最低刑罚的特别规定，不适用于 18 周岁以下的恐怖主义犯罪实施者。

第Ⅴ章　调查、起诉和审判

第 25 条①

（1）恐怖主义犯罪案件在法庭中的调查、起诉和审查将根据刑事诉讼法的规定进行，本法有其他规定的除外。

（2）考虑到调查的重要性，调查员有权拘留犯罪嫌疑人，最长 120 日。

（3）第（2）款所载明的拘留期限，调查员可向检察官申请延长，最多可延长 60 日。

（4）如果第（2）款和第（3）款所载明的拘留期限仍不足够，调查员可向地区法院院长申请延长，最多可延长 20 日。

---

① 此条在 2018 年 6 月 22 日印度尼西亚人民代表会议通过的 2018 年第 5 号法案中修改，此为修改后版本。

（5）考虑到起诉的重要性，检察官有权拘留被告，最长 60 日。

（6）如果第（5）款所载明的拘留期限不足够，检察官可向地区法院院长申请延长，最多可延长 30 日。

（7）根据第（1）款至第（6）款所载明的对恐怖主义犯罪嫌疑人的拘留，必须遵守人权原则。

（8）任何调查员违反第（7）款所载明的规则，将根据法律法规的规定予以处罚。

第 26 条

（1）收到举报，并获得了足够的初步证据，即可开展调查。

（2）获得了第（1）款所载明的足够的初始证据，决定开展调查，需要由地区法院的院长或副院长进行对初始证据进行检查。

（3）第（2）款所载明的检查程序在 3 日内完成。

（4）如果第（2）款所载明的调查能够提供足够的初始证据，地区法院院长应立即下令启动调查。

第 27 条

恐怖主义犯罪检查的证据包括：

a. 刑事诉讼法中载明的证据；

b. 以口头、传送等形式获得的，或以光学电子设备或其他类似设备存储的其他信息类证据；

c. 可以看到、读取及 / 或听到的数据、记录或信息，可以依靠或不依靠某种设备放映出来，也可以在纸面上或纸以外的其他物理形式上表现出来，或可以用电子设备记录，包括但不限于以下形式：

1）文章、声音或绘画；

2）地图、策划、照片或类似的形式；

3）信件、标志、数字、符号，或有一定意义的或能够被有能力读取或理解相关含义的人理解的密文。

第 28 条[①]

（1）调查员有权根据举报，且拥有足够的初始证据拘留正在实施恐怖主义犯罪的任何人，最长 14 日。

（2）如果第（1）款所载明的拘留时间不足够，调查员可向对其调查地拥有管辖权的地区法院院长申请将拘留时间延长，最多可延长 7 日。

① 此条在 2018 年 6 月 22 日印度尼西亚人民代表会议通过的 2018 年第 5 号法案中修改，此为修改后版本。

（3）对第（1）款和第（2）款所载明的恐怖主义犯罪嫌疑人实施拘留必须遵守人权原则。

（4）任何调查员违反第（3）款所载明的规则，将根据法律法规的规定予以处罚。

第 28A 条①

检察官可以对恐怖主义犯罪嫌疑人的档案进行研究，最长 21 日，从调查员送达档案的日期起算。

第 29 条

（1）调查员、检察官或法官有权命令银行和其他金融服务机构冻结涉嫌恐怖主义犯罪和 / 或恐怖主义相关的刑事犯罪所得的任何人的财产。

（2）第（1）款所载明的调查员、检察官或法官的命令必须是书面形式，而且必须说明如下事项：

a. 调查员、检察官或法官的姓名和职位；

b. 银行和其他金融服务机构已向调查者、嫌疑人或被告人报告的所有人的身份信息；

c. 冻结原因；

d. 被怀疑或被指控的犯罪；以及

e. 财产的保存地。

（3）银行和其他金融服务机构收到调查员、检察官或法官在第（2）款载明的命令后，应在命令收到后立即实施冻结。

（4）银行和其他金融服务机构应在实施冻结后的 1 个工作日内向调查员、检察官或法官报告冻结情况。

（5）被冻结的财产必须继续留在相应的银行和金融服务机构中。

（6）银行和其他金融服务机构违反第（3）款和第（4）款所阐明的规定，将根据现行的相应的法律法规予以行政处罚。

第 30 条

（1）考虑到恐怖主义犯罪案件调查的重要性，调查员、检察官和法官有权向银行和其他金融服务机构询问涉嫌实施恐怖主义犯罪的任何人的财产信息。

（2）调查员、检察官或法官请求的第（1）款所载明的信息的询问，不受制于银行的保密规定，或金融交易的其他保密条款。

（3）相关信息的询问必须以书面形式提出，并载明以下事项：

a. 调查员、检察官和法官的姓名和职位；

---

① 此条为 2018 年 6 月 22 日印度尼西亚人民代表会议通过的 2018 年第 5 号法案中增加的条款。

b. 涉嫌恐怖主义犯罪人员的身份信息；

c. 被怀疑或被指控的犯罪；以及

d. 财产的保存地。

（4）第（1）款和第（2）款所载明的信息的获取的询问信必须由以下人员签署：

a. 地区警察局局长，如果由调查员提出的询问申请，由中央官员签署；

b. 如果由检察官提出申请，由首席检察官主席签署；

c. 相应案件的主审法官。

第31条[①]

（1）根据足够的初始证据，调查员有权：

a. 通过邮局或其他运输媒介打开、检查和扣留与正在调查的恐怖主义犯罪案件相关联的信件和物件；并

b. 对被举报正在准备、计划和实施恐怖主义犯罪行为，以及知道恐怖主义犯罪分子或网络的存在情况的人，通过电话或其他电信媒介拦截其通话信息。

（2）实行第（1）款第b项所载明的电子监听，需得到对调查地拥有管辖权的地区法院的院长根据调查员或调查员上级的书面申请的批准后方可进行。

（3）第（2）款所载明的电子监听，最长1年，可以延长1次，延长时间最长1年。

（4）电子监听的内容是保密的，并且只能用于恐怖主义犯罪的调查。

（5）电子监听须向调查员上级报告，并承担相应的责任，且需向开展与通信和信息相关工作的部委报告。

第31A条[②]

在紧急情况下，调查员可以实施监听，尤其是接到举报有人正在准备、策划和/或实施恐怖主义犯罪，在实施监听后的3日内，需要向对调查地拥有管辖权的地区法院的院长请示。

第32条

（1）在检查中，证人可以自由地无压力地提供所看到的或体验到的任何相关信息。

（2）在调查和审判中，禁止提及恐怖主义犯罪的相关证人和其他人员的姓名、地址或其他可能涉及身份信息的事项。

（3）检查开始前，向上述的证人和其他人员阐明第（2）款所载明的禁止事项。

① 此条在2018年6月22日印度尼西亚人民代表会议通过的2018年第5号法案中修改，此为修改后版本。

② 此条为2018年6月22日印度尼西亚人民代表会议通过的2018年第5号法案中增加的条款。

第 33 条[①]

（1）在涉恐怖主义犯罪的案件中，调查员、检察官、法官、律师、记者、专家、证人和惩教人员及其家人，如有可能受到生命和财产的威胁，无论是在案件调查前、案件调查中还是案件调查后，国家都有责任提供保护。

（2）第（1）款所载明的保护根据法律法规的相关规定执行。

第 34 条[②]

（1）根据第 33 条所载明的对调查员、检察官、法官和惩教人员及其家人的保护采取如下形式：

（2）第（1）款所载明的保护由执法机构和安全机关执行。

a. 保护人身安全，免受身心威胁；

b. 对身份信息进行保密；

c. 调查员、检察官、法官和惩教人员特别申请的其他保护形式。

（3）关于第（1）款所载明的保护的保障程序由政府条例进行进一步规定。

第 34A 条[③]

（1）根据第 33 条所载明的对律师、专家和证人及其家人的保护采取如下形式：

a. 保护人身安全，免受身心威胁；

b. 对身份信息进行保密；

c. 在法庭作证时，不让被告见到其人；以及

d. 无法出席时，可通过远程试听通信工具作证。

（2）第（1）款所载明的保护由证人和受害者保护专门机构实施。

（3）第（1）款所载明的保护程序需遵守相关的法律法规。

第 35 条

（1）如果被告被依法合理地传唤，在没有合法理由的情况下缺席审判现场，那么案件可以在被告缺席的情况下予以审查和判决。

（2）如果被告在判决前出现，那么被告有义务接受审查，此前程序所呈现的证据和书信将在正在进行的程序中口头告知。

（3）对被告的缺席判决，由检察官在法院、地区政府办公室公告栏上予以公告，或通知其代理人。

（4）被告或其代理人可以针对第（1）款所载明的判决提出上诉。

---

① 此条在 2018 年 6 月 22 日印度尼西亚人民代表会议通过的 2018 年第 5 号法案中修改，此为修改后版本。

② 此条在 2018 年 6 月 22 日印度尼西亚人民代表会议通过的 2018 年第 5 号法案中修改，此为修改后版本。

③ 此条为 2018 年 6 月 22 日印度尼西亚人民代表会议通过的 2018 年第 5 号法案中增加的条款。

（5）如果被告在判决下达前去世，并有足够证据证明其实施了恐怖主义犯罪，那么法官可根据检察官的申请没收已经被扣押的财产。

（6）第（5）款所载明的没收不能通过法律方式申诉。

（7）任何有利害关系的人员，都可以在第（3）款所载明的公告日期起算的30日内，对第（5）款所载明的法院的裁决提出异议。

第Ⅵ章　保护受害者[①]

第35A条[②]

（1）国家对受害者承担责任。

（2）第（1）款所载明的受害者包括：

a. 直接受害者；或

b. 间接受害者。

（3）第（1）款所载明的受害者由调查员根据恐怖主义犯罪现场的结果进行确定。

（4）第（1）款所载明的国家责任形式如下：

a. 医疗援助；

b. 社会心理和心理康复；

c. 向去世的受害者家庭支付赔偿金；和

d. 补偿金。

第35B条[③]

（1）第35A条第（4）款第a项至第c项所载明的医疗援助、社会心理和心理康复，以及向去世的受害者家庭支付赔偿金，由证人和受害者保护专门机构会同相关机构共同实施。

（2）第（1）款所载明的医疗援助在恐怖主义犯罪发生后立即实施。

（3）医疗援助、社会心理和心理康复以及向去世的受害者家庭支付赔偿金的程序根据相关的法律法规实施。

第36条[④]

（1）第35A条第（4）款第d项所载明的补偿金支付给受害者的继承人。

（2）第（1）款所载明的补偿金由国家承担。

---

① 第VI章的题目在2018年6月22日印度尼西亚人民代表会议通过的2018年第5号法案中修改，此为修改后题目。

② 此条为2018年6月22日印度尼西亚人民代表会议通过的2018年第5号法案中增加的条款。

③ 此条为2018年6月22日印度尼西亚人民代表会议通过的2018年第5号法案中增加的条款。

④ 此条在2018年6月22日印度尼西亚人民代表会议通过的2018年第5号法案中修改，此为修改后版本。

（3）第（1）款所载明的补偿金由受害者、家属或其继承人向证人和受害者保护专门机构申请，自调查开始时方可申请。

（4）如果受害者、家属或其继承人没有申请第（3）款所载明的补偿金，由证人和受害者保护专门机构提出申请。

（5）检察官根据恐怖主义犯罪中的受害者遭受的总损失的需求申请补偿金的总额。

（6）第（1）款所载明的补偿金在法院的判决书中一并载明。

（7）如果受害者不满18周岁，且没有监护人，补偿金由证人和受害者保护专门机构代为申请。

（8）如果根据法院判决，犯罪嫌疑人被判无罪释放，仍然需要支付受害者的补偿金。

（9）如果恐怖主义犯罪实施者去世或找不出来，可以根据法院裁决支付受害者补偿金。

（10）第（6）款所载明的补偿金由证人和受害者保护专门机构承担支付工作。

第36A条①

（1）受害者有权获得赔偿。

（2）第（1）款所载明的赔偿应视为恐怖主义犯罪实施者向受害者或其继承人支付的赔偿金。

（3）第（2）款所载明的赔偿金由受害者或其继承人向调查员提出申请，自调查开始时方可申请。

（4）第（3）款所载明的赔偿金由检察官根据恐怖主义犯罪中的受害者遭受的总损失的需求申请赔偿金的总额。

（5）第（4）款所载明的赔偿金在法院的判决书中一并载明。

（6）如果恐怖主义犯罪实施者没有支付赔偿金，将被处以1年以上4年以下有期徒刑。

第36B条②

第36条和第36A条所载明的补偿金和赔偿金的申请程序、金额的确定、支付由政府条例进一步作出规定。③

第Ⅶ章　国际合作

第43条

为了预防和消除恐怖主义犯罪，印度尼西亚共和国政府根据现有的法律法规，与其

① 此条为2018年6月22日印度尼西亚人民代表会议通过的2018年第5号法案中增加的条款。

② 此条为2018年6月22日印度尼西亚人民代表会议通过的2018年第5号法案中增加的条款。

③ 第37条至第42条在2018年6月22日印度尼西亚人民代表会议通过的2018年第5号法案中予以删除。

他国家在情报、警力和技术等与恐怖主义行为相关的层面开展国际合作。

第VIIA章 预防恐怖主义犯罪①

第一部分 总则

第43A条

（1）政府有责任预防恐怖主义犯罪。

（2）在预防恐怖主义犯罪的工作中，政府采取预防措施需持续遵守人权保护和审慎原则。

（3）第（1）款所载明的预防恐怖主义犯罪的措施如下：

a. 全国警戒；

b. 反激进化；和

c. 去激进化。

第二部分 全国警戒

第43B条

（1）全国警戒是通过有计划的、综合性的、系统性的和可持续性的警戒措施来预防恐怖主义犯罪的发生。

（2）第43A条第（3）款第a项所载明的全国警戒由政府实施。

（3）第（1）款所载明的全国警戒的实施由反恐领域相关事务的部委/机构在反恐专门机构的统一协调下实施。

（4）第（1）款所载明的全国警戒通过社会参与、安全设备提升、基础设施保护和提升、开展恐怖主义研究，以及重点关注受恐怖主义激进主义影响的地区来实施。

（5）全国警戒的程序和实施由政府条例进一步作出规定。

第三部分 反激进化

第43C条

（1）反激进化是指针对容易受到激进的恐怖主义影响的人或人群，开展有计划的、综合性的、系统性的和可持续性的工作，阻止激进的恐怖主义的蔓延。

（2）第（1）款所载明的反激进化在反恐专门机构的协调下与相关政府部门共同实施。

① 此章为2018年6月22日印度尼西亚人民代表会议通过的2018年第5号法案中增加的章节。

（3）第（1）款所载明的反激进化通过反写作、反宣传或反意识形态的直接形式或间接形式予以实施。

（4）反激进化的实施程序由政府条例进一步作出规定。

第四部分 去激进化

第 43D 条

（1）去激进化是指对已经产生的激进化的恐怖主义，开展有计划的、综合性的、系统性的和可持续性的工作去消除、减少恐怖主义激进化，以及加强对恐怖主义激进化的理解。

（2）第（1）款所载明的去激进化的实施对象如下：

a. 嫌疑人；

b. 被告；

c. 罪犯；

d. 囚犯；

e. 已经出狱的恐怖主义囚犯；或

f. 已经产生恐怖主义激进化倾向的个人或群体。

（3）第（1）款所载明的去激进化在反恐专门机构的协调下与相关政府部门共同实施。

（4）对第（2）款第 a 项至第 d 项所载明的去激进化的实施对象，通过以下阶段开展去激进化工作：

a. 鉴别和评估；

b. 改造；

c. 再教育；和

d. 回归社会。

（5）第（2）款第 e 项和第 f 项所载明的去激进化的实施对象，通过以下措施开展去激进化工作：

a. 培养国家认知；

b. 培养宗教认知；和 / 或

c. 创业。

（6）第（5）款所载明的去激进化措施，根据鉴别和评估的结果实施。

（7）关于第（1）款所载明的去激进化的实施，由政府条例进一步作出规定。

第ⅦB章 制度[①]

第一部分 国家反恐局

第43E条

（1）负有反恐怖主义责任的国家机构被称为国家反恐局，由总统领导并向总统负责。

（2）国家反恐局作为总统直接领导的机构，成为危机分析和控制的中心，制定政策和危机应对程序，包括在处理恐怖主义事件时调动资源、进行部署。

（3）国家反恐局位于印度尼西亚共和国首都。

第43F条

国家反恐局职责如下：

a. 草拟和制定反恐领域的政策、策略和计划；

b. 协调组织反恐各领域的政策、策略和计划；以及

c. 实施全国警戒、反激进化和去激进化。

第43G条

第43F条所载明的职责，国家反恐局有责任：

a. 制定、协调和实施国家反恐局制定的全国警戒、反激进化和去激进化的政策、策略和计划；

b. 在反恐工作中协调执法机构；

c. 协调受害者康复计划；

d. 在国际合作领域制定、协调和实施国家反恐的政策、策略和计划。

第43H条

有关国家反恐局的组织结构的规定由总统令予以规定。

第二部分 印度尼西亚国家军队的角色

第43I条

（1）印度尼西亚国家军队打击恐怖主义行为的职责是战争以外的军事行动的一部分。

（2）第（1）款所载明的打击恐怖主义行为根据印度尼西亚国家军队的主要职责和功能实施。

（3）第（1）款所载明的打击恐怖主义行为的实施由总统令进一步予以规定。

① 此章为2018年6月22日印度尼西亚人民代表会议通过的2018年第5号法案中增加的章节。

第三部分　监督

第 43J 条

（1）印度尼西亚人民共和国全国代表会议成立小组监督反恐怖主义工作。

（2）反恐怖主义监督小组的成立由印度尼西亚人民共和国全国代表会议条例予以规定。

第ⅦC 章　过渡性条款①

第 43K 条

本法生效时，针对还在法庭审理的调查、公诉或检查阶段的恐怖主义犯罪案件，根据 2003 年第 15 号《关于将 2002 年第 1 号关于反恐怖主义犯罪的代替法律的政府条例转变为法律的法案》的相关规定实施。

第 43L 条

（1）本法生效前的恐怖主义犯罪的直接受害者，还没有得到补偿、医疗援助或社会心理和心理康复，有权获得补偿、医疗援助或社会心理和心理康复。

（2）第（1）款所载明的直接受害者可以向证人和受害者保护专门机构申请补偿、医疗援助或社会心理和心理康复。

（3）提交补偿、医疗援助或社会心理和心理康复的申请需要符合相关法律法规的要求，并持有国家反恐局签发的受害人认定书。

（4）第（2）款所载明的申请的提交需在本法生效后的 3 年内提交，自本法生效日起算。

（5）第（1）款所载明的补偿、医疗援助、社会心理和心理康复的管理由证人和受害者保护专门机构实施。

（6）受害者补偿金额由证人和受害者保护专门机构在取得财政部门部长的同意后计算和确定。

（7）第（2）款所载明的申请需要满足的条件和具体操作由政府条例进一步作出规定。

第Ⅷ章　结语

第 44 条

相关规定：

a. 上级对下级的法律措施：

1）对下级士兵开展调查，由军警调查员或检察调查员执行；

2）听取军警调查员或检察调查员针对调查情况的报告；

① 此章为 2018 年 6 月 22 日印度尼西亚人民代表会议通过的 2018 年第 5 号法案中增加的章节。

3）收取军警调查员或检察调查员关于调查结果的文件；

4）拘留其下级的可疑成员。

b. 执法人员的权力：

1）要求调查员开展调查；

2）听取调查报告；

3）要求尽力开展调查；

4）延长拘留时间；

5）听取或要求听取检察官关于某个案件处理的法律意见；

6）向有管辖权的法院提交案件以供审判；

7）根据士兵纪律法确定案件的处理；以及

8）考虑到法律或公共 / 军队的重要影响结束案件，根据本法宣布恐怖主义犯罪的调查无效。

第 45 条

总统可以制定政策和行动措施，确保本法的施行。[①]

第 46A 条[②]

本法生效后，审理恐怖主义融资犯罪所进行的调查、公诉和检查工作参照本法所规定的审理恐怖主义犯罪的调查、公诉和检查的相关规定执行。

第 46B 条[③]

本法的实施条例需在本法颁布后的 1 年内予以制定。

第 47 条

本法自颁布之日起施行。

请所有人通过印度尼西亚共和国公报了解并遵守相关规定。

---

① 第 46 条在 2018 年 6 月 22 日印度尼西亚人民代表会议通过的 2018 年第 5 号法案中予以删除。

② 此条为 2018 年 6 月 22 日印度尼西亚人民代表会议通过的 2018 年第 5 号法案中增加的条款。

③ 此条为 2018 年 6 月 22 日印度尼西亚人民代表会议通过的 2018 年第 5 号法案中增加的条款。

柬埔寨王国宪法*

【修订历史】

1993年版的柬埔寨宪法于1993年9月21日在金边经制宪议会第二次大会审议通过。先后共进行了七次修订，具体情况如下：

一、1994年7月14日，首届国会非常会议上通过修订宪法第28条的修正案。

二、1999年3月4日，第二届国会于第二次非常会议上通过修订宪法第11、12、13、18、22、24、26、28、30、34、51、90、91、93条及第8章至第14章的全部条款。

三、2001年7月2日，第二届国会于第六次大会上通过修订宪法第19条和第29条。

四、2004年7月8日，第三届国会于第一次大会上通过《关于确保国家机关正常运行的补充法律》。

五、2005年5月18日，第三届国会于第二次大会上通过修订宪法第88条和第111条修正案。

六、2006年3月2日，第三届国会于第四次大会上通过修订宪法第82条、第88条修正案、第90条修正案、第98条、第106条修正案、第111条修正案、第114条修正案和《关于确保国家机关正常运行的补充法律》第6条。

七、2008年1月15日，第三届国会于第七次大会上通过修订宪法第145条修正案和第146条修正案。

序　言

柬埔寨人民曾经有着卓越的、文明的、富饶的、广阔的、繁荣的国家和崇高的威望，曾如五彩宝石一般熠熠生辉。

在近20年间，柬埔寨人民经历了无比的恐惧和磨难，国力衰颓，令人扼腕浩叹。

如今，柬埔寨人民已经觉醒，重新崛起，以坚决、坚定的信念，团结一致，强化国家统

* 本文译者：顾佳赟，系北京外国语大学亚非学院副院长，柬埔寨研究中心主任。

一，维护柬埔寨领土、民族、荣誉和卓越的吴哥文明，将国家重新建设成为“和平之岛”；依靠多党自由民主制度，保护人权，遵守法律，为把柬埔寨建设成为永远发展、永远繁荣、永远富强的国家而恪尽职守。

鉴于以上信念，特制定柬埔寨王国宪法如下：

第一章　主权

第 1 条　柬埔寨是君主立宪制国家，国王依据宪法和多党自由民主制度履行职责。

柬埔寨王国是独立、民主、和平、永久中立、不结盟的国家。

第 2 条　柬埔寨王国领土完整不可侵犯，王国的疆界以 1933 年至 1953 年间绘制、1963 年至 1969 年间获得国际公认的地图版本为准，比例尺为 1∶100000。

第 3 条　柬埔寨王国不可分裂。

第 4 条　柬埔寨王国的口号是民族、宗教、国王

第 5 条　官方语言和文字是高棉语和高棉文。

第 6 条　柬埔寨王国的首都是金边。

国旗、国歌和国籍于本法附件一、二、三中规定。

第二章　国王

第 7 条　柬埔寨王国内荣登王位，但不执政。

国王终身是国家元首。

国王不可侵犯。

第 8 条　国王是国家统一、民族延续的象征。

国王保证柬埔寨王国民族独立、民主和领土完整。国王保证尊重公民权利、公民自由和国际公约。

第 9 条　国王是确保准确行使公权的最高仲裁人。

第 10 条　柬埔寨的君主制是选举君主制。

国王无权指定王位继承人。

第 11 条　（修正案）

如国王因病重，经国会主席、参议院主席和首相选择的专业医疗专家组确认，无法正常履行国家元首职责，由参议院主席担任摄政王，代为履行国家元首职责。

如国王病重，参议院主席亦无可能担任摄政王，代替履行职责，由国会主席代为履行。

如发生如前所述情况，代替国王履行国家元首职责的摄政王亦可更换他人，人选更替按照如下顺序执行：

1. 参议院第一副主席；

2. 国会第一副主席；

3. 参议院第二副主席；

4. 国会第二副主席。

第 12 条 （修正案）

如国王晏驾，参议院主席以摄政王身份，履行柬埔寨王国代理国家元首职责。

如国王晏驾，参议院主席亦无可能代替国王，担任代理国家元首，由国会主席以摄政王身份，行使代理国家元首职责，并依照本法第 11 条第 2 和第 3 款执行。

第 13 条 （修正案）

王位委员会须于最晚 7 日内选举出柬埔寨王国新任国王。

王位委员会须由以下人选组成：参议院主席，国会主席，首相，大宗僧王，法宗僧王，参议院第一副主席、第二副主席，国会第一副主席、第二副主席。

王位委员会的组织和执行由法律规定。

第 14 条　被选举为柬埔寨王国国王的高棉王室成员须年满 30 周岁，须具有安东国王、诺罗敦国工或西索瓦国王血统。

登基之前，国王候选人须举行宣誓仪式，内容如本法附件四所述。

第 15 条　国王的妻子是柬埔寨王国王后。

第 16 条　柬埔寨王国王后无权从政，无权担任国家领导人或政府领导人，亦无权担任行政或政治职务。

柬埔寨王国王后倾注心力，服务社会福利、人道、宗教事务，协助国王履行礼仪、外交职责。

第 17 条　本法第 7 条第 1 款有关在位国王不具权力的条款，不得申请修正。

第 18 条 （修正案）

国王通过谕旨（书面形式）与参议院和国会联系。

参议院和国会不得妄议谕旨。

第 19 条 （修正案）

国王根据本法第 119 条修正案的程序规定，任命首相和内阁。

第 20 条　国王每月接受首相、内阁觐见两次，听取国家形势汇报。

第 21 条　国王根据内阁建议，签署圣谕，任命、更换和免去军队、行政高级官员，驻外大使和特命全权使节。

国王依照最高司法委员会建议,签署圣谕,任命、更换和免去法官。

第 22 条 (修正案)

如国家面临危险,国王在与首相、国会主席和参议院主席达成一致意见后,宣布国家进入紧急状态。

第 23 条 国王是柬埔寨王家军最高统帅。柬埔寨王家军总司令由国王任命,指挥柬埔寨王家军。

第 24 条 (修正案)

国王是最高国防委员会主席。最高国防委员会将按法律组建。

国会、参议院批准后,由国王宣布进入战争状态。

第 25 条 国王接受驻柬埔寨王国外国大使、特命全权使节。

第 26 条 (修正案)

国王签署国际条约和协定。国会、参议院批准后,由国王认可国际条约和协定。

第 27 条 国王有权利减轻和赦免刑罚。

第 28 条 (修正案)

国王签发经国会批准、参议院审核完毕的宪法和法令。国王根据内阁请求,签发圣谕。

如国王抱恙,需赴国外治疗,国王有权以书面的形式将签署法令和圣谕的权力移交代理国家元首,代为执行签署。

第 29 条 (修正案)

国王设立、颁发勋章。

国王根据法律规定,授予军衔和行政职级。

第 30 条 (修正案)

国王不在时,由参议院主席履行代理国家元首职责。

国王不在时,如参议院主席无法代替国王履行代理国家元首职责,须按照本法第 11 条修正案第 2 款、第 3 款执行。

第三章 柬埔寨公民权利和义务

第 31 条 柬埔寨王国承认、遵守《联合国宪章》中有关人权的规定、《世界人权宣言》及有关人权、妇女权利、儿童权利的公约和协定。

柬埔寨公民在法律面前一律平等,不分种族、肤色、性别、语言、宗教信仰、政治倾向、家庭出身、社会地位、财产状况或其他情况，享有同等自由权利和义务。公民行使个人自由权利，不得妨碍他人自由权利。公民行使自由权利，必须依照法律规定。

第 32 条 每一位公民均享有生存、自由与人身安全的权利。

国家废除死刑。

第 33 条 柬埔寨公民不得被剥夺国籍、流放或移交外国，签订协议的情况除外。

旅居国外的柬埔寨公民受国家保护。

获得柬埔寨国籍由法律规定。

第 34 条 （修正案）

柬埔寨的男女公民均享有选举权和被选举权。

年满 18 岁的男女公民享有选举权。

年满 25 岁的男女公民享有被选举成为人民代表的权利。

年满 40 岁的男女公民享有被选举为参议员的权利。

剥夺选举与被选举权的相关规定由选举法规定。

第 35 条 柬埔寨男女公民均享有积极参与政治生活、经济、社会事务和国家文化活动的权利。

国家机关须认真审核、解决公民提出的意见和建议。

第 36 条 柬埔寨男女公民均享有根据自身能力和社会需要选择合适职业的权利。

柬埔寨男女公民均享有同工同酬的权利。

家庭妇女的劳动与家庭外的社会劳动具有同等价值。

柬埔寨男女公民均有依照法律规定享受社会保障和社会福利的权利。

柬埔寨男女公民均享有组建工会，并加入该工会的权利。

工会的组织和执行由法律规定。

第 37 条 公民从事和平罢工和游行的权利必须纳入法律框架执行。

第 38 条 法律保护公民人身不受侵犯。法律保护公民的生命、荣誉和尊严。

对公民实施指控、逮捕、拘留和监禁，必须正确依据法律规定执行。

禁止对被监禁人员或服刑人员实施强迫、身体迫害或其他加重刑罚的行为。主犯、从犯和同谋须依照法律受到惩罚。

通过对身心进行刑讯逼供获得的供词不得用作证明有罪的证据。

不确定性怀疑须被视为对被告有利。

在法庭宣判前，被告人须被视为无罪。

公民享有辩护权。

第39条 由于国家机关、社会机构和机关机构职员的违法行为所造成的损失，柬埔寨公民有权提出异议、控诉或索取赔偿。控诉和索取赔偿由司法部门负责处理。

第40条 公民的合法移动、迁居自由须得到尊重。

柬埔寨公民可以移居国外或迁居回国。

公民的住宅不受侵犯。公民信件、电报、传真、捎带和电话往来隐私受法律保护。

搜查公民住宅、物品、人身必须符合法律规定。

第41条 柬埔寨公民拥有言论、新闻、出版、集会的自由。任何人不得使用此项权利损害他人名誉、社会优良习俗、公共秩序和国家安全。

新闻制度由法律规定。

第42条 柬埔寨公民有权结社和组建政党。此项权利由法律规定。

全体柬埔寨公民可以参加群众组织，互相帮助，保护国家财富，维护社会秩序。

第43条 柬埔寨男女公民均享有充分的信仰权利。

国家保护信仰自由和宗教活动，但不得妨碍其他宗教信仰和公共安定秩序。

佛教是国教。

第44条 任何个人或团体均享有财产所有权。只有获得柬埔寨国籍的自然人或法人有权拥有土地所有权。

私有财产受法律保护。

仅在有法可依的前提下，因公共利益需要，才可征用公民财产，但事先须给予合适、公正的补偿。

第45条 禁止歧视妇女。

禁止利用妇女谋生。

男女权利平等，尤其在婚姻和家庭关系当中。

婚姻须符合法律规定，依照自愿、一夫一妻原则。

第46条 禁止贩卖人口、卖淫和猥亵妇女。

禁止辞退怀孕妇女。妇女享有在生产期间带薪休假的权利，工作待遇和其他社会福利须予以保证。

国家和社会重视为妇女创造条件，尤其是在边远地区无所依靠的妇女，提供工作机会、医疗条件、子女受教育机会和合适的生活条件。

第47条 父母有责任抚养和教育子女直至成人。

子女有义务根据柬埔寨风俗赡养父母。

第48条 国家依照儿童协定的规定保护儿童，尤其是儿童的生存权、受教育权和战时特别保护权，反对童工、靠儿童盈利和对儿童的性侵犯行为。

国家反对妨碍儿童教育、学习的行为和影响儿童身心健康的行为。

第 49 条 全体柬埔寨公民必须遵守宪法和法律。

全体柬埔寨公民有责任参加国家建设和保卫祖国。

保卫国家的义务必须依法履行。

第 50 条 柬埔寨男女公民必须维护国家主权，维护自由多党民主制度。

柬埔寨男女公民必须爱护公共财物，尊重合法私有财产。

第四章 政治制度

第 51 条 柬埔寨王国实行多党自由民主的政治制度。

柬埔寨公民是国家命运的主人。

一切权利归公民所有。

柬埔寨公民通过国会、参议院、政府和法院行使自己的权利。

立法权、行政权和司法权相互分立。

第 52 条 柬埔寨政府坚决捍卫柬埔寨王国独立、主权和领土完整，奉行民族团结政策，以保卫国家统一，维护良好的民俗和传统。柬埔寨政府必须捍卫国家合法性和维护公共秩序、安全。国家优先关注公民的生活与和谐。

第 53 条 埔寨王国永远奉行中立政策，永不结盟。柬埔寨王国与邻邦和全世界其他国家和平共处。

柬埔寨王国永不侵犯他国，永不直接或间接干涉别国内政。在任何情况下，坚持通过和平方式和尊重相互利益的方式解决一切争端。

柬埔寨王国不缔结、不参加与中立政策相违背的军事联盟或军事协定。

柬埔寨王国不允许在本国领土上修建外国军事基地，亦不在外国建设本国军事基地，联合国要求的除外。

柬埔寨王国保留从外国获得军事物资、武器、弹药、部队训练和其他形式援助的权利，以保卫祖国，维持内部公共秩序和安全。

第 54 条 坚决禁止生产、使用、保有原子武器、化学武器或细菌武器。

第 55 条 废除一切不符合柬埔寨王国独立、主权、领土完整、中立政策和国家统一的条约和协定。

第五章　经济

第 56 条　柬埔寨王国施行市场经济体制。

组织和执行经济体制由法律规定。

第 57 条　征税须有法律规定。国家预算须依照法律实施。

货币制度和金融制度由法律规定。

第 58 条　土地、地下资源、山岭、海洋、海床、海床下资源、海岸、大气、岛屿、河流、溪流、湖泊、森林、自然资源、经济文化中心、国防基础及其他建筑设施等资源、财产属于国家。

管理、使用和分配国家资源财产由法律规定。

第 59 条　国家须保护环境和生态平衡，须制定明确计划有序管理如下资源：土地，水，大气，风，地质资源，环境，矿产，石油、天然气能源，以及沙石、宝石、森林和森林副产品、野生动物、鱼类和水产品。

第 60 条　公民有自由出售自己产品的权利。除有法律允许的特殊情况外，禁止以国家的名义向公民征购产品或征用私人所得或财产，即使短期征用亦不例外。

第 61 条　国家促进经济全面发展，尤其是农业、手工业和工业领域。自偏远地区开始，重视水利资源、电力资源和道路资源政策，重视发展运输、现代技术和信贷系统。

第 62 条　国家重视帮助农民、手工业者解决生产方式问题，保护产品价格，并帮助开拓销售市场。

第 63 条　国家重视市场管理，帮助公民保持适宜的生活水平。

第 64 条　国家严禁并重罚走私、生产和出售毒品的行为，走私、生产和出售影响公民身心健康的假冒伪劣、过期商品的行为。

第六章　教育、文化和社会福利

第 65 条　国家保护并鼓励公民接受各个层次的良好教育，千方百计逐步将教育惠及全民。

国家重视关系柬埔寨全体公民福祉的体育知识教育。

第 66 条　国家建设全面、统一的全国教育系统，确保公民自由开展研究的权利，确保教育公平，让每一位公民在人生发展中都拥有充足、公平的机会。

第 67 条　国家施行现代师范教育和相关学习项目，兼蓄外国科学技术和外国语言。

国家对各级公立、私立教学机构施行管理。

第 68 条 国家通过公立学校向全体公民提供义务制初级、中级教育。

公民须至少接受 9 年教育。

国家帮助宣传和鼓励巴利语学校和佛教教育。

第 69 条 国家有责任维护和发展民族文化。

国家有责任保护和发展高棉语，以符合国家需求。

国家有责任维护和保护古代寺庙、古代文物，有责任改善、修复历史古迹。

第 70 条 严惩一切影响和破坏文化遗产和艺术遗产的违法行为。

第 71 条 国家级、世界级历史文化遗产及周边地区为非军事中立区。

第 72 条 国家须保证公民健康，重视疾病预防和治疗。贫困公民在公立医院、公立诊所、公立妇产医院接受免费治疗。

国家在农村地区组建诊所、妇产医院。

第 73 条 国家重视儿童和母亲的福利。国家组建幼儿园，帮助多子女、无依靠的妇女。

第 74 条 国家援助残障人士，优抚为国家事业献身的军人家庭。

第 75 条 国家为工人、职员制定社会安全、福利保障制度。

第七章　国会

第 76 条 国会议员人数不少于 120 人。

议员通过无记名投票的方式，自由、平等、直接地在全国大选中选举产生。

议员可以作为候选人多次参加选举。

议员候选人须为具备选举资格、年满 25 周岁、出生国籍为柬埔寨的柬埔寨王国男女公民。

组织选举的机构、选举程序和选举执行由选举法规定。

第 77 条 国会议员是全体公民代表，不仅仅是选区代表。

行政命令对议员无效。

第 78 条 国会任期每届 5 年，于新一届国会任职之时终结。国会不得提前解散，除非内阁于 12 个月内两次下台。

在此期间，国王依照首相的动议，并争得国会主席的同意，解散国会。

新一届国会选举于国会解散之日起 60 日内举行。

在此期间，内阁仅履行处理日常事务的看守内阁职能。

战争期间或在无法举行大选的特殊情况下，国会可以依照国王的提议，宣布延长任期1次，为期1年。

国会宣布延长任期须经国会议员2/3以上多数同意。

第79条 国会议员在任期内，无法依照宪法积极履行公职和相关单位职责的，可罢免其在政府内阁的职务。

这种情况下，该国会议员将保留普通议员身份，但不能在国会各常务委员会和其他专门委员会中担任职务。

第80条 国会议员有豁免权。

任何国会议员均不能因履行职责，表达观点、思想而被起诉、逮捕、拘留或监禁。

起诉、逮捕、拘留或监禁国会议员须经国会同意或在国会休会期间经国会常务委员会同意，仅在发现确凿刑事犯罪行为的情况下才可执行。在发现确凿刑事犯罪行为的情况下，相关权力部委须及时向国会或国会常务委员会报告，请求裁决。

国会常务委员会的决议须提交下次国会大会讨论，并经国会全体议员2/3多数赞成，方可通过。

上述情况如经国会全体议员3/4多数同意中止，须中止对国会议员的拘留和起诉。

第81条 国会有预算自主权。

国会议员享受津贴。

第82条 （修正案）

大选结束后60日内，由国王召集首次国会大会。

国会在履职前，须宣布每一位议员的议员资格合法有效，须依照绝对多数原则，分别选举产生国会主席、国会副主席和各国会专业委员会委员。

国会须依照绝对多数原则，通过内部规定。

国会议员必须宣誓就职，誓词见本宪法附件五。

第83条 国会每年召开常规大会两次。

每次会期3个月以上。如有国王的要求，或首相的请求，或国会1/3以上成员的请求，国会常务委员会须召集非常会议。

在这种情况下，非常会议的日程和会议时间须通知每一位议员。

第84条 国会大会休会期间，由国会常务委员会主持工作。

国会常务委员会成员包括：国会主席、国会副主席和各专业委员会主席。

第85条 国会大会须于柬埔寨王国首都国会大厦召开，如因故更改，须于召集函中注明。

非以上情况，非上述地点，不按照函件规定的时间举行的国会会议被视为非法和无效。

第 86 条 当国家处于紧急状态时，国会每日连续召开会议。情况允许，国会有权宣布结束国家紧急状态。

如国会因外国武力占领而无法召集会议，则紧急状态自动延续。

国家紧急状态期间，国会不得解散。

第 87 条 国会主席领导国会议员认可由国会通过的全部法案和决议，保证国会内部规定实施，处理国会的全部国际联络事务。

如国会主席因健康原因无法履行主席职责，或代理国家元首职责，或摄政王职责，或赴国外执行公务，由一位国会副主席代理主席职务。

如国会主席或国会副主席离职或离世，国会须投票选举新任主席或副主席。

第 88 条 （修正案）

国会大会须公开举行。

依照国会主席，或 1/10 以上国会议员，或国王，或首相的提议，国会大会亦可闭门举行。

符合以下条件，国会大会视为有效：

1. 出席大会议员人数超过议员总人数的 2/3，以通过须依照 2/3 多数原则通过的法案或决议；

2. 出席大会议员人数超过议员总人数的 1/2，以通过须依照 1/2 绝对多数原则通过的法案或决议。

第 89 条 依照 1/10 以上国会议员的提议，国会可以邀请知名人士到会就特别重要的问题作出说明。

第 90 条 （修正案 2 条）

国会是立法权力机构，依照宪法和现行法律规定履行职责。

国会负责通过国家预算、国家规划、国家借款、国家对外贷款、金融类协定，以及制定、修订或废除赋税。

国会通过政府预算。

国会通过大赦。

国会通过废除国际条约或国际协定。

国会通过战争法案。

以上提案依照国会议员总人数的绝对多数原则进行通过。

对政府的信任案，依照国会议员总人数的绝对多数原则投票通过。

第 91 条 （修正案）

参议院议员、国会议员和首相均有权提议制定法律。

议员有权提议修订法律。如修订提议涉及减少公共收入或增加公民负担，则不予采纳。

第 92 条 国会通过的提案如违背维护柬埔寨王国独立、主权和领土完整原则，影响国家政治统一或行政管理，须被视为无效。制宪委员会为唯一有权裁定无效机制的机构。

第 93 条 （修正案）

由国会通过，参议院完成审议，并经国王签署发布施行的法律，于发布之日起 10 日后在首都金边施行，于发布之日起 20 日后在全国范围内施行。如该法律为特急，则于发布之日起立即在全国范围内施行。

国王已经签署发布施行的法律须按照上述时间规定被列入王国事务，并在全国范围内颁布。

第 94 条 国会设立各专业委员会。各专业委员会的组织和执行由国会内部条例规定。

第 95 条 如国会议员在任期结束前 6 个月离世、离职或失去议员身份，须依照国会内部条例和选举法选举新任议员。

第 96 条 议员有质询政府的权利。质询案须通过书面形式，通过国会主席提交。

质询案可以由一名或多名大臣进行答复，依照质询问题涉及的部门而定。如问题涉及政府总体政策，须由首相亲自答复。

大臣或首相的答复可以采取口头的形式或书面的形式。

答复须在收到质询案 7 日内作出。

如采取口头答复的形式，由国会主席决定是否召开进行议会辩论的大会。如大会不进行议会辩论，则大臣或首相的答复将作为最终答复，结束质询。

如大会进行议会辩论，质询方、其他参与质询的议员和相关大臣或首相可以当场辩论、交换意见，时长不超过该次会议的会期。

国会规定每周须有一日用于回答质询。

答复质询期间，不得开展任何形式的投票活动。

第 97 条 国会各专业委员会可以邀请大臣对涉及职权范围内的问题进行解释。

第 98 条 （修正案）

国会依照全体国会议员绝对多数原则，通过不信任案，弹劾内阁成员或政府。

对政府的不信任案须由 30 名国会议员联名呈交国会主席，方可提交讨论。

第八章　参议院（修正案）

第 99 条　（修正案）

参议院是立法权力机构，依照宪法和现行法律履行职责。

参议院议员人数不得超过国会议员总人数的一半。

参议院议员一部分由任命产生，一部分由内部投票选举产生。

参议院议员可以重复任命和选举。候选人须为具备选举资格、年满 40 周岁、出生国籍为柬埔寨的男女公民。

第 100 条　（修正案）

参议院 2 名议员由国王任命。

参议院 2 名议员由国会按照多数规则选举产生。

参议院其他议员由内部投票选举产生。

第 101 条　（修正案）

任命和选举产生参议院议员及有关选举人、被选举人和选区的规定之组织、执行程序由法律规定。

第 102 条　（修正案）

参议院任期每届 6 年，于新一届参议院任职之时终结。

战争期间或在无法举行大选的特殊情况下，参议院可以依照国王的提议，宣布延长任期 1 次，为期 1 年。

参议院宣布延长任期须经参议院议员 2/3 以上多数同意。

当国家处于紧急状态时，参议院每日连续召开会议。情况允许，参议院有权宣布结束国家紧急状态。

如参议院因外国武力占领而无法召集会议，则紧急状态自动延续。

第 103 条　（修正案）

参议院议员在任期内，须依照宪法积极履行公职、人民代表职责和相关单位职责。

第 104 条　　参议院议员有豁免权。

任何参议院议员均不能因履行职责，表达观点、思想而被起诉、逮捕、拘留或监禁。

起诉、逮捕、拘留或监禁参议院议员须经参议院同意或在参议院休会期间经参议院常务委员会同意，仅在发现确凿刑事犯罪行为的情况下才可执行。在发现确凿刑事犯罪行为的情况下，相关权力部委须及时向参议院或参议院常务委员会报告，请求裁决。

参议院常务委员会的决议须提交下次参议院大会讨论，并经参议院全体议员 2/3 多数赞成,方可通过。

上述情况如经参议院全体议员 3/4 多数同意要求中止,须中止对参议院议员的拘留和起诉。

第 105 条 (修正案)

参议院有预算自主权。

参议院议员享受津贴。

第 106 条 (修正案)

大选结束后 60 日内,由国王召集首次参议院大会。

参议院在履职前,须宣布每一位议员的议员资格合法有效,须依照绝对多数原则,分别选举产生参议院主席、参议院副主席和各参议院专业委员会委员。

参议院议员必须宣誓就职,誓词见本宪法附件七。

第 107 条 (修正案)

参议院每年召开常规大会 2 次。

每次会期 3 个月以上,如有国王的要求,或首相的请求,或参议院 1/3 以上成员的请求,参议院须召集非常会议。

第 108 条 (修正案)

参议院大会休会期间,由参议院常务委员会主持工作。

参议院常务委员会成员包括:参议院主席、参议院副主席和各专业委员会主席。

第 109 条 (修正案)

参议院大会须于柬埔寨王国首都参议院大厦召开,如因故更改,须于召集函中注明。

非以上情况,非上述地点,不按函件规定的时间举行的参议院会议被视为非法和无效。

第 110 条 (修正案)

参议院主席领导参议院议员认可由参议院通过的全部法案和决议,保证参议院内部规定实施,处理参议院的全部国际联络事务。

如参议院主席因健康原因无法履行主席职责,或代理国家元首职责,或摄政王职责,或赴国外执行公务,由一位参议院副主席代理主席职务。

如参议院主席或参议院副主席离职或离世,参议院须投票选举新任主席或副主席。

第 111 条 (修正案)

参议院大会须公开举行。

依照参议院主席,或 1/10 以上参议院议员,或国王,或首相的提议,参议院大会亦可闭门举行。

符合以下条件，参议院大会视为有效：

1. 出席大会议员人数超过议员总人数的2/3，以通过须依照2/3多数原则通过的法案或决议；

2. 出席大会议员人数超过议员总人数的1/2，以通过须依照多数规则或绝对多数原则通过的法案或决议。

参议院沿用宪法中关于国会通过法案或决议的票决规定。

第112条 （修正案）

参议院有责任协调国会与政府之间的工作。

第113条 （修正案）

参议院须于一个月内审议完成由国会初次通过的法律草案或法律建议及相关问题，并提出意见。如事出紧急，则须于5日内完成。

如参议院在规定的时限内同意或未提出意见，国会通过的法律将直接公布施行。

如参议院要求修改法律草案或法律建议，国会须立即对其进行第二次讨论。国会须直接对法律条文或参议院要求修改的问题进行审核和裁决，究竟是全文删除或是保留部分内容。

参议院与国会之间就法律草案或法律建议的工作来回间隔须不超过1个月。如遇国家预算或财政问题，须缩减至10日内，如事出紧急，须缩减至2日内。

如国会存放文案超过时限或延长审议时间，原则上国会、参议院的审议时间均须相应延长。

如参议院驳回法律草案或法律建议，须放弃该法案提请，国会在1个月内不得进行第二次审议。如法案涉及国家预算和国家财政，间隔时间须减少至15日内，如法案为特急，则减少至4日内。

国会经公开投票表决，依照绝对多数原则，决定是否再次提请法律草案或法律建议。

已经上述程序决议的法律草案或法律建议可公布施行。

第114条 （修正案）

参议院组建有权新的专业委员。组织和执行由参议院内部条例规定。该内部条例须经参议院全体议员依照绝对多数原则投票表决。

第115条 （修正案）

如参议院议员在任期结束前6个月离世、离职或失去议员身份，须依照参议院内部条例、委任法和选举法选举新任议员。

第九章　国会和参议院全体代表大会（修正案）

第116条　（修正案）

在必要的情况下，可以举行国会和参议院全体代表大会，处理国家重大事件。

第117条　（修正案）

如本宪法修正案第116条所述之国家重大事件以及组织和召开两会全体代表大会由法律规定。

第十章　政府（修正案）

第118条　（修正案，原第99条）

内阁是柬埔寨王国政府。

内阁接受一名首相领导，副首相协助首相工作，同时还由国务大臣、大臣和国务秘书组成。

第119条　（修正案，原第100条）

在国会主席和两位副主席意见统一的前提下，由国会主席提议，国王从赢得大选的党派中任命一名国会议员组建政府。受任命的议员选择国会中的本党或其他党派代表，共同组成政府，并向国会呈报信任案。国会审议通过以后，国王通过圣谕任命全体内阁成员。

内阁成员必须宣誓就职，誓词见本宪法附件六。

第120条　（修正案，原第101条）

内阁成员不得从事商业、工业经营活动，不得在公共社会机构兼职。

第121条　（修正案，原第102条）

内阁向国会负责。

各内阁成员各司其职，向首相、国会负责。

第122条　（修正案，原第103条）

内阁成员不得利用任何文字命令或他人口头言语，为自己须承担的责任进行开脱。

第123条　（修正案，原第104条）

内阁成员须每周召开一次大会或研讨会。

大会由首相主持。首相有权委派副首相主持召开研讨会。

会议记录须呈报国王。

第124条　（修正案，原第105条）

首相有权授权予副首相或内阁成员。

第 125 条 （修正案，原第 106 条）

如首相职位长期空缺，须依照本宪法重新组阁。如首相职位暂时空缺，须任命代理首相，暂时代行职务。

第 126 条 （修正案，原第 107 条）

内阁成员在工作中的中度和严重过失行为须收到惩罚。

对于严重过失行为，国会有权向法庭起诉。

如遇上述情况，国会依照绝对多数原则通过在全体国会议员中进行无记名投票的方式作出决定。

第 127 条 （修正案，原第 108 条）

内阁组织和执行由法律规定。

第十一章 司法权力（修正案）

第 128 条 （修正案，原第 109 条）

司法权力独立。

司法权力维护公平正义，保护公民自由权利。

司法权力涵盖全部案件，包括行政案件。

司法权力被赋予最高法院和各级、各领域地方法院、法庭。

第 129 条 （修正案，原第 110 条）

案件须以全体公民的名义，通过法律程序，依照现行法律进行公正裁决。

法官独有审判权。法官须严格遵守法律，尽职尽责。

第 130 条 （修正案，原第 111 条）

任何立法、执法机构均不具有司法权力。

第 131 条 （修正案，原第 112 条）

只有检察机构有权进行法律监督。

第 132 条 （修正案，原第 113 条）

国王确保司法独立。最高司法委员会协助国王保证司法独立。

第 133 条 （修正案，原第 114 条）

法官职务不得被解除。但最高司法委员会有权裁定并惩罚违规法官。

第 134 条 （修正案，原第 115 条）

最高司法委员会将依法组建，并对委员会组成和职能作出规定。

最高司法委员会对国王负责。国王可以指定一名代表担任最高司法委员会主席。

法官、法院检察官的任命，由最高司法委员会呈禀国王。

最高司法委员会对涉及法官和检察官的案件裁决，须在最高法院院长或最高法院总检察长的主持下进行。

第135条 （修正案，原第116条）

法官和检察官的相关条例，以及司法机构的组成由法律另行规定。

第十二章 制宪委员会

第136条 （修正案）

制宪委员会须确保宪法得以遵守和维护，对宪法和国会通过、参议院审定的全部法律进行解释。

制宪委员会有权对代表选举、参议院议员选举中出现的分歧进行审查和裁决。

第137条 （修正案，原第118条）

制宪委员会由9人组成，任期每届9年。每三年，须更换制宪委员会中1/3的成员。委员会中3名委员由国王任命，3名委员由国会选举产生，另外3名委员由最高司法委员会任命。

制宪委员会主席由制宪委员会成员选举产生。当委员会内部出现意见分歧、票数相当时，主席有最高仲裁权。

第138条 （修正案，原第119条）

制宪委员会委员须自具有法律、行政管理、外交、经济等专业高等学位，具有丰富工作经验的杰出人士中遴选。

第139条 （修正案）

制宪委员会委员不得兼任参议院议员，国会议员，内阁成员，法官，公共职务，政党正、副主席，工会正、副主席。

第140条 （修正案）

国王、首相、国会主席、1/10的国会议员、参议院主席或者1/4的参议院议员，均有权将国会通过的法案在公布施行前提交制宪委员会审核。

国会、参议院的内部规定和各机构组织法均须在公布施行前提交制宪委员会审核。制宪委员会须在最晚30日内裁定法案、内部规定是否符合宪法。

第141条 （修正案）

如某部法律付诸实施以后，国王、参议院主席、国会主席、首相、1/4的参议院议员、1/10的国会议员或法庭，仍有权提请制宪委员会审核该法是狗符合宪法精神。

国民有权通过国会议员，或国会主席，或参议院议员，或参议院主席对法律是否违背宪法精神提出申诉。

第 142 条 （修正案，原第 123 条）

制宪委员会认为不符合宪法精神的法律条款不得公布实施。

制宪委员会的决议为终审决议。

第 143 条 （修正案，原第 124 条）

所有修改宪法的提议，由国王商制宪委员会意见决定。

第 144 条 （修正案，原第 125 条）

制宪委员会的组织和执行由法律规定。

第十三章　行政管理（修正案）

第 145 条 （修正案）

柬埔寨王国行政区划分为首都、省、市、县、区、乡、街道。

第 146 条 （修正案）

首都、省、市、县、区、乡、街道的管理由机构组织法规定。

第十四章　全国大会（修正案）

第 147 条 （修正案，原第 128 条）

全国大会让国民直接了解涉及国家利益的各项事务，国民通过大会将提出问题和要求请权力部门解决。

柬埔寨男女国民有权参加全国大会。

第 148 条 （修正案，原第 129 条）

全国大会于每年 12 月份举办一次，由首相召集。

全国大会由国王主持。

第 149 条 （修正案）

全国大会通过的要求将呈参议院、国会和权力部门讨论。

全国大会的组织和执行由法律规定。

第十五章　宪法的权威、修改和补充

第 150 条 （修正案，原第 131 条）

宪法是柬埔寨王国的最高法律。

国家各单位的法律法规和决议均须与宪法保持绝对一致。

第 151 条 （修正案,原第 132 条）

国王、首相和国会主席均有权依照国会 1/4 议员的建议,提出修改或补充宪法。

修改或补充宪法须依照法律规定执行。该法律须经国会 2/3 议员同意通过。

第 152 条 （修正案,原第 133 条）

在本宪法第 86 条所述之国家处于紧急状态下,禁止修改或补充宪法。

第 153 条 （修正案,原第 134 条）

修改或补充宪法的动议如与多党自由民主制和君主立宪制相抵触,不得修改或补充宪法。

第十六章　过渡条款

第 154 条 （修正案）

本宪法通过后,由国王宣布立即施行。

第 155 条 （修正案,原第 136 条）

本宪法公布施行后,原制宪议会立即转为国会。

国会的内部规定自国会通过之后立即施行。

在国会未能开始运行的情况下,如国家情况需要,原制宪会议主席、第一副主席和第二副主席将成为王位委员会成员。

第 156 条 （修正案）

宪法公布施行后,国王的选任须依照本宪法第 13 条修正案和第 14 条规定执行。

第 157 条 （修正案）

第一届参议院任期 5 年,于新一届参议院任职之时终结。

第一届参议院须有议员 60 名,2 名议员由国王任命,参议院主席、第一副主席和第二副主席由国王任命。

其余参议院议员由国王依照参议院主席和国会主席的建议任命。这些议员由在国会中拥有席位的政党成员组成。

国会和参议院全体代表大会由两院主席联合领导。

第 158 条（修正案,原第 139 条）

现行之保证国有财产、自由权利和合法私人财产的法律法规继续有效,直至出现新的修改或者废除的情况,与本宪法相悖之法律除外。

附件一：

柬埔寨王国国旗

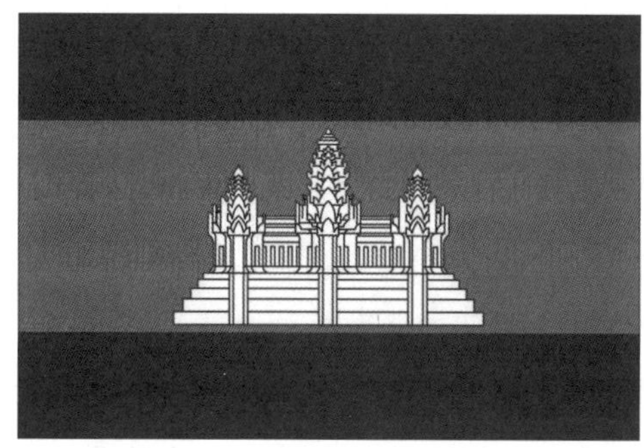

附件二：

柬埔寨王国国歌:《王国》

附件三：

柬埔寨王国国徽

附件四：

柬埔寨国王誓词

我宣誓遵守柬埔寨王国宪法和其他法律，决心为国家和国民利益服务。

附件五：

柬埔寨王国国会主席、副主席、议员誓词

我们在国王、僧王、神明的见证下宣誓：

当我们履行国民赋予的职务、职责之时，我们决心遵守宪法，永远为国民、民族和国家谋福祉，绝不为个人、家庭、党群或集团谋私利。

为柬埔寨王国的独立自主，为柬埔寨王国的主权完整，为延续1963至1969年的合法领土完整，为民族统一、不容分裂和干涉，我们永远敢于奉献生命。

我们决心永远坚持柬埔寨王国中立和不结盟精神，绝不允许外来侵略，绝不允许干涉柬埔寨国内和国际政治政策，绝不损害柬埔寨国民、民族、国家利益，为他国谋福利。

解决国内、国际问题的时候，我们坚决摒弃暴力行为。

但是，柬埔寨王国将永远保留武力对抗外来侵略、保卫国家的权利。

我们决心永远遵行民主、自由，维护议会制度和多党制度，坚决尊重人权和《世界人权宣言》。

我们决心对抗腐败，对抗社会邪恶，为民族团结、民族统一、社会安定、国家安全、国民的幸福安康、国家的繁荣昌盛而不懈奋斗。

附件六：

柬埔寨王国首相、内阁成员誓词

我们在国王、僧王、神明的见证下宣誓：

当我们履行国民赋予的职务、职责之时，我们决心遵守宪法，永远为国民、民族和国家谋福祉，绝不为个人、家庭、党群或集团谋私利。

为柬埔寨王国的独立自主，为柬埔寨王国的主权完整，为延续1963至1969年的合法领土完整，为民族统一、不容分裂和干涉，我们永远敢于奉献生命。

我们决心永远坚持柬埔寨王国中立和不结盟精神，绝不允许外来侵略，绝不允许干涉柬埔寨国内和国际政治政策，绝不损害柬埔寨国民、民族、国家利益，为他国谋福利。

解决国内、国际问题的时候，我们坚决摒弃暴力行为。

但是，柬埔寨王国将永远保留武力对抗外来侵略、保卫国家的权利。

我们决心永远遵行民主、自由，维护议会制度和多党制度，坚决尊重人权和《世界人权宣言》。

我们决心对抗腐败，对抗社会邪恶，为民族团结、民族统一、社会安定、国家安全、国

民的幸福安康、国家的繁荣昌盛而不懈奋斗。

附件七：

柬埔寨王国参议院主席、副主席、议员誓词

我们在国王、僧王、神明的见证下宣誓：

当我们履行国民赋予的职务、职责之时，我们决心遵守宪法，永远为国民、民族和国家谋福祉，绝不为个人、家庭、党群或集团谋私利。

为柬埔寨王国的独立自主，为柬埔寨王国的主权完整，为延续 1963 至 1969 年的合法领土完整，为民族统一、不容分裂和干涉，我们永远敢于奉献生命。

我们决心永远坚持柬埔寨王国中立和不结盟精神，绝不允许外来侵略，绝不允许干涉柬埔寨国内和国际政治政策，绝不损害柬埔寨国民、民族、国家利益，为他国谋福利。

解决国内、国际问题的时候，我们坚决摒弃暴力行为。

但是，柬埔寨王国将永远保留武力对抗外来侵略、保卫国家的权利。

我们决心永远遵行民主、自由，维护议会制度和多党制度，坚决尊重人权和《世界人权宣言》。

我们决心对抗腐败，对抗社会邪恶，为民族团结、民族统一、社会安定、国家安全、国民的幸福安康、国家的繁荣昌盛而不懈奋斗。

柬埔寨王国政党法[*]

《柬埔寨王国政党法》由柬埔寨王国第一届国会第六次会议于1997年10月26日通过，由时任代理国家元首谢辛于1998年11月18日在金边签发。

第1章 总 则

第1条 本法旨在规范柬埔寨王国政党创建、注册和活动的形式与条件。

第2条 政党是由思想和理念相同的人群通过契约的形式自愿组织建立的、永久的、自治的组织，旨在民主自由多党体制下，在宪法和其他相关现行法律的规范下，通过自由、公正投票，参加国内政治活动。

第3条 所有政党应在柬埔寨王国首都金边或其他省会城市、直辖市设立总部机构。

第4条 各政党权利平等，平等获得王国政府和各级政府权益分配。

第5条 加入政党的行为是柬埔寨公民的自愿选择。任何人不得强迫公民加入任何政党。

任何公民不得因为加入或未加入任何合法政党，而被剥夺公民权利、政治权利或工作权利。

第6条 任何政党不得开展如下任意一项活动：

1. 损害国家统一、领土完成的分裂活动。

2. 使用暴力手段、以夺取权力为目的破坏民主自由多党体制的活动。

3. 组建武装部队。

第7条 任何政党不得依附于或服从于任何外国政党或外国政府。

第8条 内政部是负责政党注册的公权部门。

第2章 政党建立

第9条 柬埔寨18岁以上公民至少80人、拥有柬埔寨王国常住地，有权新建政党，

[*] 本文译者：顾佳赟，系北京外国语大学亚非学院副院长，柬埔寨研究中心主任。

仅须向内政部提交书面通知。内政部应于 15 日内，以书面形式回复收到通知。如逾 15 日未予回复，应视为已经收到通知。

新组建的政党应投票推选至少由 7 人组成的临时委员会。该委员会各委员年龄不低于 25 周岁。委员会应依照本法第 5 章之规定组织申请材料，以满足政党注册条件，获得政党合法性。

在已申请注册、但暂未获得批准之时，政党可以悬挂政党标识。

第 10 条 政党应以文字形式制定党章和主要政策，内容至少应包含以下几项：

一、党章：

1. 政党名称全称、简称和徽标。

2. 政党总部所在地。

3. 政党成立时间。该时间不得与法定的国家节日和国际节日重叠。

4. 加入和退出政党成员资格的相关条款。

5. 政党成员的权利与义务。

6. 政党从中央到地方的组织架构。

7. 政党各组织机构职能。

8. 推选和撤销政党中央委员会成员资格的相关程序。

9. 政党组织属机构召开日常会议的规定。

10. 政党各组织机构联席会议的必要出席人员范围。

11. 党产和财产管理制度。

12. 解散政党和党产处置的相关条款。

13. 修改党章的相关条款。

二、政党的政策主张和主要政治项目，应注明远景和目标。

第 11 条 各政党应按照如下规定制定政党名称和徽标：

一、政党全称、简称和徽标应与其他政党全称、简称和徽标的相区别。

二、新建政党名称不得通过少量修改其他政党名称获得。

三、政党徽标不得抄袭或沿用国家级标识、宗教图案、吴哥图案、历任国王的照片和雕塑形象。

第 3 章 党员资格

第 12 条 柬埔寨公民年满 18 岁，有权加入政党。

第 13 条 加入政党应遵循自愿原则。

党员有权无理由、随时脱离政党。

第 14 条 党员依据党章拥有平等权利和义务。

第 15 条 同一位柬埔寨公民在同一时间内只能加入一个政党。如果出现同时加入多个政党的情况，将以最后参加的政党作为该公民的正式政党身份。

宗教人士、法院官员、王家军和警察部队可以加入政党，但不能从事旨在支持或反对某一政党的活动。各政党不得在宗教机构、法院、王家军和警察部队内发展分支机构。

第 16 条 政党成员在如下情况下将丧失党员身份：

一、退出或放弃党员身份。

二、依据该党章，被逐出党。

第 4 章 组织机构

第 17 条 各政党应至少设立如下领导机构：

一、政党大会，或全会，或同等机构。

二、全国咨询委员会，或中央委员会，或同等机构。

三、主席团委员会，或常务委员会，或同等机构。

四、仲裁委员会，或监察委员或，或争议委员会，或同等机构。

各政党的各级领导机构名称可以依据党章自行制定。

第 18 条 政党领导机构的任命、职责、组织和执行应依照本法第 17 条。其他机构应在党章或内部规定中予以明确。

第 5 章 政党注册

第 19 条 为依照本法第 9 条第 2 款，获得政党合法性，各政党应申请政党注册。申请注册的政党党员来自全国省、市，人数应不少于 4000 人。

第 20 条 政党注册应准备如下材料：

一、注册申请书应由党主席签字。

二、政党名称全称、简称和政党徽标。

三、政党总部所在地地址。

四、党章原件 2 份。

五、政党内部规定（如有）。

六、政党的主要政策和政治项目。

七、政党关于尊重宪法、政党法及其他现行法规，尊重多党自由民主主义原则和尊重人权的书面声明。

八、全体 4000 名党员名单。信息应包括年龄、地址和拇指指印，并注明党员编号、党员证及入党时间。

九、至少 3 位主席团成员或创始人简历，每人一份，并粘贴 4*6 规格照片。

十、经柬埔寨国家银行认可的国内银行账户信息。

十一、政党注册费用收据一份。该费用由内政部、经济与财政部联合制定颁布。

第 21 条 内政部应向依照本法第 20 条提交注册材料的政党出具一份注册申请收据。

第 22 条 内政部应在依照本法第 21 条出具注册申请收据后，审核政党提交的申请材料内容。

内政部应于 30 日内，决定同意或不同意政党提交的注册申请。

第 23 条 经审核，如政党提交的申请材料内容齐全，符合宪法、政党法和其他现行法规要求，内政部应向该政党寄送同意注册函，并附内政部签章、明确政党注册日期的党程一份。

第 24 条 经审核，如政党提供的申请材料不齐全，不符合宪法、政党法和其他现行法规要求，内政部应向该党寄送告知函。该政党应按照内政部告知函的内容，在收到告知函后 15 日内，补充完成申请注册材料。逾期，内政部应寄送不同意注册函通知政党。

第 25 条 收到依照本法第 24 条规定之内政部不同意注册函的政党，有权向制宪委员会提出仲裁申请。

制宪委员会应于受理仲裁请求之日起，30 日内给予裁决。

在收到制宪委员会裁决政党申请材料正确无误的决定之后，内政部应立即依照本法第 23 条对该政党给予注册。

第 26 条 已完成注册的政党，可以变更政党名称、主要政策和政治项目，或依据党章对党章进行修订。如出现以上情况，政党应以书面形式通知内政部，并提供已经修订完成的新申请材料。如变更党主席，应书面通知内政部，并提供新主席简历，粘贴 4*6 规格照片。

第 6 章　政党财务

第 27 条 政党的财政收入可以来自：

一、党员捐赠或会费。

二、合法经营所得。

三、依照本法第28条所得国家拨款。

四、柬埔寨私营公司赠与或者柬埔寨个人慈善赠与。

五、政党资产。

第28条 国家可以向各政党平等划拨款项。该款项仅可用于国会选举期间的宣传工作。

未获得全国有效选票总数3%或在国会中未获得席位的政党，应在宣布最终选举结果后3个月内，全额归还国家划拨款项。

第29条 除依照本法第28条外，政党不得接受任何形式的来自国家机关、协会组织、非政府组织、社会企业、社会机构、学院或外国公司的捐赠。

第7章 报告和检查

第30条 政党报告和相关财务资料应至少保存7年，并依照党章和政党内部规定，或法院、公权机关的决定接受检查。

第31条 已注册的政党应于每年12月31日前向内政部、经济与财政部提交政党报告。报告应由党主席和财务主管签字。

报告应包含如下内容：

一、政党主要活动。

二、按类别制定的年度收支平衡表。此表应由政党财务部门出具。

三、政党银行账户资产负债表。

四、政党资产负债表，包含党产或商业利润和政党负债。

第32条 经济与财政部负责依照本法第31条第2款第2、3、4项，审核全部资产负债表。

第8章 政党解散、合并和结盟

第33条 在清算和处置党产之后，政党可以依据党章，经政党大会决议后解散。政党须立即以书面形式通知内政部政党解散，以便内政部及时除名。

第34条 任何权力机构不得解散政党，除非法院判决该政党永久解散。

第35条 依据本法第33条宣布解散的政党，剩余党产的处置应依照政党大会的决议执行。

第36条 政党可以依据党章与其他政党合并。如党章未作规定，应依照政党大会的决议执行。

内政部在收到政党合并的通知后，应从政党名册中将参与合并的政党除名。

第37条 政党可以依照各自的决定自由缔结双边或多边的联盟。

第9章 违规和惩罚

第38条 政党如违反本法第31条，应处罚金300万瑞尔。

如拒不执行，应处双倍罚金，并暂时中止政党活动。

第39条 政党如违反本法第7条和第29条，应处罚金300万至500万瑞尔。

如拒不执行，应处双倍罚金，并暂时中止政党活动。

第40条 个人违反本法第5条和第15条第2款，应处罚金100万瑞尔。

第41条 个人有以下一项行为者应处罚金100万至500万瑞尔，或并处监禁1个月至1年。

1. 继续经营和领导内政部不同意注册的政党；

2. 继续经营和领导法院判决永久解散的政党；

3. 经营和领导已依据本法第9条选举出临时委员会，但在临时委员会选举完成后的18个月内没有提出注册申请的政党；

4. 在法院判决政党永久解散或暂停活动之后，仍然继续运营政党总部。

第42条 个人违反本法第6条，应依照现行刑法追究责任。

第10章 过渡条款

第43条 本法付诸实施后，所有已依照1993年联合国临时权力机构（UNTAC）规定进行注册的政党，应于90日内，依照本法第20条之规定向内政部提交申请材料，以存档备案。其中，第20条第11点无须提供。

如逾期未提供，视为自动放弃注册。

第11章 最终条款

第44条 其他规定凡与本法相抵触的，以本法为准。

第45条 本法应立即颁布执行。

马来西亚联邦反恐法*

制定本法的目的是预防实施或支持恐怖活动（包括被列入名单的外国及它的部分地区的恐怖组织的恐怖活动）、控制涉恐人员及其他相关事宜。

鉴于有组织团体在马来西亚境内与境外曾构成的及将来有可能构成的威胁活动，这些威胁活动损害了马来西亚全国或部分地区的安全；

鉴于国会认为有必要阻止与预防这些活动；

现在，根据《联邦宪法》第149条之规定，马来西亚国会特制定如下法案：

第一章 前 言

第1条 简称和生效

（1）本法简称2015年反恐法。

（2）本法自部长通过宪报公告制定的日期起生效。

第2条 解释

（1）本法中，除非有相反的解释，则适用如下定义：

“地区、区、镇或村”指根据土地法的相关规定，与地区、区、镇或村管辖区域相关的全部土地；

“登记”指根据第12条由记录员所作的登记；

“委员会”指根据第8条创立的反恐委员会；

“部长”指负责国内事务的部长；

“被登记的人”指被登记在册的人；

“被列入名单的恐怖组织”指在2001年《反洗钱、反对恐怖主义融资和非法活动收益法》第66条B和第66条C（第613号法令）中陈述的任何特定实体；

“调查官”指根据第9条，由部长任命的官员；

“记录员”指根据1969年《罪犯和不受欢迎者登记法》（第7号法令）第3条规定的

* 本文译者：张榕，系上海外国语大学东方语学院讲师，博士。

记录员；

“恐怖行为”的含义与《刑法典》（第 574 号法令）对此的规定一致。

（2）警方的监管的相关规定可以参照《刑事诉讼法》（第 593 号法令）第 296 条对警方对某人实施监管的相关责任的规定。

第二章　逮捕和羁押权

第 3 条　逮捕及向地方法官移送

（1）如警察有理由相信，根据本法某人应当被控制并进行调查的，可以在没有逮捕许可证的情况下对某人实施逮捕。

（2）当某人根据第（1）款之规定被逮捕，应当自逮捕之日起 7 日内，由警察将案件移送公诉人处理。

（3）任何根据第（1）款之规定被逮捕的人，除非马上被释放的，都应当在没有合理理由迟延的情况下，在 24 小时内（不包括在移送所需时间）移交给地方法官。

（4）警察对根据本条被逮捕的人所作的调查，必须要制作一份完整的调查报告，在由部长根据本法通过的条例所规定的期限内，提交给：

（a）调查官；

（b）委员会。

第 4 条　向地方法官移送的程序

（1）根据第 3 条第（3）款之规定，每当某人被带至地方法官，地方法官应：

（a）出示一份由巡官以上警衔的警官签发的书面说明，陈述有理由相信该人因实施或支持恐怖活动（包括被列入名单的外国及它的部分地区的恐怖组织的恐怖活动），该人姓名应当进入登记，警方需要还押候审该人长达 21 日；或

（b）如果未能出示上述的说明，也没有其他证据证明该人应当被依法羁押的，应当场释放。

（2）任何根据第（1）款之规定决定给予还押候审的人，除非被立即释放，在其被还押候审期限截止、被带至地方法官之前，应：

（a）出示：

（ⅰ）由公诉人签发的书面说明，证明根据第 10 条之规定，已经有充分的证据对该人进行调查；及

（ⅱ）由高级副警司以上警衔的警官签发的书面说明，证明根据第 10 条之规定，将对该被羁押的人进行调查，可命令对该人进行为期 38 日之内的还押候审；或

（b）如果未能出示上述的说明，也没有其他证据证明该人应当被依法羁押的，应当场释放。

（3）不会有人根据本法被逮捕、羁押，仅仅因为他的政治信仰或政治活动。

（4）除了第10条第（6）款的规定，《刑事诉讼法》第28条A应当适用于根据本法第4条规定给予还押接受调查的人。

（5）对本法的任何适用，公诉人都可以出席。

（6）为了实现本条的立法目的，“政治信仰或政治活动”是指从事合法活动，通过：

（a）表达的观点或者追求的行动方向是按照政党的宗旨，这些政党是按照1966年《社团法》的规定，在有关的时间登记过的，通过以下方式表明：

（ⅰ）作为该政党的成员或者资助该政党；或

（ⅱ）公开、积极地参与该政党的事务；

（b）表达的观点是针对马来西亚的任何一级政府；或

（c）追求的行动方向是针对马来西亚的任何一级政府。

第5条　移送至调查官之前的羁押

对根据第4条的规定还押候审的人，应当尽快移送给调查官进行调查，除非立即释放的。

第6条　对还押候审人的释放

（1）对根据第4条的规定还押候审的人，如果没有其他证据证明该人应当被依法羁押的，可以在任何时候移交给主审法官：

（a）如高级副警司以上警衔的警官签发的书面说明，证明没有继续按照第10条的规定对某人进行案件调查的，应当对其立即释放；或

（b）在其他情况下，由警官根据如下情况申请给予释放：

（ⅰ）该人签署保证书，可以或没有保证人，保证在59日内，能够在指定的时间和地点出现的，主审法官可以决定给予释放；或

（ⅱ）警方在59日之内给予监管的，主审法官可以决定给予释放。

（2）如某人被根据第（1）款第（b）项之规定给予释放的，应当根据第（3）款和第（4）款的规定，对该人安置电子监控装置。

（3）如警方意图根据第（1）款第（b）项之规定释放某人，并对其安置电子监控装置的，警方应当在使用第（1）款第（b）项之规定前向公诉人提交一份报告。

（4）公诉人在收到警方根据第（3）款提交的报告后，应当根据第7条的规定，向主审法官提出对该拟释放的人员安置电子监控装置的申请，并根据第（1）款第（b）项之规定，

明确使用电子监控装置的期限。

第 7 条　与电子监控设施相关的特殊程序

（1）在收到公诉人根据第 6 条的规定递交的申请后，主审法官应当确定对该拟释放的人员安置电子监控装置的具体期限，但期限不得超过第 6 条第（1）款第（b）项规定的自释放之日后的调查期限。

（2）主审法官应当向拟释放的人员解释电子监控装置的操作及使用规定和条件。

（3）拟释放的人员应当签署附件所列的表格，并将其提交给主审法官留存。

（4）由警方向拟释放的人员安置电子监控装置。

（5）被释放的人员应当遵守使用电子监控装置的规定和条件，应当根据表格规定的时间向最近的警察局进行报告。

（6）任何被释放的人员未遵守本条第（5）款之规定的电子监控装置的规定和条件的，将构成犯罪，并将处以 3 年以下有期徒刑。

（7）任何人破坏或者损毁电子监控装置的，将构成犯罪，并将处以 3 年以下有期徒刑，且该人需承担因其破坏电子监控装置造成的损失。

（8）在第（1）款规定的期限截止后，该人应当向最近的警察局报告，要求解除电子监控装置。

第三章　审讯

第 8 条　反恐委员会

（1）组建反恐委员会，由马来西亚最高元首指定下列组成人员：

（a）1 名主席，必须至少具有 15 年在法律领域的工作经验，才依法有资格担任该职位；

（b）1 名副主席；及

（c）3 名至 6 名的其他成员。

（2）委员会的成员的任职期限不能超过 3 年，除非该成员即将辞职，可以连任 1 次，任期为 3 年。

（3）委员会成员可以随时辞去其职务，但需要书面向马来西亚最高元首通告。

（4）对任何委员会成员的任命可以随时被马来西亚最高元首撤销。

（5）委员会开会的法定最低人数应当是 3 人。

（6）根据本法授权，委员会可以制定自己的章程。

（7）委员会的成员应当被认定为《刑法典》意义上的公职人员。

第 9 条 指定调查官

（1）部长可以通过手书，任命任何人为本法规定的调查官，其任命可以是一般性的职位任命，也可以在特定的个案中临时任命。

（2）警官不能被任命为调查官。

第 10 条 调查官的权力与义务

（1）当任何人根据第 5 条接受调查官进行的调查时，调查官应当向委员会提交书面的调查报告，说明是否有足够的理由说明该人实施或支持恐怖活动（包括被列入名单的外国及它的部分地区的恐怖组织的恐怖活动）。

（2）根据第（1）款进行的调查应当根据委员会规定的程序及要求完成。

（3）调查官员在根据本法进行调查时，应当：

（a）收集和获取所有相关的证据，无论该证据的形式是否可以被接受或者被任何与证据或刑事诉讼有关的成文法所认可，只要调查官认为有必要收集，或者可以作为证据的，都可以进行收集；

（b）传唤和问询证人，让其宣誓后作证，或者不经宣誓而作证，并收集这些证人证言；

（c）要求制作其认为应当属于调查范围的任何文件；

（d）如其认为为保护公共利益，或者为了保护证人或其家属或有关联的人，可以在被调查的对象不在场的情况下收集证据；

（e）必要时作出一定的指示。

（4）为实现第（3）款第（d）项的立法目的，调查官认为符合公共利益或者为了保护证人或其家属或有关联的人，在被调查的对象不在场的情况下收集证据的，调查官应当向被调查的对象传达取得的证据内容，且在此类案件中，应当按照第 12 条第（2）款第（a）项，制作一份采集证据时周围情况的报告。

（5）任何人，根据第（3）款的规定，作为证人收到传唤后，无正当理由拒绝在指定的时间到指定的地点接受问询，或者拒绝回答合法的问询的、拒绝提供根据其职权应当制作的文件或物品的，应当构成犯罪，应处 6 个月以下有期徒刑，或 2000 林吉特以下罚金，或两项并处。

（6）无论是被调查的对象，还是证人，都不允许让辩护人或律师代表其出席调查，除非他自己所提供的证据被调查官采信并给予记录的。

（7）公诉人可以协助调查官进行调查。

（8）部长可以通过条例规定，向根据第（3）款被传唤的证人发放津贴。

第 11 条　调查官会见被拘留者或囚犯

（1）尽管可能有其他成文法不同的规定，但根据本法，调查官应当被允许会见其有理由认为与任何犯罪相关的人，或有证据证明任何犯罪的行为人：

（a）该人根据任何其他成文法正被羁押的；或

（b）无论是否定罪，已被关押在监狱中。

（2）本条规定的在拘留所或者监狱内的会见，不允许被调查的对象或者其辩护人、律师或者代理人在场。

第 12 条　调查官的报告

（1）调查官应当向委员会递交书面报告，在部长根据本法通过的条例所规定的期限内。

（2）当收到第（1）款规定的报告：

（a）当委员会同意调查官的意见，认为有理由相信被调查的对象实施或支持恐怖活动（包括被列入名单的外国及它的部分地区的恐怖组织的恐怖活动），委员会将根据第 13 条进行下去。

（b）当委员会同意调查官的意见，认为没有理由相信被调查的对象实施或支持恐怖活动（包括被列入名单的外国及它的部分地区的恐怖组织的恐怖活动），委员会应当立即向负责关押被调查人的官员递交一份指令，要求该官员在收到指令后的 24 小时内，应将该案移交给主审法官，该法官应当根据指令撤销根据第 4 条所作的还押候审的命令。如果没有其他合法事由继续羁押该被调查人的，应当立即释放该被调查人。

第四章　拘留令和限制令

第 13 条　发出拘留令和限制令的权力

（1）委员会随时可以，在参考下列后：

（a）根据第 3 条第（4）款提交的完整的调查报告；及

（b）根据第 12 条提交的调查官的报告，

认可该人已经或正在实施、支持恐怖活动（包括被列入名单的外国及它的部分地区的恐怖组织的恐怖活动）。为了马来西亚国家或者它的部分地区的安全利益必须要拘留该人，委员会可以通过（拘留）命令，拘留该人不超过 2 年。

（2）根据拘留令进行的拘留，应当在委员会指定的地方（下称拘留场所），或者根据第 34 条的规定所要求的地方进行拘留。

（3）如果为了第（1）款之目的，委员会认为需要对该人给予控制和监管，或者需要对该人的活动、自由行动、居住地、职业设定限制和附加条件，但并不需要拘留他，委员会可以通过（限制）命令，将该人置于警方的监管之中，一次监管周期不超过5年，且可以附加以下所有或者任意的限制和条件：

（a）可以要求其在指定的州、地区、区、城镇或者农村居住；

（b）没有委员会的书面批准文书，其不得移居其他的州、地区、区、城镇或者农村；

（c）除非命令有特殊的要求，其不得离开居住的州、地区、区、城镇或者农村，除非其所在州的州警察局局长签署了书面批准文书；

（d）其应当随时向其居住或者生活所在地的警区负责治安的警官报告情况；

（e）根据命令中具体的要求，在规定的时间点到最近的警察局报到；

（f）其应当留在室内，或者在命令规定的区域内。除非其收到负责所在警区警务的官员的撤销命令的特别指令，否则在此期间不得离开指定区域；

（g）除非命令有特殊的要求，其不得进入命令中规定禁止其进入的州、地区、区、城镇或者村；

（h）其只能使用所在州警察局长宣布或者批准使用的通信设备及设施；

（i）除非命令有特殊的要求，其不得使用互联网；

（j）其应当遵守社会秩序，行为符合社会规范；

（k）其应当保证，可以由委员会在命令中指定一定金额的保证金，保证其会严格遵守命令中所有对其的限制和附加条件；

（l）其应当被安置电子监控装置。

（4）委员会可以通过针对被限制对象的书面命令，改变、取消或者增加根据第（3）款设定的限制和附加条件。

（5）被限制对象违反根据本条设定的限制和附加条件，应构成犯罪，应处2年以上10年以下有期徒刑。

（6）任何人与被限制的人员共谋，或教唆或协助被限制的人员违反本条规定的限制条件的，构成犯罪，应处2年以上10年以下有期徒刑。

（7）《刑事诉讼法》第173条A和294条不适用于本条第（5）款和第（6）款规定所构成的犯罪。

（8）根据第（5）款规定判处的有期徒刑，以及根据其他成文法判处的有期徒刑，将不计算在根据第（3）款规定的监管的期限内。在该人被判处的有期徒刑结束后，应继续对其实施决定期限的监管。

（9）根据第（1）款，委员会作出每份拘留决定后，应尽快适用于相关人。

相关人有权依照法定程序，向根据《联邦宪法》第151条第（2）款设立的咨询委员会申诉。

（10）委员会根据第（1）款所作的指令，应当提交高等法院复审。

第14条　拘留令的有效性

以下几类情况，拘留令具有有效性或可执行性：

（a）具有以下情况的人：

（ⅰ）在下发拘留令之前，已经被羁押在非根据第13条第（2）款规定的拘留场所的；

（ⅱ）在拘留令下发后，被移送到第13条第（2）款规定的指定羁押地点前，根据第3条继续被羁押的；或

（ⅲ）在拘留令生效期间，在警方或其他任何形式的羁押下，运往第13条第（2）款规定的拘留场所的途中；

（b）拘留令在第13条第（2）款指定的羁押地点之外的其他地点对被拘留人实施，或者拘留令的实施过程存在任何瑕疵。

第15条　拘留令的中止

（1）委员会可以在任何时候，命令中止实施根据第13条第（1）款制定的拘留令，自动适用根据第13条第（3）款规定的所有或任何限制和附加条件。

（2）当拘留令根据第（1）款的规定被中止，第13条第（3）款的规定即生效，拘留令中止的前提，是根据第13条第（3）款制定限制令，设定限制和附加条件。

（3）委员会可以撤销中止拘留令，如果被证实：

（a）拘留令针对的对象在拘留令中止期间，违反对其的限制和附加条件的；或

（b）为了维护公共秩序或公共安全，应当撤销中止，

该拘留令的中止一旦被撤销，任何警察有权在没有逮捕令的情况下，重新逮捕该拘留令针对的对象，该人应当尽快被送回原拘留地点，或者委员会指定的其他拘留地点。

（4）根据本条规定中止执行拘留令的，应当自动适用第13条第（4）款、第（2）款、第（3）款的规定，且该三款规定的有效期，是根据第13条第（1）款制定的拘留令中尚未执行的部分。

第16条　有期徒刑期间的拘留令适用

当事人：

（a）根据第13条第（1）款的规定被拘留，根据本法或其他成文法被判处有期徒刑的；或者

(b)在服刑期间受到根据第17条第(1)款规定所作的拘留的，拘留或者延长拘留应当被视为与其服刑同期进行。如果其服刑结束的，而其拘留或者延长拘留期尚未结束的，应当继续羁押该人至拘留或者延长拘留期结束。

第17条 委员会有权延长拘留令、限制令、中止拘留令

(1)委员会随时可以，在下列期限截止之前：

(a)根据第13条第(1)款制定的拘留令；

(b)根据第13条第(3)款制定的限制令；或

(c)根据第15条第(1)款中止拘留令，

规定上述命令的有效期予以延长，拘留令的延长期不超过2年，限制令的延长期不超过5年，同时委员会可以规定，上述命令失效时，延长令立即生效并计算期限。

(2)当委员会根据第(1)款，延长拘留令、限制令、中止拘留令的期限，应当在延长令中罗列延长的理由，并陈述是否这些理由：

(a)与最初作出命令的理由一致；

(b)不同于最初作出命令的理由；或

(c)部分理由相同，部分理由不同。

(3)当根据第(1)款，延长中止拘留令的期限，根据第15条第(1)款的规定，应当延长中止拘留令的期限、随之的限制和附加条件的期限。如果委员会有命令，应当根据第13条第(3)款第(k)项，提供新的针对拘留令对象的保证金。对于延长的中止，第15条同样适用，如同最初就是根据第15条第(1)款中止的。

(4)根据第(1)款，作出延长拘留令或延长中止拘留令所依据的理由，符合第(2)款第(b)项或第(c)项的情况时，应当适用第13条第(9)款的规定，上述延长令如同新的拘留令。

(5)已经被延长的拘留令、限制令、中止拘留令可以再被延长多次，每次延长不得超过2年。对每次延期，本条的规定应当予以参照适用。

第18条 委员会有权撤销拘留令、限制令、中止拘留令、对上述命令的延长令

(1)尽管已经制定本法，如果委员会认为必要，还是可以随时撤销：根据第13条第(1)款制定的拘留令，根据第13条第(3)款制定的限制令、中止拘留令，根据第17条第(1)款制定的对上述命令的延长令。

(2)根据第(1)款作出的撤销，不得损害撤销前命令的效力及由此产生的结果，不得损害委员会的如下权力：根据第13条第(1)款作出新的拘留令、根据第13条第(3)款作出新的限制令、根据第17条第(1)款作出对被撤销命令的对象的决定。

第 19 条　对委员会行为或决定的司法审查

（1）任何法院不得对委员会根据本法所作的任何决定进行司法审查，任何法院也无该项司法审查权，与本法程序要求相关的行为或者决定的问题除外。

（2）本法中的“司法审查”的程序包括如下：

（a）申请对下级法院的训令、诉讼终止令、和诉讼文书调取令等特权令；

（b）申请申诉或者禁令；

（c）人身保护令；

（d）其他的与委员会根据本法所作的决定、行为相关或由其引发的诉讼及其他法律程序。

第 20 条　命令迁移的权力

（1）委员会可以命令，把根据第 13 条第（1）款或者第 17 条第（1）款被拘留的人，从任何拘留处迁移至另一指定的拘留处，在后处执行该人应当被拘留的全部或者部分期间。

（2）根据第（1）款规定，任何迁移中的人，应当被视为处于合法羁押中。

第 21 条　传唤被拘留人的权力

（1）根据第 13 条第（1）款或者第 17 条第（1）款被拘留的人，根据第 13 条第（1）款或者第 17 条第（1）款或者法院的命令或者其他权威命令被警方合法羁押的、被禁闭于监狱的人，必须到场表明本人对此无异议；法院的命令或者其他权威命令必须满足公正、公共利益、其他的调查、国家利益、被拘留或被羁押或被禁闭人的利益。监狱总长可以命令将被拘留于拘留场所或者监狱的人，警察总长可以命令将处于警方合法羁押中的人，分别带至指定场所。

（2）任何人在被带至第（1）款所规定场所的途中，并且被采取符合根据案件情况由监狱总长或警察总长指定的羁押方式，应当被视为处于合法羁押中。

（3）本条中“监狱总长”的含义与 1995 年《监狱法》（第 537 号法令）第 2 条第（1）款对此的规定一致。

第 22 条　登记

（1）记录员应当根据本法作出记录，登入如下信息：被限制人或生效拘留令的对象（无论是否根据第 15 条被中止）的信息、按照对象规定的其他细节、该人根据本法应当成为“被登记者”所依据的登记中的信息和细节。

（2）不低于督察警衔的警官，可以：

（a）去第 13 条第（2）款提及的场所，在那里采集被拘留人的指纹和照片，获得按照对象规定的或者足以影响根据第（1）款作登记的其他细节信息；

(b)通过书面通知,命令被限制者,在通知中指定的时间和地点现身,以采集指纹和照片,获得按照对象规定的或者足以影响根据第(1)款作登记的其他细节信息。

(3)为了提供第(2)款第(a)项或第(b)项要求的细节信息,被不低于督察警衔的警官所需要的人,拒绝提供细节信息或者提供错误的细节信息(他知道或者有理由知道),应当构成犯罪,应处10000林吉特以下罚金或3年以下有期徒刑,或两项并处。

(4)如果任何人没有按照第(2)款第(b)项的规定现身,发出通知的警官可以使该人,在没有逮捕许可证的情况下被任何警察实施逮捕,并带至面前,以达到上述款项的目的。

第23条 删除某人的登记记录

(1)每当根据第13条第(1)款或者第13条第(3)款或者第17条第(1)款发出的命令,到期或者被撤销,命令的对象不再受到限制和附加条件的约束,记录员应当立即删除某人在登记记录中的信息和所有条目。

(2)委员会经过慎重考虑,任何时候都可以决定将某人的名字从登记记录中删除,此后,该人不再属于登记人员,除非根据第22条的规定,再次被登记的。

第24条 被登记的人不得与其他被登记的人交往

(1)被登记的人不得与其他被登记的人结交或者经常往来,除非由其所在警区负责警官的同意。如其能证明其事先并不知道,也不可能知道对方也属于被登记的人员的,则不属于本条禁止的情形。

(2)任何违反本条规定的人,构成犯罪,处5年以上15年以下有期徒刑。

第25条 双倍处罚

自被正式登记之日起,任何违反成文法且构成犯罪的被登记人员,应按照其所犯罪的最高量刑标准的2倍来确定刑期,且应附加鞭刑。

第26条 在公共场所闲逛等行为

对任何符合如下情形的被登记人员,并且其无法对其在那一时刻出现在那一地点,或者与其他被登记人员聚集,给出充分合理的理由的,应认定构成犯罪,处5年以下有期徒刑或者10000林吉特以下的罚金,或者两项并罚:

(a)如果被发现在日落后至次日太阳升起前,频繁地进出公共场所或者公共娱乐场所或者在这些场所或其附近闲逛的;或者

(b)任何时间被发现与两个或两个以上的被登记的人员在一起;或

(c)任何时间,正在发生或已经发生犯罪或者扰乱公共秩序案件的地方或者附近被发现的任何被登记的人员。

第 27 条　包庇

（1）任何人故意隐匿或者包庇任何违反第 13 条规定，进入州、地区、区、城镇或者乡村的人，将构成犯罪，并处 5 年以下有期徒刑，或处 10000 林吉特以下的罚金，或两项并处。本款规定不适用于妻子包庇或隐匿丈夫，或者丈夫包庇或隐匿妻子的情形。

（2）任何人发现任何不允许进入而进入某州、地区、区、城镇或者乡村的人，或者依命令只能居住在某个指定的州、地区、区、城镇或者乡村的人进入其他地方，而缺少合理的理由和证据，若目击者和当事人不具有上文提到的夫妻关系，则应当将此情况汇报给距其最近的警方或地方法官，如其未按规定汇报信息的，将构成犯罪，处 3 年以下有期徒刑，或处 5000 林吉特以下罚金，或两项并处。

第 28 条　被拘留人在诉讼中的保留

根据本章被拘留的任何人，当进入刑事诉讼时，不会被区别对待，无论该人处于拘留期之内或者之后。

第五章　一般原则 / 规定

第 29 条　警察的侦查权

（1）当具有督察以上警衔的警官有理由相信，根据本法应当对涉及某人的案件进行调查的，该警官或者其下属警官根据他的命令，可以根据本法的规定，对涉及该人的案件的所有事实及相关情况进行侦查。

（2）在根据第（1）款进行的侦查活动中，警察可以行使依据当时生效的刑事诉讼法律赋予的，在可抓捕的案件中可以采用的全部或者任何刑侦权限。

第 30 条　逮捕

如果警察有理由相信某人实施了违反第 24 条、第 26 条或第 27 条规定的或其他类似的犯罪，并且该犯罪应当被抓捕，且根据刑事诉讼法不得被保释的，可以在没有逮捕令的情况下对该人实施逮捕。

第 31 条　采集照片和指纹

（1）警察可以对任何根据第 3 条第（1）款的规定被逮捕的或者根据第 22 条被登记信息的人，采集或让他人采集上述人的照片和指纹，并应将这些照片和指纹送登记员进行鉴定和报告。上述人有法律义务提供照片和指纹，如果必要，可以采取强制措施采集照片和指纹。

（2）任何根据第（1）款规定，有法律义务提供照片和指纹的人拒绝或者未能依需要提交照片和指纹的，将构成犯罪，并将处以 6 个月以下有期徒刑或者 2000 林吉特以下的罚金，或两项并处。

（3）任何时候：

（a）任何根据第4条、第6条或第12条的规定，已经被采集了照片和指纹的人被释放的；或

（b）任何被登记的人根据第23条的规定，删除登记记录的，

负责该案件的官员应当立即通知记录员相关信息。记录员应当根据该人的申请，将根据本条规定所收集的，载有该人指纹的文件、照片的底片及所有照片全部移交给该人。

第32条　信息披露

本法或其他根据本法制定的法规，都不得要求委员会、委员会的成员、任何调查官或者任何公职人员对以下事项进行披露或者制定相关文件：

（a）侵害公共利益的事项；或

（b）将危害证人或其家人，或其同伴的事项。

第33条　修改附表的权力

部长可以通过在政府公报发布命令的形式，修改附表。

第34条　条例

（1）为实施本法，部长可以制定若干条例。

（2）在不与第（1）款规定的一般性原则产生冲突的情况下，条例可以：

（a）规定登记所用的表格，以及处理本法或根据本法制定的条例中的事项，所必需的或者应当使用的表格；

（b）要求所有的或一定层级的登记人员持有效证件，对证件的形式、签发、制作、检查、注销、修改、背书或者替换，以及用根据其他成文法所签发的有效身份证件来代替条例规定的证件，以及所有与证件相关的事宜或条例执行事宜，包括可以对违法事项作出5000林吉特以下或者3年以下有期徒刑或者并罚的处罚；

（c）规定委员会的管理和运作，包括对委员会成员予以培训；

（d）规定拘留场所的维修和运作、被拘留人的纪律与待遇，并可对不同的拘留场所制定不同的条例；

（e）根据本法的要求，或在本法允许的范围内，制定其他相关的规定。

第35条　保留和过渡

（1）对实施、支持恐怖活动（包括被列入名单的外国及它的部分地区的恐怖组织的恐怖活动）的任何人，本法不会影响在本法实施时，根据1959年《预防犯罪法》已经启动且尚未定论的调查，调查应当继续，本法对该类调查无效，直到根据《预防犯罪法》作出结

论。当决定签发监管令或拘留令时，应当按照《预防犯罪法》的规定予以签发。

（2）对实施、支持恐怖活动（包括被列入名单的外国及它的部分地区的恐怖组织的恐怖活动）的任何人，本法不会影响在本法实施时，根据1959年《预防犯罪法》已经启动的诉讼程序，这些诉讼程序应当继续，本法对该类诉讼无效，直到根据《预防犯罪法》作出结论。之后，当根据《预防犯罪法》签发的，作为诉讼程序主题的监管令或拘留令需要采取措施，应当按照《预防犯罪法》的规定采取措施。

附表

表格

电子监视设备

在 ________ 州，________ 法庭

1. 姓名：________

2. 案件号：________

3. 身份证号：________

4. 住址：________

5. 电话号码：________

6 家庭联系人：________

7. 携带电子监视设备（简称“设备”）的期限：________

8. 条件：________

（a）向最近的警局报告的间隔期限 ________

（b）明白所有的活动都会被警方记录，并可保留该记录；

（c）必要的情况下同意按要求报告设备检查的结果；

（d）在地址发生任何变化后及时通知警察；

（e）允许警察对设备进行检查；

（f）移除设备要向最近的警局进行报告；

（g）向警方返还所有的设备；

（h）按程序向警方提交相关材料；

（i）根据警察指导维护设备；

（j）遵守警察的任何指示；

（k）遵守法庭规定的相关条件。

9. 未遵守本表格所列的条件的，将构成1959年《预防犯罪法》第7A条第（6）项之规定的犯罪。

我同意并保证遵守本表格中所列的全部条件。

____

突尼斯共和国投资法(2016)*

公私合作合同法改革更新计划及2017年附加文本

2016年9月30日第2016-71号法律,《投资法》

是以人民的名义,

经人民代表大会通过,

由共和国总统颁布的法律,其内容如下:

第一章 一般规定

第1条

本法的目标是通过以下方式促进投资并根据国家经济优先事项鼓励企业发展创新:

• 提高地区和国际层面上的国民经济的附加值、竞争力、技术等,并发展优先事项领域;

• 创造就业机会,提高人力资源管理能力;

• 实现整体的、平衡的区域发展;

• 实现可持续发展。

第2条

本法规定了自然人或法人,突尼斯人或外国人,居民或非居民在所有经济活动中的法定投资制度。

经济活动应按照《突尼斯活动分类法》进行分类,分类仅由投资所涉及的所有公共服务部门决定。

突尼斯活动分类由政府法令决定。

第3条

在本法中下列词语的含义是:

投资:投资者长期投资于对突尼斯经济发展有利的投资项目并通过直接投资运营或

* 本文译者:朱文珊,系北京外国语大学亚非学院博士后,博士。

参与运营来承担风险的任何投资。

1）直接投资运营：为生产货物或提供服务而创立的新的独立投资项目，或已有公司为提高其生产能力而对其已有项目的部分进行的所有扩张或更新活动；

2）参与运营投资：通过参与建立、增资或收购等方式，以金融或现金的形式参与在突尼斯本地成立的公司的运营。

投资者：任何进行投资的自然人或法人，突尼斯人或外国人，居民或非居民。

企业：任何根据突尼斯法律，采取合资或独资企业形式，并旨在生产商品或提供服务的单位。

区域发展指数：根据经济、社会和人口统计数据标准计算出指数，该指数根据发展程度对不同区域进行分类。

委员会：高等投资委员会。

投资局：突尼斯投资局。

基金会：突尼斯投资基金会。

第二章　市场准入原则

第 4 条

投资自由。

投资业务应尊重现行的经济活动法。

在本法公布后的 1 年内，政府应确定活动授权清单、完成投资项目和时间计划的行政授权清单以及投资程序和条件，尤其要考虑到国家安全和国防要求，补贴的合理化，对自然资源和文化遗产的保护，以及对环境和健康的保护等。

任何拒绝授权的决定，应以法律用语，以书面形式或通过提供书面记录等其他方式通知投资者，并给出拒绝的理由。

在本条第 3 款所述的期限结束后，如申请符合所有所需条件且无异议，则默认为该申请已得到批准。在这种情况下，如期限结束且无异议，主管部门应在检查完所有条件和截止日期后，授权予投资者。

根据政府法令的规定，对部分特殊活动的投资可能会被排除在以上一款中的规定之外。

第 5 条

投资者有权根据土地管理和城市规划法及土地利用规划，以实现直接投资运营及其相关活动为目的，拥有、租赁或开发非农业用地。

第 6 条

所有企业可以选择在企业合法成立后的 3 年内，或从企业开始有效生产之日算起的 3 年内，招聘数量为总管理人员数量 30% 的外籍管理人员。从第 4 年起，外籍管理人员数量需低于总管理人员数量的 10%。在所有情况下，企业最多可以招聘 4 名外籍管理人员。

如企业招聘的外籍管理人员超过上述限制，则应根据劳动法由负责批准就业的部门负责。

招聘外籍管理人员的程序遵守《劳动法》，但是，不受《劳动法》第 258-2 条第 2、3、4、5 款约束。

第三章　投资者的保障和义务

第 7 条

在本法规定的权利和义务的范围内，在相似情况下，外国投资者享有不低于突尼斯投资者的待遇。

第 8 条

投资者的财产和知识产权应根据现行法律得到保障。

除为了公共利益之外，投资者的财产不得被征用，一旦征用，需根据法律程序对其进行公平公正的补偿，且不得以国籍为由歧视投资者。

本条规定不得妨碍法院判决或仲裁决定的实施。

第 9 条

投资者可以根据现行的交易法自主将其资本以外币的形式转移到国外。

上述资本转移需得到突尼斯中央银行的授权，适用于本法第 4 条的规定。

第 10 条

投资者应遵守现行法律，尤其是关于竞争、信息公开、健康、就业和社会保障、环境保护和自然资源保护、税收、土地管理和城市规划等方面的现行法律，应在适用本法时提供所有必要信息并保证其信息的正确性、准确性和完整性。

第四章　投资管理

第一节　高等投资委员会

第 11 条

“高等投资委员会”的主席一职由任期内的政府总统兼任，其成员由与投资相关的政府各部门部长组成。负责投资、财政和就业的各部长必须参与高等投资委员会的听证会。

委员会的组成及组织由政府法令决定。

第 12 条

委员会负责制定国家在投资和以下方面的政策和战略：

• 采取必要策略促进投资，改善商业和投资环境；

• 在年度报告中评估国家投资政策；

• 批准投资局和基金会的战略、计划和年度预算；

• 根据国家预算法框架内投资政策的目标，批准对基金会的公共财政资源的年度分配；

• 负责监督、控制和评估投资局和基金会的工作；

• 决定对本法第 20 条中的对国家有利的重大项目采取奖励措施；

投资局常设委员会秘书处，并保证委员会每 3 个月定期举行至少一次会议。

第二节　突尼斯投资局

第 13 条

“突尼斯投资局”是在负责投资的部门的监督下成立的一个具有法人资格、行政自主权和财务自主权的公共权力机构。

投资局总部设于突尼斯市，并可以在国内各地和国外设代表。

在不违反本法规定的前提下，投资局应遵守《商法》的规定。

投资局不受 1989 年 2 月 1 日第 89-9 号法律《关于参与企业和公共机构》的约束。

投资局工作人员遵守特殊工作人员规章制度，根据 1985 年 8 月 5 日第 85-78 号法律《关于资本完全直接属于国家的或地方集体共有的公务员和工商业公共机构等》，拥有该法规定的基本权利和保障。

投资局有的财政资源包括：

• 国家财政预算；

• 国内外捐赠和遗产；

• 其他所有资源。

投资局的行政组织、财政组织及其工作人员的相关规章应有法令确定。

第 14 条

投资局在与代表私营部门的组织协商之后，向委员会提出与投资相关的改革政策。同时，投资局还负责收集与投资相关的数据，监督政策的执行，并准备和发布关于投资政策的评估报告。

投资局审查对奖励措施提出的请求，并根据负责投资实施后续工作的组织所提供的技术报告落实奖励。

投资局和参与投资的组织之间的关系由委员会批准的协议所确定。

第15条

投资局中设"特别投资联系人"，其责任包括：

• 与各部门协调合作，一同接受、指导和通知投资者；

• 在投资过程的各个阶段中，代表投资者完成与企业法律章程、延期、审批等相关的行政程序；

• 处理投资者的投诉，与相关部门合作协调努力解决投资者的各种问题，收集投诉意见并整理成数据库用以研究并提供恰当的建议和解决方案，并在评估报告中发布为违规和纠正记录。

企业对直接投资业务的申报和对法律构成的运作应以单一政府文件规定的模板及附件清单为标准进行，其程序由政府法令确定。

在投标日之后的一个工作日内，特别投资联系人应向投资者提供投资声明确认书和投资建立文件或企业扩张文件，并附上所有必要文件。

第三节 突尼斯投资基金会

第16条

"突尼斯投资基金会"是一个具有法人资格、行政自主权和财务自主权的独立公共机构。

在不违反本法规定的前提下，基金会应遵守《商法》和审慎风险管理规则。

基金会在监督委员会的监督下开展工作，该委员会由投资部门的部长担任主席，并负责以下工作：

• 规划基金会活动及其公共干预政策的发展战略；

• 拟定基金会及其分会的年度投资计划；

• 审批基金会财务报表和年度报告；

• 确定预算并监督后续项目执行情况；

• 停止计划合同并监督其后续执行情况；

• 审批基金会服务组织、工作人员规章制度及与工作人员薪酬制度；

• 根据现行法律指派账目审计员；

•基金会不受1989年2月1日第89-9号法律《关于参与企业和公共机构》规定的约束。

基金会工作人员遵守特殊工作人员规章制度，根据1985年8月5日第85-78号法律《关于资本完全直接属于国家的或地方集体共有的工作人员和工商业公共机构等》，拥有所该法规定的基本权利和保障。

基金会行政组织、财务组织、工作人员规章制度以及审慎风险管理规则由政府法令规定。

第17条

基金会的财政资源包括：

•国家财政预算；

•国内外贷款和捐赠；

•其他所有可用资源。

第18条

基金会根据投资领域内的发展优先事项制定其基金管理方案。其干预措施包括：

•发放本法第五章所规定的奖励；

•直接或间接承销风险共同基金、风险投资基金和种子基金。

资本参与利率、最高限额和利润条件由政府法令规定。

第五章　奖励制度

第19条

直接投资运营可以获得如下奖励：

1. 对提高附加值和竞争力的奖励：

对于以下方面的直接投资运营项目：

•优先事项；

•经济领域。

对于以下方面的经济情况：

•掌握现代新技术和提高生产力的有形投资；

•无形投资；

•科技研发；

•员工技能认证培训。

2. 国家对提高就业水平的奖励：

•雇主通过支付突尼斯雇员工资对法定社会保障制度做出的贡献，其期限不超过自生效之日起的10年；

• 根据监管级别向突尼斯雇员支付部分工资。

3. 基于区域发展指数的区域发展奖励，用于以下活动：

• 开展直接投资运营；

• 基础设施工程产生的费用。

4. 对治理污染和保护环境的投资的可持续发展奖励：

本法规定的奖励可与其他法律文本中规定的奖励合并。但是，任何奖励总额不得超过投资总成本的1/3，投资总成本不包括国家对基础建设的支出和对提高就业水平的奖励。

以上奖励的利率、最高限额和条件由政府法令规定。

第20条

对于国家利益投资项目有以下鼓励措施：

• 在10年有效期内从税收基础中扣除利润计税；

• 投资奖励可高达包括内部基础设施工程成本在内的投资总成本的1/3；

• 国家承担部分基础设施工程成本。

国家利益项目的项目文件应提交给投资局进行研究和评估，并由投资局向委员会汇报。

政府法令确定：

• 根据投资项目的规模或就业水平以及投资项目是否符合本法第1条中至少一个投资目标，来确定投资项目是否具有国家利益性；

• 本条第1款规定的投资奖励的最高限额。

本条第1款所述奖励应在委员会正式通知之后，由政府法令授予所有国家利益项目。

第21条

依据本法获得奖励的企业受主管服务部门的监督和管理。

如自投资声明之日起一年内未能开始实施投资计划，则投资声明无效。

如发生下列情况，奖励应被撤销：

• 获得奖励方违背本法及其实施细则的规定；

• 获得奖励方自投资声明之日起4年内未能完成投资计划，除非投资局作出决定给予一次延期机会，延期期限不超过两年；

• 非法改变投资的初始目标。

第 22 条

按本法第 21 条规定撤销的奖励，如延迟归还，则应处以罚款，罚款金额为自授奖之日起每月（如不足整月，则按照整月计算）0.75% 的奖励金额之和。

投资局应直接了解获得奖励方或相关服务提案，并就撤销和收回奖励给出意见。财政部长应根据“公共会计法”中的相关程序作出公正的决定，撤销和收回奖励。

撤销和收回的奖励不包括在投资项目有效运营期间对已完成部分授予的奖励。

企业有权从本法规定的一种奖励制度转向另一种奖励制度，但是，在此之前，企业必须根据本法第 15 条规定提出声明，完成必要手续，并支付两种不同奖励制度下获得奖金的差价和延迟罚款。

上述奖金差价和延迟罚款应根据本条规定计算。

第六章　争议解决方案

第 23 条

如突尼斯政府和投资者之间在解释或适用本法规定上产生争议，应尽全力通过调解解决争议，除非其中一方以书面形式放弃其调解权。

上述双方可以自由商定调解程序和规则，否则，则启用联合国国际贸易法委员会调解规则。

如上述双方已签订和解协议，该协议即为双方之间的法律，从签订之日起开始生效。

第 24 条

如突尼斯政府和投资者之间在调解之后仍有争议，则可根据双方之间的协议进行仲裁。

如突尼斯政府和突尼斯投资者之间产生了在国际问题上的争议，且未能通过调解解决，则可以根据仲裁协议将争议交由仲裁处理。在这种情况下，仲裁程序遵守仲裁法规定。

在其他情况下，争议交由突尼斯法院全权处理。

第 25 条

诉诸某一仲裁或司法机构则自动丧失之后诉诸其他仲裁或司法机构的权力。

第七章　过渡期和最终期条款

第 26 条

本法规定自 2017 年 1 月 1 日起正式生效。

第 27 条

根据本法第 28 条至第 32 条的规定，1993 年 12 月 27 日第 93-120 号法颁布的《投资奖励法》（第 14 条和第 36 条除外）自本法生效之日起废止。

第 28 条

《投资奖励法》第 25、25-2、43、45 条中，因雇主对法定社会保障制度做出贡献而授予的国家奖励仍适用于以下情况，直到期限结束为止：

• 在本投资法生效之前，企业已经获得投资声明确认，或在本投资法生效之后两年内，企业获得财政奖励批准并已经开始有效运营；

• 在本投资法生效之前，企业已经开始运营。

第 29 条

在《投资奖励法》第 24、29、31、32、33、34、35、36、42、42-2、47 条中，所述财政奖励制度仍适用于满足以下条件的企业：

• 在本投资法生效之前已经获得投资声明确认的企业；

• 在本投资法生效之后两年内获得财政奖励批准并开始有效活动的企业。

第 30 条

1）《投资奖励法》第 63、64、65 条规定继续适用于根据《投资奖励法》获得的奖励。

2）1990 年 3 月 19 日第 90-21 号法律《旅游投资法》第 3、5、6、7、8 条规定继续有效。

第 31 条

突尼斯投资局的任务由负责投资的公共机构执行，每个机构在其权限范围内执行任务。

第 32 条

1）《投资奖励法》第 52 条所述的前投资高等委员会继续根据现行法律履行其职责，直到高等投资委员会开始执行其任务时，前投资高等委员会自动解散。

2）《投资奖励法》第 51-2、51-3、52、52-2、52-3、52-6 条的奖励规定仍适用于在本投资法生效前已获得前投资高等委员会批准的企业。

3）前"投资高等委员会"一词将替换为"高等投资委员会"一词并适用于现行法律。

第 33 条

1991 年 6 月 8 日第 91-37 号法律《关于建立工业用地机构》第 2 条（新）最后一款及其后续文本修订补充，自本投资法生效之日起，替换为：

"在区域发展中，如地方政府和房地产开发商建立基础设施，促进工业发展，将根据《投资法》第 19 条获得相同奖励。"

第 34 条

1）本投资法第 6 条规定适用于本法规定公布前 3 年内创立的企业，即该类企业和本法生效之后创立的企业无差别。

2）本投资法第 6 条规定适用于 2001 年 8 月 7 日第 2001-94 号法律《关于向非本地居民提供全面医疗服务》所述非本地居民所获得的全面医疗服务，以及 1992 年 8 月 31 日第 92-81 号法律《关于经济活动园区》所述“经济活动园区”。

第 35 条

制造武器、弹药、爆炸物的零件和备件必须按照适用法律获得政府主管部门的授权。

第 36 条

自本投资法生效之日起，废止所有违反本法规定的现行法律，其中包括（但并不仅限于）：

•1992 年 8 月 31 日第 92-81 号法律《关于经济活动园区》第 9 条，及其后续修订和补充；

•《商法》第 465 条；

•1996 年 1 月 31 日第 96-6 号定向法律《关于科学研究和技术发展》第 16 条；

•1998 年 7 月 20 日第 98-65 号法律《关于专业律师事务所》第 26 条；

•2001 年 8 月 7 日第 2001-94 号法律《关于向非本地居民提供全面医疗服务》第 5 条；

•2007 年 2 月 19 日第 2007-13 号指导法律《关于建设数字经济》第 11 条；

•2010 年 4 月 20 日第 2010-18 号法律《关于对信息和通信技术领域的创造和创新的奖励制度》；

•2000 年 11 月 27 日第 2000-2819 号法律《关于设立高等出口和投资委员会并确定其归属、组成和职能》（第 7 条除外）。

本法将在突尼斯共和国官方公报上颁布，并作为国家法律执行。

图书在版编目(CIP)数据

“一带一路”法律查明. 第1卷 / 米良主编. —厦门 ：厦门大学出版社，2019.4
ISBN 978-7-5615-7333-4

Ⅰ. ①一… Ⅱ. ①米… Ⅲ. ①法律—研究—世界 Ⅳ. ①D910.4

中国版本图书馆CIP数据核字(2019)第053121号

出版人 郑文礼
责任编辑 李 宁

出版发行 厦门大学出版社
社址 厦门市软件园二期望海路39号
邮政编码 361008
总编办 0592-2182177 0592-2181406(传真)
营销中心 0592-2184458 0592-2181365
网址 http://www.xmupress.com
邮箱 xmup@xmupress.com
印刷 厦门市金凯龙印刷有限公司

开本 787 mm×1 092 mm 1/16
印张 19.25
字数 364千字
版次 2019年4月第1版
印次 2019年4月第1次印刷
定价 83.00元

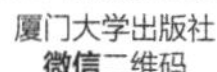
厦门大学出版社
微信二维码

厦门大学出版社
微博二维码